U0919264

遍地英雄

第二炮兵部队抗震救灾实录

徐剑 著

中国青年出版社

目　录

序幕
并非黑色幽默的震前三分钟

一场劫难将至，大自然有些神秘的密码，却是人类无法预知和破译的。听了二炮驻某所总代表袁洪大校讲的震前三分钟的故事，我并不认为是黑色幽默，反倒觉得是冥冥之中一种命运的前尘与预兆。

其实，与袁洪相识，恰好印证了一句很文学的话，未见其人，先闻其声。

我重返灾区后，走进西南某科学院采访，几位年轻军代表向我力荐一首写汶川大地震的歌《美丽家园》，说此歌感情丰沛，旋律优美，颇得四川民歌余韵，妇孺皆唱。

我问词曲作者是谁。

他们说袁洪。

袁洪是谁？我搜索记忆，印象之中的词曲作家没有此人。

我们军代表室的总代表啊！

业余玩家。

他们说对，不过，玩得挺上档次。

我不以为然，接着进行采访。结束时，已到了午饭时间，军代表胡鹏是个驴友，告别时突然与我大谈理塘的毛垭坝草原和德格印经院，颇投缘。我本来站起来要撤退了，他最后恳请道，听听《美丽家园》这首歌吧，保准你不会后悔。

我点了点头。

胡鹏抱来了笔记本电脑，点开播放器，屏幕上立即展现一首配有画面的MTV，男女对唱，那高亢忧伤的川江号子，朝着汶川，朝着岷江，朝着龙门山脉，朝着巴蜀之地的美丽家园一声天唱，立刻将我的魂魄掳走了。

沉浸于悠扬感伤的旋律中，歌未毕，我的泪水已涌了出来。

袁洪现在哪里？

在重庆军代表局开党委会。

正好我要赶到重庆采访蔡新明局长，那就将袁洪和其他总代表一网打尽了。

见到袁洪，已经是第二天中午了。我正在包间里吃饭，他主动找进来了，说，你是徐作家吧。我点点头，招呼他坐下。

他说我是袁洪，今天有好几个电话从四川打过来，说你要采访我。

我说对，准备安排在下午或者晚上进行。

他说对不起，下午一散会，我就得赶回去，抗震前线还有许多事情等着我呢。

我说，那就午饭后谈。

他说你慢慢吃。退出门去了。

吃过午饭，我到六楼他住的房间。寒暄过后，他没有给我讲他创作歌曲《美丽家园》的背景和心情，而是讲了他所经历的震前三分钟故事。一个闻所未闻的大自然的传奇与巧合，令我大惊失色。

袁洪不动声色地说，5 月 12 日，二炮装备部部长张启华少将来到西南某科学城。昨天，重庆军代表局刚宣布命令，袁洪和谭奉明对调，双双擢升驻科学城两个研究所的总代表。本来要马上交接工作的，张启华部长交代，还是等下一步司令员调研过后，袁洪和谭奉明再走马上任。那天中午，他与蔡新明局长、徐宜行总代表、尹红军主任、孙春泽处长、侯龙参谋在二招一楼会议室，研究首长视察的行程线路，准备打印出来，好在 2 点 30 分向张启华部长汇报，然后开车出去实地勘察。

到了 2 点 25 分，蔡新明局长说，我上楼去接张部长，你们马上打印出来，车准备好。

蔡局长转身离开了。到了 2 点 27 分，装备部参谋侯龙一直未将打印机格式调整好。

孙春泽处长看了看表，张启华部长就要下楼了，便说，侯龙，你快一点啊，张部长马上就要到了。

站在一边的型号办主任尹红军开玩笑说，给你最后一分钟。

又坐了十几秒钟，张启华部长就要来了。徐宜行说，我们去门口迎迎张部长吧。于是，袁洪、徐宜行、尹红军从会议室站起来，往大门外走，边走边回头。回首之间，袁洪那天也是神差鬼使，很搞笑地对侯龙说，可不是一分钟了，还有 10 秒了，我给你倒计时。

“10、9、8、7、6、5、4、3、2、1……”袁洪与徐宜行、尹红军边往大门口走，边回头对会议室里的侯龙下达命令，走到二招的大门口，正好数到了0。他还开玩笑地喊了最后两个字：发射！

袁洪的话音刚落，只听咣的一声，大地开始摇晃了。他有点站不稳，又是咯噔一声，他觉得地下又开始颤动了。

“地震啦！”徐宜行大喊了一声。

袁洪和徐宜行、尹红军一跃而出，往大门前边空旷的草地上跑了过去。站在草地上，从未经历地震的他们顿生了一种恐惧感，大地像波浪似的晃动，人站立不稳，脚下掠过一阵巨大的轰隆的地啸，周围高楼像风中森林一样，摇摆不定，嗡嗡的地啸与哗啦的断裂之声，汇成了一曲人类末日将至的哀号，令人战栗不已。袁洪朝远处眺望，正在新建的高楼上的塔吊，地震一瞬间，长长的吊臂如金刚手臂一样，被上苍无形的巨手轻轻地拧下，蔫了一样地弯曲下来。

也许绵阳科学城里的苍生命不该绝。所幸，大地震颤之中，并未发生房屋倒塌。

听完袁洪倒计时发射命令后，侯龙突然感觉整幢大楼在剧烈抖动，楼板咯咯地响，他和孙春泽处长所在的会议室，如狂涛中的一叶轻舟在颠簸。“处长，地震了！”侯龙朝孙春泽喊了一声。那天天热，会议室的窗子开着，他便朝窗外一跃而出，孙春泽也紧随其后，落到了草地上。

而上贵宾楼三层接张启华部长的蔡新明局长，却遭遇了一场噩梦惊魂。2点27分，蔡新明坐电梯上楼。到了三楼，二炮机关来的甘敏部长和几位处长已经伫立在走廊上等张部长了。这时，张部长已经迈出一只脚，楼道便开始摇晃，先是东西方向波浪似的摇荡，接着便上下跳动，最后竟然旋转了。蔡新明第一感觉是地震了，看到张部长退回屋去，他见一个屋的门开着，一个箭步冲进卧室，本能地抓起一个枕头顶在头上，快步如飞地钻进了洗手间，见洗漱台下有一个空处，他毫不犹豫地钻了下去。他仰头看了看，如果楼板坍塌，洗漱台还可以撑一阵子。

张启华部长那时刚准备出门，突然地震了，震波掠过的刹那间，他退回客厅，只听咣当一声，电视机骤然落地。环顾屋里，也一片狼藉。他只好待在房间里，挨过了那惊天动地的三分钟后，等他和蔡局长、甘敏部长一行撤出来，跑到二招楼前的草地上，看到驻某研究院军代表室的人员毫发未伤，所有人都撤出来，惶遽的心情才稍稍安定下来。可是此时，绵阳科学城已经瘫痪了，所有的通信联络全部中断。张部长目视前方，冷静地对蔡新明说，蔡局长，到底震中在哪里，要尽快搞清楚，赶快派人到绵阳市地震局问清情况，究竟哪里发生了大地震。

蔡新明转身对徐宜行、袁洪吩咐道，徐总、袁总，你俩在这里待十多年了，情况熟，马上开车去绵阳地震局询问情况。

徐宜行、袁洪点头，连忙驾车出去了。

半个小时后，仍不见徐宜行、袁洪回来。看着张启华部长坐卧不安，蔡新明说，部长，我亲自跑一趟吧。

张启华点了点头。

旋即，蔡新明局长也登车而去。

迟迟不见归人，灾区情况不明，震心究竟在哪里？整个西南地区的军代表们的境况如何？

张启华部长忧心忡忡，蹙紧的眉头，在叩问巴蜀的天空。

没有答案。可是让一个民族为之落泪的答案，就悬在苍穹之上。

人类一思考，上帝就发笑。我突然想起了不知是哪位西方哲人说过的话。然而，我却敲击着键盘，用古汉字一兵一卒的军阵铸成一首军歌——一首火箭兵部队在汶川大地震中横刀立马的英雄壮歌。

遍地英雄在天府，我试图画出二炮将士们的英雄脸谱……

第 1 章
寂静山谷

1. 锦官城里

我再次返回灾区采访时，列车晚点整整 12 个小时。

走出出站口，已是晚上 8 点多钟了。锦官城里，天黑得晚，暮霭沉沉，天空中飘着细雨，燠热数日的天气，终于凉快了起来。成都军代表室派来接站的小石将我的迷彩行囊放入了后备箱，说，徐主任，廖平总代表、赵总、袁总，还有李斌代表都在酒家等你，已经候了多时。

我连声道谢。

汽车穿过城郭，往人民北路疾驰而去，与震后第三天我来成都相比，街上的汽车明显多了，不时还发生塞车现象。不过，军车在这个非常时期可以非常行驶。在暮色苍茫中，汽车穿过锦官城里的大街小巷，到了文殊院附近一家宾馆戛然而止。我跨出车门，仰首一看，原来是锦苑饭店，便说，今晚还是住成都军区政治部锦苑饭店吗？

主任，你今晚住云龙饭店。小石告诉我。

那拉我来这里干什么？

吃饭啊！

这里的餐厅是宾馆的，很贵的啊。

小石指了指前边的火锅楼说，今天晚上廖总请你吃火锅。

前边是火锅？我上次来时怎么不知道啊？

可能是停业了吧。

啊！原来如此，我来成都最喜欢的就是火锅了。

关上车门，我望了望自己曾经熟悉的大堂和雨檐儿，一段刻骨铭心的记忆留在了这里。

5月15日飞抵成都，下车之际，恰好在这个停车场上，我们提着包刚走到雨檐儿下，门童挡道，不让我们总政采访分队一行人进门。询问其故，就在我们下车的那一刻，一场余震发生了，整座成都市又摇曳开了。可是因为刚停车，我们这批作家、音乐家和小品剧作家提东西，注意力分散，都没有感觉到，而忽略了下车伊始的第一场余震。

此后的几天，我们连续进入都江堰、汶川映秀、什邡蓥华镇、绵竹市的汉旺镇，一次次经历了余震，一次次看到了生命的奇迹。每到一地，皆有埋在废墟下的生命被救出。5月19日，我们到了映秀镇漩口中学，在整个民族和国家默哀的时刻，我们凝望着由五层楼陷落成二层的实验楼，在神州汽笛、警笛、喇叭鸣响的时刻，深深地三鞠躬。那一刻，我的泪水涌出来了，因为一个国家、一个民族，从庙堂之高到江湖之远，都垂下头颅，对生命伤逝，对殉难者充满了悲悯和敬畏。

那天从漩口马尔康铝厂到映秀镇上，我们来回走了12公里，足足走了四个小时。黄昏时分，才重新登上冲锋舟，往紫坪铺水库的大坝上乘舟而去，结果途中又遭遇了一场余震，滑坡的山体落入水库之中，噼噼啪啪的落石与泥土坠入水里，黄尘飞腾，终成烟柱。胆战心惊之后，终于在夜幕四合之时，回到了紫坪铺大坝，登车返回成都。进了城里，已经是晚上10点多钟了。吃过晚饭后，回到房间，恰好电视上在滚动播出今晚有七级大地震消息。我稍事休息，前往中国作家采访团的驻地去见高洪波团长，因为我还是他们团中的一员。去时还能打上出租车，但是等我与高洪波、何建明见面后，再返回时，街上已经没有出租车了。整座城市正在大逃亡，往郊区宽阔之处逃之夭夭。我站在路旁等了半个多小时，不见一辆出租车驶来，后来我只有沿街边走边打的，仍未能如愿。

这时站在街边的一位年轻女孩看我穿一身迷彩，说，解放军同志，打不到的了。你去何处？

文殊院旁边的锦苑饭店。

我也要去文殊院。带你去好吗？

谢谢！

于是，我与这位素不相识的女孩，往左，再往左，朝文殊院方向步行而去。这时，环顾沿街两旁，不能驱车出城的百姓众生，只好扛着椅子、凳子，坐到了街边上，度过一个不眠之夜。

大约走了40分钟，文殊院在望，那个女孩将我引导到了锦苑饭店只差二三百米的地方，说，已经到了，晚安！

谢谢！四川的老百姓真好。我感叹道。

是人民子弟兵好啊。那个女孩最后对我说了一句便消失在夜幕之中。

我回到锦苑饭店，总政带队的采访团团长、副团长李福祥和李亚平干事已经为每个人买了一床凉席，让我们睡到锦苑饭店的停车场上。所有人都搬出来了，我也不能掉以轻心。我匆匆上楼，一溜烟跑进房间，抱上被子和枕头，提着我的笔记本电脑就冲下楼来，在停车场上与八位采访小分队的同仁作曲家刘青、小品作家王宏、词作家赵大鸣共一个停车场，共一片星空下的深邃。

那天晚上，我在停车场上度过了一个不眠之夜。我找来一把椅子，将笔记本电脑放在椅子上，人坐在花台上，开始为《光明日报》和《解放军报》写一篇散文《站在地震圆心上的哀思》。写作过程中，恰好二炮工程技术总队的宣传科长皮祖峰送稿来到锦苑饭店。他没有开房间，却想洗一个澡，我将房间门禁卡递给了他，自己仍埋头写作。直到他洗完下楼，看到总政来的名人大多已经入眠，而我却在那里写作，他打开卡片相机，拍下了我在夜幕中写作的一景，说，这是一张最有意义的照片。

此时，已经是深夜一时许了。

写到两点多钟，文章落下最后一个句号，我的笔记本电脑电池已耗尽了，只好送到大堂里充电。我则躺在地上，与成都人民共同度过今夜，等候那场所谓七级大地震袭来。直到拂晓，也不见摇晃城郭，知道被乌龙了一回，我抱着被子回到房间睡了，一梦到了中午。

前度徐郎今又来。在细雨绵绵之中，我又进入了锦官城，而且就在上次住过的楼前吃饭。

此时，成都已是万家灯火，久违的人间烟火重又袅袅漫溢，未跨入火锅城门槛，已闻火锅之香。步入三楼，小石在第一个包间推门而入，引我进门，只见成都军代表室新任的总代表廖平和赵光辉高工、军代表袁永刚和李斌皆坐在火锅桌前打扑克。

握手之际，我连声说对不起，让你们久等了。

赵光辉说，都是老朋友了，何必客气。

我仍有愧意，说今天晚点 12 个小时，让我都等到不耐烦了。

廖平说，我们从 6 点就来这里，双扣打了十多局了。

谢谢，到底是老朋友啊。

为徐主任接风，思来想去，我们觉得火锅最对你的口味。

呵呵,知我者,成都军代表室的弟兄啊。

坐定后,凉爽的燕京啤酒倒上。蓝色的火舌烧起来了,一片麻辣香味弥漫房间。我说,地震过后,5 月 15 日我来了成都,未打扰各位。

赵光辉老总说,见外吧?你来成都也该会弟兄们一下啊,若有不便,我们也都可以援手。

知道你们在保障二炮抗震救灾部队,很忙,就不敢打扰。当然,我们有成都军区接待,是重点保护对象,就不劳驾兄弟们了。

碰杯之后,我说,廖总啊,什么时候安排时间,我采访你们代表室的老总们?

廖平此时上任刚好一个月,说,都是老朋友了,就边涮火锅边谈吧。

地震那一刻,你们在做什么?

李斌当仁不让,说,地震那一刻,我正驾车拉袁永刚代表去一家工厂参加质量审核会。车过三环,突然一阵颠簸,前边的车停了,以为是塞车。我打开车门一看,突然觉得站立不稳,但是并未意识到地震,可是有点头眩耳鸣,恶心想呕,只听地心深处一片啸声四起,大街两旁的房子和林阴道上的树木,先像波浪般地左右晃动,随后又像漩涡似的旋转,抖来晃去,我们顿感双腿软弱无力,差点坐在地上。一直持续了三四分钟,只见对面的车子也在跳荡,最后才停顿下来。

幸运啊,如果是成都大地震,你们就可以逃过一劫。

廖平总代表摇了摇头说,假如当时震中在成都,我肯定小命休矣。那天中午廖平驾车送两位局里的参谋助理员到双桥子长途汽车站,赶大巴回重庆代表局。回到城里,已经是 2 点 20 分,驾车驶到成都军区所在的北较场附近,突然在三十多层的“一号公馆”前出现了塞车。他没有在意,耐心地等待前边疏通。这里正在修建地铁,周遭既有当年烂尾楼改造后的一号公馆,又有正在修建中的一号线的人民中路站点,路面很窄,阻碍物又多。等着等着,突然觉得车在抖。那天天气有点热,廖平说他一直在开着空调,以为卧车的带速不对,连忙关了空调。可车子仍然在摇晃,只听车外所有的车子都在鸣笛,他觉得有点不对劲,摇下车窗,天哪,三十多层的一号公馆就像疾风中的白桦树一样,随风摇曳,随时都会倒下来,而他连拉开车门逃的空旷之地也没有,只好使劲按喇叭,终于通过了红绿灯,调头到了军区新华宾馆的空旷处,才止住了一场惊惶。

惊魂甫定,他突然想到了单位的同事,连忙打电话,却发现电话已经打不通了。

随后他夫人发来一条短信，告诉他刚才地震了，她平安无事，正与所里同事一起撤离到安全地带，他才想到，短信可以发，连忙给室里几位军代表发短信，迅速地联络上了。

李斌点了点头，然后仰起头来，说，感谢上苍，天佑成都，如果不是千年都江堰造成了冲积扇平原，这座离龙门山脉只有 60 公里的数百万人大都市就完了。

是啊，我也感叹道，假如这次大地震的震中在成都，中国改革开放 30 年的成果，要倒退 20 年。

李斌的话音刚落，赵光辉老总说，地震那一刻，我正在某研究所二楼鉴定一个项目，所里的所长、高工将近百人都到了会场。地震过后，我跟着人流冲出会场，往楼梯蜂拥而下。这时从各个楼层涌下来的人流已经将楼梯塞满了，但走得却非常有序，没有一个人慌乱。可是下楼的速度实在太慢了，楼道墙上纷纷落下灰尘，晃得许多人都站不稳。我们一步都挪不动。

这时，一位副所长急中生智，说还是回到会议室，躲在会议桌下，可以逃过一劫。于是，赵光辉老总和与会的一些专家领导重又退回到会议室，钻到了会议桌下。他发现在那狭窄的地方，居然一下子钻进去三个人，而那位副所长的屁股和半个身子都露在外边。

终于熬过了漫长一瞬间。天上一瞬，人间百年，躲过了一场百年之劫。足足待了十多分钟，震波过去了，赵光辉才同与会者走出会议室，从楼梯口逃了出来。这时他发现，他们刚才开会的这座办公大楼已经多处出现裂隙，墙体瓷砖掉成了一个个疤痕。保安赶过来，拉起了一条绳子，再不让人进去。可是赵光辉的三菱车仍旧停泊在楼下，他想去开车，却被保安挡住了，说，没有所领导的指示，任何人不许进去。

赵光辉说，没有车，我回不了城里，还有一个会议等着我呢。

一位副所长说，赵总，留得青山在，不怕没柴烧。生命诚宝贵，车算什么啊。

赵光辉点了点头，只好从研究所里出来，打了一辆出租车返回城里。

这时，办公室里的人在新任总代表廖平指挥下，顺利地从三楼的军代表室撤了出来。刚上任一天的总代表廖平，得知军代表室和家属子女无一伤亡才松了一口气。可他却再也联系不上自己的妻子，只好开车去找。

赵光辉毕竟是第一任总代表，此时不见廖平赶回来，只有替新任总代表做一回主，说，撤吧，我们都撤到温江去，那里军代表室已经为我们找到一块空地，可以搭帐篷。

到了傍晚，可以通手机了，廖平的电话打过来，说，赵总，大家怎么样了？赵光辉说，我替你做了一回主，将所有的军代表和家属子女都撤到温江了。你夫人找到了吗？

找到了。廖平长长地舒一口气，好！我马上向你们靠拢。

一场惊魂之难，让一座锦官城开始了百万人的大逃离。

2. 寂静山谷

那天下午，袁洪和徐宜行驾车转遍绵阳城的大街小巷，就是找不到绵阳市地震局位于何方，停车下来问城里的居民，人们都摇头说，谁知道这些龟儿子蜗居在哪里。要命的时候，都见不着他们的影子。

袁洪有点失望，徐宜行也站在一旁无可奈何，最终放弃去寻找绵阳市地震局的打算，转而寻找这座城里最高军事部门绵阳军分区。驱车驶入军分区大院，找到了司令和政委。政委叫徐文良，曾经是《解放军报》的名记。从他的口中，袁洪和徐宜行得知，网上已经发布消息，震中在汶川，震级为7.8级。

得到这个消息后，两个人刚想出去，发现军代表局的蔡新明局长也赶到了，报告情况过后，他们想得到成都战区的指示。军分区的领导说，汶川情况不明，已经与外界失去了联系，军区正在派直升机强攻汶川，一有情况，随时通报他们。

回到某研究院，向张启华部长报告了震情。

张部长严峻的神色，终于平和下来。他立即向北京二炮机关汇报，询问靖志远司令员能否如期前来视察。北京方面告诉他，鉴于四川已经成为重灾区，司令员视察的行动取消。首长有话，张部长一行返回北京。

而此时，成都双流机场关闭了，四川回京的通道受阻。

张部长，从重庆方向返京吧。蔡新明建议道。

张启华点头同意，并叮嘱蔡局长，老蔡，我们走后，你们一个要搞好自救，另一个要尽快恢复生产。

蔡新明说，部长放心，我们决不会辜负二炮党委和首长的重托。

这时，车子已经就位。张启华环顾左右，跟随自己而来的特管部长刘伟还未露面，他交代道，等刘伟部长到了，一起走。

此时，所有的人都在担心刘伟的安危，因为今天早晨，他驱车进了山谷，此刻一点消息也没有，生死未卜。

将近下午 4 点钟，刘伟终于露面了。

见他从车里跨出来，所有人都问，地震的时候，你在什么地方？

刘伟说，我已经离开江油了。

没有在山里经历过地震？

刘伟摇了摇头说，没有。如果中午我不坚持，在山里边吃饭的话，地震的时候恰好在山道上，那么山体滑下来，就在劫难逃了。

那为何你不在里边吃饭呢？众人问道。

刘伟说，我也不知道，也许是鬼使神差吧。

5 月 10 日，张启华部长将刘伟叫到他办公室，让他迅速飞到绵阳去，为司令员到军工企业和军代室调研打前站，山谷所有线路和要看的地方由他把关。

翌日上午，刘伟部长带着严军处长飞到绵阳，当天就听到了厂家和军代表的汇报，随后他要求 12 日早晨就进沟里去检查司令员要看的项目和线路行程。

5 月 12 日早晨 6 点 30 分，刘伟提前吃了早饭，便在科技部一位副总师唐录成的陪同下，带着谭奉明总代表一起向山谷开进。这是他第二次来到这里。

第二遍检查过后，刘伟又提出一些小的整改意见，等会议结束时，已经是 11 点 40 分了。

郑根柱书记见刘部长执拗地要走，也没有再留他。

刘伟离开禁区的时候，他抬腕一看表，已经过了 12 点。晌午的太阳正浓，山里的气氛有点诡异，他与陪自己同来的唐录成、谭奉明一起，匆匆往山外疾驰而去。

出山之后，刘伟找了一家路边小店，匆匆吃了顿午餐，便往绵阳方向赶去。进入江油到绵阳路段，绵阳收费站在望，横亘于路上的收费站拱门已遥遥可见，也就不到一公里的路程了。突然，刘伟发现自己坐的那辆奥迪卧车左右摆动地在跳，他的第一意识是车轮爆了。刘伟连忙喊，快往路边上靠！

然而司机打方向盘时，发现已经失灵了。

司机连忙踩刹车，靠惯性向路边滑过去，但是车子仍然在乱跳，强烈地抖动。

终于停住车了，刘伟拉开车门下来，发现自己站不稳，天旋地转，心里一阵阵发慌，想吐。而迎面驶过来的车，也在路上乱跳。他扶着卧车站住，发现公路两边的村庄和学校在纷纷倒塌。公路开了合，合起来又分开，裂开了一道道大的裂缝。

地震了！不知谁喊了一声。

一条高压线掉下来了。

刘伟连忙喊道，快跑开！躲开高压电线！

最漫长的几分钟过去了。惊魂甫定，刘伟的第一反应，就是打手机，向张部长报告地震，但是发现手机已经没有信号。

而前方的收费站已经被震塌，横在公路中间，堵住双向来来往往的车辆。

一筹莫展之时，陪刘伟来的总代表谭奉明说，后退几百米，有一条乡村小道可以绕到高速公路上去。

好！赶快调头。刘伟吩咐道。

车子调头，逆向行驶，开了几百米，进入一条乡村小道，从村庄里驶过，见有不少房子已经裂口，有的瓦片全都震下来了，而农民还在地里干活，不知道发生了什么。经过40多分钟的行驶，又转到了原来的高速公路上。将近下午4点钟，刘伟与张启华部长会合了。

事后刘伟才知道，离那里不远的两个镇，死人无数，一座中学和小学全部震倒，学生大都被埋在里边，幸存者寥寥无几，而他们出山的路，也因为两山崩塌，将一公里长的地段全部埋了，飞石滚石一路皆是，若那时刘伟在路上，小命休矣。

好人一生平安，好人福大命大造化大。采访刘伟的时候，我说了这段话，刘伟则回忆起自己当时义无返顾出山的事情，也说冥冥之中，他这样坚定不留在山里吃饭，大概是一种命运使然。要给张启华部长汇报，他不能耽误时间。

……

逃过一劫，刘伟跟着张启华部长的车子远去了，消失在这座城市的背后。袁洪看着车队渐行渐远，多少有点遗憾，一段惊天地泣鬼神的历史与之失之交臂，一个顶天立地遂成英雄的机遇匆匆失去了。

写就历史的人，往往就在等一个舞台、一次机遇。有了舞台，却没有上演的机会，会使许多人抱憾一生。纵使这样，历史永远记住那些抓住了机会的人。

可是，历史并没有也许。

那天傍晚，驻科学院的军代表和家属都陆续回到家里，唯有在绵阳市人民医院做CT大夫的袁洪妻子汪蓉未回来。到了落日时分，她才姗姗来迟。

夜幕四合，天下起了淅淅沥沥的冷雨，驻科学城军代表室的军代表和家属都在草地上住了下来。

到了深夜，绵阳市人民医院打过来电话，要汪蓉马上回医院报到，说人民医院收治了大批病人，脑外伤都等着拍CT片子检查呢。

我开车送你去。袁洪说。

你可要保重。妻子说，孩子在外婆家，没有事，我最放心不下的就是你啦。

袁洪说，军代表局王晓旭政委通知了，让我明天上任。我是一个肩膀扛着一张嘴，饿不着也冻不着。你放心去吧。

汪蓉默默点了点头，跨进丈夫亲自驾驶的车子。驶至门口时，又一场余震发生了，开门的保安站不稳，抱着铁门晃了几晃，颓然坐在了地上。袁洪一笑，自己下车，大步流星走过去开了大门，才送妻子去医院报到。

车抵医院，分手时，夫妻俩相拥而别，默默地祝祷对方平安无事。但是汪蓉的身影在车灯的照射下渐渐消失的时候，他突然有一种风萧萧兮易水寒的感觉。

第二天早晨，袁洪往自己任总代表的军代表室走马上任。虽然电话无法联系上，但是他知道那里地处震区，供应已经十分困难，连忙拿了一万元现金，沿途驶过小店，见了矿泉水、饼干、面包、方便面就买，一会儿的工夫便装了一车，然后朝着数百里之外的县城疾驶而去。

车到军代室，袁洪得知军代表和家属们已分别安置在一家农家乐和驻厂的大院里，这还多亏了办公室主任丁新生。

那天真的是庆幸啊！丁新生说。那天他驾车去上班，走着走着，突然发现汽车在跳，他不知是怎么回事，踩住刹车，跨出车门，看到汽车仍然在跳，而迎面驶来的汽车也舞动不已，才感觉是地震了。地啸掠过，黄尘滚滚，县城周边房子倒了不少。他连忙赶到办公楼前，发现同事正在上班的路上。

军代表茆民从11楼下来时，发现两边的楼摇曳，惊恐之余，倒也无恙。地震过后，他们第一个行动，就是跑上办公楼，将保密室的门窗都上了锁，因为那里边藏着重要资料，然后再吩咐大家分头去找家属和小孩。

丁新生的女儿在读初二，这时候本该在家里的。他匆匆忙忙跑回家一看，女儿不在，自行车也没停在楼下。他想，女儿一定是去学校了。

找了一个多小时，丁新生找到女儿带回来。到了军代表室，发现军代表室的家属和孩子都凑齐了，无一伤亡，可是家成了危楼，断电、断气、断通信，无处可栖身了。

得给大家找一个吃和住的地方啊。丁新生驾车出去，沿着城郭转了两个小时，找了五六处农家乐，老板都摇摇头说，我们都是泥菩萨过河，自身难保啊。

丁新生失望地出来。

恰好遇上从绵阳赶回来的谭奉明和张艺林，说先召集大家开会，传达张部长走前的指示，先行自救，

谭奉明说，你再往城外开出两公里，去一个叫紫竹园的农家乐看看。

果然丁新生去后一问老板，你这里有水有气有吃的吗？

老板说，有。

我有 20 多名军人、家属和小孩子要过来，要你管吃、管住，能坚持几天？

两三天吧。

三天就够了，那时后援该上来了。

除了两位军代表和家属留在厂里的家属院里搭帐篷外，其余人员都到紫竹园农家乐，搭起一个彩条帐篷，暂时住了下来。

可是仅吃了一天半，农家乐的食品就告罄了。

回家取东西去，把能吃的东西都找来。七个军代表纷纷跑回家，不顾余震不断，电梯未开，十一二层的高层建筑，只能爬上去，匆匆进家门找了塑料袋，将冰箱里的东西往袋子里一搂，提着袋子便匆匆逃离。

但是，就这也支撑不了多久。正在这时，袁洪走马上任来了，他将自己车上买的东西全部分给大家，然而，最多也就坚持两天。

天无绝人之路。危难之时，14 日凌晨 3 点钟，重庆军代局局长蔡新明和政委王晓旭从重庆拉了满满五卡车的大米、面粉、食品和生活用品，一部分给驻灾区的各军代表室度荒，大部分则慰问科学城的专家和普通职工，颇有点雪中送炭的意味。

凌晨 3 点多钟，卸完了生活用品，蔡新明将新上任的袁洪总代表等叫来，说山里情况不明，二炮首长对正在加工生产和返厂维修的战略物资很担心，一再询问受损情况。

袁洪说，局长放心，天一亮我就带人到山谷里去察看，摸清第一手材料。

副总代表张艺林说，袁总刚上任，还有许多事情要了解，还是由我去吧。

蔡新明点了点头，毕竟袁洪过去从事的专业与现在的工作有一个适应期，还是由张艺林进去更稳妥一些。

山谷的电刚抢通，热水未供应，洗消条件不具备，一定要注意保护自己。蔡新明局长交代道。

张艺林副总代表点了点头。

第二天天一亮，匆匆吃过早餐，张艺林和军代表姜林便进山了。沿途山道只做了一些简单处理，勉强能行车，但是车道两边仍旧巨石兀立，倒塌的山体比比皆是，遇有余震，便会一泻而下。司机行驶时，只能凭耳朵听落石，遇有余震时，赶忙停车，寻找逃生之地。

他们在险境绝路上穿行。接近山谷，却有 12 里山路被山体湮没了公路，汽车进不去了，唯有徒步而行。

中午时分，终于走进山谷。张艺林和姜林顾不上休息，连忙与厂区的负责人一起走进车间。他知道洗消条件不具备，身体承担的危险非常大。可是此时已经顾不上这些，唯有多加一些防护层，便往地下洞库里钻，与工人师傅一起加固，及时装箱贮存，并对生产线的军品一一进行检查。所幸，无一损伤。

在山谷待了整整一天，做完所有工作，他们才出去向蔡新明局长和袁总汇报，战略物资安然无恙。

好！蔡新明说，我马上向装备部张部长汇报，他一直等着结果。

以后，在防护条件不具备的情况下，袁洪组织厂里的军代表，由他和张艺林带班，两个人一组，一周轮班，五天过后，再换另外两个人进去，确保了军品检查的质量。

袁洪与他的同事们在紫竹园农家乐里搭彩布帐篷住了一个月，直到 6 月 16 日，50 顶军用帐篷运到军代表室，他们才集体迁出去，住进厂区空旷的场地上搭起的临时的家。

临走的时候，他们站成一排，向紫竹园的老板和服务员行了一个庄严的军礼，感谢他们在最危难的时候，赐给了解放军一片栖居之地。

3. 龙泉驿上

龙泉驿的桃花风靡西南。

而龙泉驿的军代表却像无名英雄一样，不在花丛中，没有鲜花相赠，没有笑语欢歌，默默无语。沉默，不仅仅是他们低调，而是因为他们选择了一项永远不能上告父母下告妻儿的职业。

今世今生,父母和亲朋都不会知道他们在做什么,但是他们心中却有坚定的信念:祖国知道我。

我也知道他们。那天中午,在绵阳科学城采访结束后,我驱车前往二炮抗震救灾部队的后援中心——龙泉驿上的两个军代表室。

重庆代表局的抗震救灾指挥部位于锦官城外,那里过去只是一个古老驿站。忽如一夜桃花开,龙泉驿也交上了桃花运,搭着中国改革开放的顺风车,由一个普通小镇一跃成为西南颇具活力的旅游胜地。一些从三线搬出来的国防企业先后落户于此,它便从一个古老的客栈,一跃成为中国现代化兵器的研发和制造中心。

2007 年人间四月天,我曾来过这里,古驿边,长亭外,千山桃花如火,千树杏花落雪,如火如荼,美轮美奂,令人醉入花丛之中。城中之人皆蜂拥而来,龙泉驿成了花都人海。然而,一场汶川大地震过后,这里显然是萧条了,宽敞大街之上车子很少,多数商铺都未开门。车至航天宾馆,我将迷彩行囊扔进房间,稍事洗漱之后,便去军代表室采访。

走到会议室,坐了一屋的大校、上校和中校。环顾之间,我问,怎么这么多人啊?

陪我去的重庆代表局管理处苏海洪处长说,一锅煮。我将两个代表室的军代表都叫来了,你一起谈吧。

也好!其实我采访,更愿意单兵对练。一个人一个人地面对面,容易说出心里话。唉!非常时期,只能如此。

第一次与他们直面,多少有点陌生感,但是我知道他们都是导弹专家,只要一说导弹,便能将感情拉近。然而今天的话题却非导弹,而是地震。我知道坐在我对面的校官,不少人有家庭就在都江堰、北川、安县,经历“5·12”地震之劫,有的还痛失了亲人。可是他们个个淡定从容,依然视名利为浮云。当一个国家、一个民族、一个地区的天灾袭来时,每个人都会挺身而出。

第一个发言的是康正川副总代表。普通话仍带川味,却字正腔圆,表达得非常清晰。他说,那天下午 2 点 28 分地震时候,我与总代表马子民正在一家宾馆开会。突然地震了,有摇晃的感觉,等我们跑出会议室时,大地震的第一个波次已经过去了。我们伫立在宾馆的楼下,空地上都是人。马总环顾左右说,不知军代表室弟兄们现在怎么样了,咱们都赶快回去吧。

康正川说,好啊,眼前事情只有暂时放一放了。

两个人立刻驾车赶回办公楼区，发现所有的军代表都从办公楼里跑出来了，楼下的街心路边站满了人，而他们军代表和厂家所在的那座办公楼，已经被保安用一条线隔离起来，不让人进入。

马总说，我们得上去，重要文件资料都在里边，保密室的门禁锁上没有，电源切断了吗，都得去一一落实。

康正川说，我去吧。

马子民说，我是总代表，这个时候，唯我出面最好。

言毕，马子民一马当先，朝着保安拉起来的警戒线冲了过去。可是还是被保安挡住了，说，马总，请留步。

留什么步啊，这个小同志，我得回办公室检查保密情况。

保安摇了摇头说，马总，不行。

为何不行？

因为这是厂长下的命令。

那恭敬不如从命了。马子民摇了摇头，无可奈何地走出来，他知道保安也是为了自己好啊。

最终，马子民和康正川只好放弃。

于是马子民转过身来，对身后的军代表们说，把家属和小孩收拢到工厂空旷的草地上集中。不到半个小时，所有军代表的家属子女和父母都齐了。马总立即交代周源，快去采购储存水和干粮。

周源问：马总，买多少？

马子民说，你的车拉不动为止。

明白。周源驾车疾驶而去。在龙泉驿上，他看见小店和超市就停，见矿泉水和饼干、方便面、火腿肠就买。

其实龙泉驿的老百姓早把城里的东西抢购一空了。可周源有车，可以往周边跑，终于满满地采购了一车。

这时，天空飞起了冷雨，马子民总代表下令将代表室所有的车都开出来。晚上，让军代表和自己的亲人们全都住到车上，依维柯车里躺的人最多。那天晚上余震不断，车子也摇来晃去，他们在龙泉驿上度过了一个不眠的惊魂夜晚。

第二天下午，马子民接到蔡新明局长的电话，说局里成立抗震抢险指挥部，地点就选在你们代表室，马上订一家工程质量好、抗震力强的宾馆，当天开通所有的传真和电话。

搁下电话后，马子民与康正川商量，这回我们代表室要打头阵了，你看选哪家宾馆好?

天伦酒店如何?

好啊！只有六层楼,却是这次地震损失最轻的。马上去联系吧。

康正川用手机给天伦酒店前台打电话联系,对方说房间已满。

他感叹了一句,天伦酒店生意红火啊,看来只好托熟人了。

康正川找到一位朋友,疏通了总经理,腾出几个房间作为重庆军代表局的指挥部,并在第一时间开通了电话。

翌日凌晨,当他们在车中度过又一个寒夜时,重庆局组织的五辆卡车浩浩荡荡开过来了,由蔡新明局长和王晓旭政委带过来,给他们卸下了大量的米面和矿泉水、火腿肠。终于可以不再为稻粱谋了。

天亮了,天空仍然灰蒙蒙的。

马子民对康正川说,我们得进去看看。

康正川这时总是绿叶托红花,恰到好处地当好配角。他说,马总放心,我马上带人进去察看。

我也去。马子民说。

我去就行了。康正川想自己揽下这危险的工作。

马子民说,非常时刻,二炮首长这么关注,我得拿到第一手材料,以便向北京报告。

康正川不再坚持了。

14 日中午,马子民、康正川和另外几个军代表沿楼梯而上,到了八层车间。刚进门,突然地动楼摇,一场 6.4 级余震来了。天花板在掉灰尘,原来落下的天花板尚未清除,又有新尘土落下,他们只好被迫撤离。

15 日下午,龙泉驿平静下来了,经历了 N 次余震的军代表们已经对此习以为常,再度爬上八楼,对所有仪器和设备都做了登记。局里来电话叫报损失时,当即就上报了。

从 14 日开始,从北京来的二炮的抗震抢险指挥部尚未出发时,马子民和康正川便率有关人员进入天伦酒店,一周时间没有回过家,老婆和家人在什么地方也不知道。

当时任务太繁忙了,每天都出车采购东西,大至床板,小到电池,都得供应,那几天还包括供应盒饭。13 日傍晚,二炮医疗队到机场,上边来通知让准备盒饭。当时地震刚两天,人心惶惶,所有的小酒店都关门了,走遍大街小巷不见一家开门。当周源悻悻而归时,突然看到一个小酒店的门开着,他踩住刹车,跨出车门,跑过去说,师傅,给我准备盒饭吧。

那个小老板操着地道的四川话说，解放军同志，你说啥子嘛，都什么时候了，哪个还在做盒饭？

给我们军队做啊。

我拿啥子做嘛？这个小老板摊了摊手，小工都跑回灾区的家了，我成了光杆司令。

我们也是给去灾区的解放军医疗队送饭啊。

你说的当真？

当然当真了。

好，我给你做。老板挥了挥手朝屋里喊道，婆娘，快出来，给老子买菜割肉去。

老板骑三轮车走了，半个小时的工夫便采购了一车东西回来。

解放军同志，做多少盒饭啊？

先预备 100 盒吧。

好的，过一个小时，你来取。

一个小时后，周源开车来取。小老板说，解放军同志，我做了 130 盒，你要得了吗？

要得，我全部如数收下。

那天傍晚，周源没带那么多钱，说，对不起，老板，今天晚上不能给你结账了，等下次一起结吧。

没事，没事。

周源拉走了这 130 盒盒饭，送到了 90 公里外的都江堰紫坪铺大坝上。刚坐着大型军用飞机于夜间飞抵成都的二炮总院的医生、护士一下飞机就吃上了盒饭，令不少海陆空三军的医疗队队员们艳羡不已。

以后一连几天，周源上安县去北川走绵竹，没有时间去结账，他的其他同事又去订过几次盒饭，都给了钱。一个月之后，他再到这个小酒店时，问老板，第一次的 130 盒盒饭结账了没有？

老板羞涩一笑，没结。算啦算啦，算我给灾区尽一点心意。

不能算啊，你是小本经营。周源连忙道歉说，是我忽略了，对不起啊。

哪个不要放在心上，啥时结账都可以嘛。老板还是那样慷慨，说，如果手里紧张，不给也成啊，算我对灾区的一次贡献吧。

不成！钱一定收下。周源说。他连忙将 1000 多元钱递到老板手里。

康正川说，像这样的事情比比皆是，最让他难忘的，都是普通百姓的故事。15 日晚上，他们要将物资送进北川，需要在卡车上做一个宣传广告牌，可是走了许多地方都找不到地方做。康正川从天伦宾馆找到一个电话打了过去，是一个女士接的。

康正川说，我是抗震救灾的，想请你做一个广告牌。

女士说，我在帐篷里边啊。

康正川说，请帮帮忙，我是部队的。

好，我亲自给你们做。那个女士要了康正川的电话和地址。

那个女士回到家里，自己亲自做。到了晚上12点，广告牌送过来了，一分钱不收。

康正川过意不去，说，请留下姓名吧。

那女士说，区区小事，何足挂齿。便走了。

第二天康正川又打电话说要将钱送过去。那个女士说，没事就别过来了。

说到此，康正川还感叹，这就是我们的人民、我们的上帝，让我们学到不少东西，真正的感动就在这些普通人之中。

我点了点头问，还有什么感动的故事？

康正川说，我们做的都是普普通通的事情，没有那么多感动的啊。就这么多了。

康正川的故事讲完，另一个军代表室的副总代表李国平讲起了他们的故事。

李国平说，他与总代表誉章均开车刚驶入地下停车场，地震便发生了，跑出来一看，所幸代表室的同事们都在上班的路上，没有一个人伤亡。

当天晚上，他们就将车库腾了出来，老人、孩子住车里，而军代表则住到车库里边，并轮流站岗，一个小时一轮换，遇有余震，好及时呼叫，通知大家赶快撤离。

从5月12日开始到16日，所有食宿都由代表室统一解决。有两位军代表出差，一时回不来，誉章均总代表就派专人保障他们的妻子、小孩和老人的生活。来了帐篷，先发给他们，使在外边的同志安心工作。

一切自救的事情就绪了，可是誉总最放心不下的仍然是装备。他对副总代表李国平说，虽然电话打过来了，产品安全无事，但是余震不断，那个地方也处在地震带上。你跑一趟，不然一旦出事情，你我都无法向二炮党委和首长交代。

我去。李国平点了点头。当天下午，他就与军代表李建春赶往成都火车站，可是火车晚点，一直没有消息，他们在成都火车站整整等了19个小时，第二天中午才登上车，到目的地已晚点39个小时。

从那时开始，李国平与李建春就守在那条峡谷里，保证了装备的安全。

李国平的故事讲得很简单，说我只做了这点小事情，不像在家的同志全力支援灾区。

你可是干了一件了不起的大事情啊。我叹服道。地震袭来，许多人都自顾不暇，而你们首先考虑到装备安全，在偏僻之地坚守了一个多月，家人孩子都照顾不上。

李国平说，这就是我们军代表的职责，装备胜于自己的生命。

我点了点头，说，这次地震，让我了解到生活在城市里的军代表是一个什么样的职业了，应该在书里浓墨重彩地给你们写一笔。

4. 嘉陵江畔

这次汶川大地震，我们重庆代表局值得重重地写一笔。

在重庆代表局局长办公室里，与我第一次见面，蔡新明局长快人快语，豪迈爽直，一点也不掩饰自己的感情。

我笑了，说，蔡局长，你可是超级推销员啊。

他仰天而笑，笑声极为爽朗，清脆得像光带一样掠过晴空。

这天下午，太阳从天穹斜照下来，抚摩着山城的城郭。虽然关上了窗子，仍然抵不住大街上车来人往的喧嚣。谁能避让得开都市的纷扰？

蔡新明在灾区待了两个多月，昨天回到重庆开党委会，特意理了发，洗却废墟上的风尘。他抬起头来对我说，作家，我可不是老蔡卖瓜，你知道二炮首长视察过二炮抗震救灾部队后，对我们重庆军代表局是如何评价的？

愿听其详。

首长说，我们是战略军代表局。

蔡新明川音依旧，性格豪爽，随着他的叙述视角，重又将我的思绪带回到了“5·12”那个惊恸的日子。

那天下午地震过后，蔡新明一直陪着张启华部长站在科学城招待所前边的草地上，等着徐宜行和袁洪回来，却始终未见身影。

焦急之中，蔡新明说，张部长，还是我亲自跑一趟吧。

张启华神色严峻，点了点头。

蔡新明立即登车冲了出去。他不再寻找什么绵阳地震局，而是直奔军分区。见军分区的院子里站着几个大校，他不认识人家，便自我介绍道，我是二炮重庆军代表局的蔡局长。我派出的人去了解情况都没有回来，不知震中在何处。

一位身体瘦削个子矮小的大校说，我们也情况不明，刚刚看了凤凰卫视，说震中在汶川，震级为 7.8 级。都江堰、什邡和绵竹都被波及，汶川一直联系不上。

蔡新明问，军区有什么指示？

那位大校说，正在联系，通讯很困难。

事后，蔡新明才知道告诉他消息的人，是军分区政委徐文良。

他立即掏出自己那部联通手机，拨来按去，居然通了，局里副总工张振国的声音出现在电话中。蔡新明说，老张，你看张部长在身边吗？

张振国说，局长，张部长就在我身边。

你将手机递给张部长，我有要事报告。

张振国将手机递给张启华部长。蔡新明说，部长，情况已经搞清了，震中在汶川，离成都不到 100 公里，震级为 7.8 级。

知道了，老蔡你马上赶回来。张启华部长命令道。

蔡新明赶回科学城的时候，张启华部长已经与北京联系上了。二炮指挥中枢通知他，靖司令明天来川调研行程取消，让他迅速赶回北京，汇报受损情况。

这时，萦绕在蔡新明心中的只有两个沉甸甸的字——责任。

责任重千钧啊！二炮装备部首长和机关二十多号人在灾区，得保障他们的安全，不出任何问题。还有，他麾下的军代表和家属子女也是三四百号人，此时还情况不明啊。

回到科学城的草坪上，蔡新明不断拨手机，终于拨通了局总值班室的电话。后勤处处长苏海洪在值班，他立刻交代了两件事情：第一，马上联系晚上张部长一行从重庆返京的机票；第二，立刻给各代表室打电话，清查人员有无伤亡。

打完了这个电话，蔡新明才觉得稍微心安一点。

这时，科学城协调送张启华部长转道重庆回京的车子驶过来，蔡新明随张部长登车返渝。

下午 6 点钟，在成渝高速公路上，蔡新明获得两个好消息，一个是苏海洪的电话打过来，说抓了三张返京的票，张启华部长、刘伟部长和秘书可以当晚返京；另一个是各个代表室的老总发过来的短信，各军代表室无一个官兵和家属伤亡。

蔡新明不无自豪地说，地震过后，领导在找下属，下属也在找领导，6

点钟之前都联络上了。我们这支队伍的素质高吧?

当天晚上,在重庆机场送走了张启华部长后,他立即与政委王晓旭商量,成立重庆军代表局抗震救灾指挥部,统领全局的抗震抢险工作。

从机场回到代表局的办公楼,蔡新明连办公室都没进,就将官兵集合在大厅里宣布:从现在开始,全局进入应急抢险状态。我与王政委任组长,副局长和副政委任副组长,就连招待所的职工都动员起来。

地震当晚,蔡新明一夜无眠,守在电视机前一个台一个台看灾区的报道。看到天空中飞起了小雨,他的心也落下一片寒凉,成都、绵阳周遭的几个军代表室和家属子女今晚怎么过啊?他们只身出门,什么也没有带,坐在冷雨之中,如何度过这个震后的漫漫长夜啊?

不行,得给他们和科学城的专家们送东西去。蔡新明从床上一跃而起,在地上来回踱步。一大早,他就给张启华部长打电话,汇报了自己的想法。

吃饭的时候,他对政委王晓旭说,我看了一夜电视,四川那边的军代表室吃喝拉撒睡全都是问题,绵阳附近的几个市县已经买不到东西了,成都已出现供货紧张。我们马上采购几车东西送过去吧。

王晓旭说,我也有同感。情况严重的要数科学城,袁洪来电话说,山里有 2000 多职工被断路堵在里边,没吃没喝的。

先垫支 40 万。

王政委感叹道,这个点子好啊。可是蔡局长,钱从何处出啊?重庆局这点家底,你是最清楚的。

早晨我已经给张启华部长打过电话了,张部长说,这是办好事啊,钱不要考虑,既然办好事,就要办妥当了,注意安全。

好,有张部长和二炮装备部在后边支撑着,我们就买上六卡车米、面、食品、帐篷、日用品和药品送过去,两车留给自己的代表室,其余四车全都送给科学城的专家和职工。

好!蔡新明点头称道。

于是,重庆代表局兵分三路,到重庆的几家大超市去采购。然而他们开单开出来的几十吨的米、面却让超市为难了,人家一天的库存没有这么多啊。

苏海洪的电话打过来了,说,局长,超市没有这么多大米和面粉。

请他们想办法,一定要如数采购到位。蔡新明此时一副大将风度,站在那里全权指挥。

明白!苏海洪在电话那边答道。

经过联络，商家从邓小平的家乡广安市调了10吨大米、10吨面粉，傍晚时分，如数送到了重庆军代表局大门前。

13日傍晚7点钟，六辆从工厂借来的大卡车开始装载送往灾区的货物，王晓旭政委专门派人喷涂了标语，贴到六辆大卡车上。综合处长何增路大校看到所有物资都装好了，押送人员穿着迷彩服列队站好，他跑过来报告道，局长同志，送往灾区的物资装载完毕，请指示！

出发！一直生活在城市和工厂的蔡新明大校手一挥，第一次找到了打仗出征的威风凛凛的感觉。

听说军代表局的货物送往灾区，路过的老百姓纷纷站在一边观看，部队出征时，给予一片热烈的掌声。

暮霭沉沉，冷雨纷飞。蔡新明局长和王晓旭政委带着队伍出发了。

前行的路上，蔡新明给各个军代室的老总打电话说，告诉同志们，拂晓前，吃的、喝的、睡的、用的，一定送到。

何增路处长是河北人，搞了一辈子导弹专业，那天在重庆代表局，向我描述起当时车队开行的场面，颇有一点风萧萧兮易水寒的感觉。他很形象地说，车队驶离重庆城区后，天越来越黑，雨越下越大，车越走越少，山雨欲来，黑云摧城，云蹦着跟头往下走。

我笑了，说，老何，你有点文学细胞啊，挺会形容的。

他眼睛遽然一亮，说，真的吗，作家？

我点了点头。

其实，那是一种悲壮的远征。蜀道苍茫，大雨滂沱，成渝高速路上几乎没有迎面车驶过来，他们的远灯犁开一道夜幕，驶向了远方。

将近成都，蔡新明与王晓旭兵分两路，王政委与何增路处长带一辆考斯特，进成都城，将帐篷粮食分给龙泉驿的各个军代表室，而蔡新明则由警车开道，带着满满五卡车的东西送往绵阳市。

14日凌晨三四点钟，蔡新明带车队驶入科学城，他发现西南某研究院的副院长、党委副书记，还有几十名卸车的干部职工，拉起了灯，站在货场上，等了一个长夜。

蔡新明说，那个雨夜，他给科学城送去的可能是灾区最早的一批救援物资，让人们真正体验到了什么叫大爱无疆，什么叫大灾无情人有情。当20吨大米、面粉和5吨小米卸载下车的时候，当一箱箱药品、方便面、火腿肠分发到科学城各单位的职工和专家手里时，只见每个人眼里都噙着泪水。

第二天早晨7点，科学城老院长赵宪庚匆匆赶来了。见面时，蔡新明觉得科学城这么个大单位，自己出手轻了，但重庆局也就这么一点能力。他谦逊地说，这点东西，不好意思。赵院长，只能表示重庆局的一点心意啦！

平时不轻易动感情的老专家眼眶霎时便红了，他哽咽着说，这可是我们收到的第一批救援物资啊。危难时刻，还是二炮的官兵想着我们，没齿难忘啊！

其实地震过后，科学城一些生产线和被困的职工就没有柴油发电了，情况反映到二炮靖志远司令员和彭小枫政委那里，两位军政主官立即作出批示，要二炮后勤部在最快的时间调过去。一天之内，所有的问题全都解决了。

蔡新明也很感动，说，赵院长，这是我们应该做的，一家人不说两家话。

赵院长点了点头，连说对对对。

数日之后，第二炮兵政委彭小枫来灾区慰问部队，与科学城的领导座谈时，赵院长专门说，大灾面前见真情，在我们最危难时，让我们充分感受到了二炮的一家亲。山里 2000 多职工没有吃的，25 吨米面送到后，当天早晨就由直升机空投进去了。这是救命粮啊。而且，我们要物资二炮给物资，要柴油给柴油。患难见真情啊！

彭政委感叹道，我们是一家人啊。

是啊！赵院长颇动情地说，过去我们与二炮在合作方面还要磋商磋商，通过这场大灾，我对各级领导说了，以后没有磋商了，二炮怎么说就怎么办。

赵院长不仅当着彭小枫政委这样说，二炮靖志远上将来灾区视察，看望科学城时，他也如是说。

这深深的感激之情，源于二炮官兵的患难真情。重庆军代表局只是一个故事的序篇，二炮官兵为科学城的专家和职工们做的事情仅仅是开始，越往后，则越让人感动。

这是后来的故事了。

演绎故事的主角该出场了。

5. 上将情怀

靖志远司令员在帐篷里住了七天。

晚上，就要从成都飞回北京。警卫干事郭建成正在给首长收拾行李，靖司令员突然问了一句，红星凌法小学学生送给我的画收好了没有？

首长,已经收好了。郭建成知道这幅画的珍贵,它见证了上将与灾区孩子们一段令人动容的情感故事。

那是6月3日上午,靖志远司令员到工程技术总队捐建的灾区第一座板房小学——绵竹市汉旺镇红星凌法小学看望孩子们,为他们带去了崭新的书包、文具和课本。随后,靖司令员走进一间教室,走到孩子们中间,勉励他们好好学习,长大了报效祖国。这时,三个小学生站了起来,代表全校学生,每人送给靖爷爷一幅画,一幅用蜡笔一笔一画,用自己纯真心灵描绘出来的画作。

靖志远上将展开一看,小男孩刘治昊画的是一幅组画,由三个场面组成:第一个场面画着地震过后,学校的教室倒塌了,一个小女孩坐在那里哭泣;第二个场面画的是解放军叔叔帮助搭建新的板房教室;第三个场面则是孩子们坐在新的教室里读书学习。另一位小女孩画的是一片坚不可摧的大楼,上边写了一句话:“防十二级地震,不怕!”素来从容镇定、波澜不惊的上将的情感世界,轰然被撞击了一下,眼睛顿时湿润了。他将三个孩子揽在怀里,哽咽地说,谢谢!我和你们一起照一张合影吧。

这是靖司令员第一次主动提出来要拍合影照。

孩子们簇拥在靖爷爷身边,摄影镜头将这感人的瞬间定格了,凝固成一段难忘的记忆。

也许是冥冥之中的一段巴蜀情缘吧。

5月12日,中央军委委员、第二炮兵司令员靖志远上将专门向上级请假,准备于次日到绵阳军工企业和军代室进行调研。装备部部长张启华已于当天上午先期飞抵绵阳。可是14点28分,汶川大地震发生了。

一双忧患睿眸投向了巴蜀天空。

仅仅过了七分钟,装备部司令部综合处处长余祖鹏给司令员的秘书吴旭东打来电话,说绵阳地区发生了强烈地震,震感强烈。

吴旭东问,地震到什么程度?

余祖鹏说,在楼房里就像拖拉机走在搓板上一样,颠簸得嘭嘭地响,桌子上的电视机都摔下来了。

哦!明白了。

余祖鹏说,张部长建议司令员取消来绵阳的调研行程。

好的,我马上向首长汇报。

靖志远司令员在第一时间作出指示,要求迅速了解工业部门和军代表室的受损情况,派人查明战略物资有没有受到损坏。

第二炮兵司令员靖志远上将在某工程团看望抗震救灾前线官兵

几分钟后，凤凰卫视和中央电视台迅速做了灾难事件的直播。吴旭东看到电视直播，立即报告首长，电视台已经开始直播了，我看震区损失惨重。

靖司令员马上命令作战值班室查明二炮部队的受灾情况，并要求装备部在绵阳的工作立即转换角色，转入抗震救灾工作。张部长根据司令员的指示，留下干敏部长和谭延涛副参谋长在灾区组织军代表局，参与工业部门的抗震自救，并迅速派人进到秘密禁区里，了解战略物资在线上的生产和贮存情况。

当天下午，靖志远司令员给二炮参谋长魏凤和打电话，要求作战部门马上派人到国家气象局、地震局，尽快拿到震区的水文、气象和地震资料，即刻与总参“应急办”取得联系，请求在第一时间派二炮部队到震区参与救援。

次日上午，靖志远上将参加军委常务会议。他在会议上提出，二炮有两支工程部队，携带着大型机械装备，能够在灾区专业救援之中发挥突击作用，希望军委和总部在第一时间考虑让这两支部队上去。

走出军委办公大楼，在赶往机关的车上，靖司令员要秘书立即办两件事情：一是下午两点召开二炮常委会，学习和贯彻中办和国办关于汶川大地震的情况通报以及胡主席作出的重要批示；二是要求作战部和工程部迅速统计两支工程部队能够从废墟下救人的装备和机具，包括破障工具、液压破坏钳、液压锤、千斤顶等情况，并做好随时出发的准备。

李龙虎、工程部长王启繁将有关统计数字交给了秘书，供二炮党委和首长决策时使用。

那天的二炮常委会上，靖志远司令员和彭小枫政委根据年初二炮工程技术专机空运郴州，除夕之夜使郴州城亮了起来，打赢了一场冰雪之仗，在全国人民面前展示了二炮这支高技术部队崭新的形象的先例，提出二炮执行多样化非军事任务的指导思想是“积极准备，主动作为”。随后在5月18日和23日的常务会议上，又进一步完善成为“发挥优势，主动作为，多做贡献”的二炮抗震救灾指导思想。

从那天开始，每天早晨一上班，靖司令员和彭政委总是在第一时间赶到作战室，了解当天震区抗震救灾部队的情况和二炮进入灾区的救援情况，确定当天的任务和二炮下一步抗震救灾的具体行动和方向。

在指挥二炮部队抗震救灾期间，靖志远司令员形成了一个习惯，每天下班之前，都要到作战室去看看，询问当天的救援进展情况，还有哪些工作需要二炮首长拍板。一切都了然于胸后，再从作战值班室驱车回家，几乎天天如此。

5月13日的四川之行，因为地震被推迟了，靖志远司令员一直引以为憾。他有一个心愿，就是要深入抗震救灾前线，慰问和看望二炮部队的全体将士。

酝酿了将近半个月的夙愿终于实现了。

5月30日，二炮参谋长魏凤和一看首长出行的名单，只有秘书处长、秘书和警卫干事三个人，就建议首长多带几个人，起码让作战部长和工程部长陪同而行。

靖司令员摇了摇头说，灾区保障难度很大，机关多去一个人，就要多搭一个帐篷。我是去看望部队，去指挥抗震救灾的，理所当然要依托那里的指挥班子，不必兴师动众。

魏参谋长知道，这也是首长的一贯作风，便不再坚持。

6月1日上午8点20分，靖志远上将带着秘书处长张鸿、秘书吴旭东、警卫干事郭建成飞往绵阳。中午抵达后，直奔安县永昌镇的二炮指挥部。

到了灾区，他与张西南副主任约法三章，摄影和摄像记者不能跟着他。让他们到基层去，到抢险一线去，多拍普通的官兵，将他们的英雄事迹登上报纸电视广播，这才是最大的思想工作。

也许担心机关误解他的意图，他让秘书转告张西南副主任，不要以为我这是客气，这是真格的。希望尊重我的意见。

因此，在灾区的七天七夜，电视、广播和纸介媒体上，都未见到靖志远司令员深入灾区指挥抗震救灾的报道。直到他要离开灾区时，张西南副主任一直请示，说司令员到灾区的消息，应该在《火箭兵报》上刊登，这对一线的救灾也是一个鼓舞和激励，也是在做思想工作，他才点头同意。

那天下午靖司令员在听取了指挥部汇报后，便开始看望和慰问参与抗震救灾的官兵。在某工程团驻地，看到轮休官兵住在炎热的帐篷里，因为过度疲劳而呼呼入睡。当团政委欲叫醒他们时，靖司令员挥手制止了，说，不要叫醒战士，让他们好好地睡上一觉吧。养精蓄锐，才能迎接更艰巨的战斗。

一直到天黑了，他才返回安县的指挥部。

翌日上午，靖志远司令员提出要去老虎嘴看看。这条战略公路是李克强同志亲自打电话，赋予二炮的一项重要任务。两位军政主官一致认为，这也是党中央、国务院、中央军委赋予二炮的一个艰巨任务，无论困难多大，也要发挥二炮的优势，坚决完成任务。那天，在于际训副司令员的陪同下，靖志远来到老虎嘴巡视。看到山巅参差不齐、犬牙交错的石头，遇有风吹草动，便会轰然落下，对于如何防止抢修过程中的群伤群亡，靖司令员有了更深层的思考。

这时，恰好成都军区联指将高川乡上游的老鹰岩堰塞湖的抢险任务，交给了第二炮兵抗震救灾部队。

按照靖司令员的指示，王治民副参谋长率队徒步到老鹰岩堰塞湖考察。为尽快获悉第一手情况，靖司令员命令机关协调成都军区抗震救灾联合指挥部，专门通过总部有关部门，申请了一架直升机接王治民等出来，汇报勘察情况。

在听完治理堰塞湖的方案汇报后，他特别指出，老鹰岩堰塞湖是军队唯一担负的一项抢险任务，也是继唐家山堰塞湖之后的一个全国关注的重点，是中央领导赋予二炮的一项战略任务，光荣而艰巨。光荣是因为战略位置十分重要，艰巨则是由于与伤残生死险作伴。因此，必须实施科学的抢险。

王治民说，首长放心，我们会竭尽全力，科学抢险，带多少人进去就带多少人出来，决不辜负二炮党委和首长的重托。

靖志远说，好，王治民同志任老鹰岩总指挥，务期必成。

到达灾区的第三天，靖志远司令员去了绵竹工程技术总队抗震救灾现场。这是一支最能体现二炮技术装备优势的高技术之旅。在张西南副主任、刘焕民副部长和廖炳生总队长、高海华政委的陪同下，靖司令员看望和慰问了红星凌法小学的孩子们，于是，便发生了在教室里催人泪下的一幕。

随后，在广济镇的红星卫生院，靖司令员参观了由技术总队和二炮卫生部援建的灾区第一座板房乡镇卫生院。他对卫生院的设施配置、医疗器械齐全，给予高度评价，说卫生部的同志考虑周到，连住院部的床头柜都想到了，说明工作细致，处处为群众着想。考察之中，看到B超等现代化的医疗器械，靖司令员问卫生部长应勇江，他们能操作吗？

应勇江说，不能，我们正在组织培训。

不但要送设备，还要送技术。靖司令员交代道，要建立长期的帮带机制，经常派专家、医生来指导，留下永远不走的医疗队。

请首长放心！应勇江说，我们一定认真去落实，留下一座永远不走的红星医疗队。

视察完红星卫生院后，马上要登车离去了，靖司令员突然又转身回去。廖炳生和应勇江茫然不解，不知首长还有什么心事未放下，连忙跟了过去。只见靖司令员站在卫生院前说，廖总队长，红星卫生院的活你们行动神速，干得不错，但还不够完美。

廖炳生点头道，是是，首长，因为上得太仓促，确实留下一些遗憾。

靖司令员指了指自己站着的黏土地，说，遗憾就在这里。医院是老百姓来看病的地方，内外环境都要讲求干净。这块门前的场地，晴天一层土，雨天一脚泥，对于群众很不方便，要铺上地砖或打成水泥地。

是！首长，我们马上抓落实。廖炳生答道。

好，为灾区人民办事，就应该有这种雷厉风行的抓落实作风。

6月5日中午，从绵阳某科研院看望慰问科技人员后返回安县时，靖志远司令员对秘书吴旭东说，马上与成都军区联指联系，申请一架直升飞机，我要上老鹰岩堰塞湖去看看。看过勘察录像后，那里的险情一直让我放心不下。

吴旭东面露难色，成都军区陆航团直升机刚刚出事不久，飞行员的遗体一直未寻找到，中央军委对军委委员坐直升机控制甚严。便委婉地劝道，首长，坐直升机太危险，再说报批也不是一下就能批下来的。

士兵能坐，我这个司令员为何不能坐？靖司令员态度很坚决，说，走，到睢水直升机起降坪去。

吴旭东执拗不过，不好再干扰首长的决心。

当天下午，因为天气原因，往老鹰岩堰塞湖运送人员、物资的直升飞机停飞了。

靖志远司令员见直升飞机一直未飞过来，便对吴旭东说，小吴，我们再去老虎嘴看看。

吴旭东明白，自从 6 月 2 日在老虎嘴巡视过后，首长对那条路上的施工安全一直牵挂在心。这次单车而去，一定是有新的考虑和决策。于是他连忙打电话给马力政委，让他们在现场等首长。

驱车直抵老虎嘴，马力政委和团里的孙乐政委已经在那里等候。靖司令员下车后，仰望老虎嘴山上的危石和险情，问马力，对于这些危石，你们有什么招数？

马力说，首长，还是工兵的老办法，一个是排，一个是看。排，就是派人上去将岌岌可危的石头排险捅下来；看，就是派出安全员观察哨，盯住每一块要坠落的石头。

靖司令员说，你这是被动的。石头下来那一瞬间，光安全员是看不住的，万一反应迟钝，就会造成群伤群亡，要用科学的办法来监测，提前预报险情，及时撤离。

马力点了点头，说，我们再想办法。

从老虎嘴出来后，靖司令员又回到睢水直升飞机起降场，看望和慰问准备去老鹰岩的官兵。一边是工程团队，人数众多，一边是通信部副部长赵和钦带来的通信保障应急分队，只有十几个人。靖司令员看过工程部队后，又走过来与通信分队的战士一一握手，说，你们人虽然来得少，但是通信保障很到位。谢谢你们！

谢谢首长！通信应急抢险分队队长率领官兵向靖司令员行军礼。

6 月 6 日，是靖志远司令员在灾区的最后一个晚上。按计划这天晚上他要返回到绵竹技术总队帐篷区。可是吃过晚饭后，安县上空雷雨大作，山洪一泻而下，河水暴涨。出城进城，只有一座危桥，已经封了。

于副司令员建议首长今晚就住在安县，明天上午雨停了再过去。岂料，靖司令员已经换上雨鞋，说，去！既然定好了今晚去绵竹，就不要随意改变。

出城无路。秘书处长张鸿和军务部副部长王宏宇一起去探路，于副司令员告诉他们，还有另一座危桥，只能步行，不可行车。

张鸿说，我们先去探路，如果能步行过去，就让技术总队的车在桥那边等。

于是，张鸿和王宏宇冲入雨幕。几经辗转，他们终于找到了那座危桥。

看到桥前有警察在那里把守，只能过人，不能行车，他们便给吴旭东打电话，让他报告首长，问还走不走。

走啊！靖志远司令员一跃而起，掀开帐篷，登车而去。到了危桥旁，在后勤部刘焕民副部长等人的接应下，靖志远上将毅然走进雨中。桥上乌云翻滚，风雨交加，桥下洪波涌起，浊浪滔滔，靖志远司令员从危桥上健步走过，颇有一点风萧萧兮北川寒，上将雨中唱大风的豪迈和悲壮。

第二天晚上7点，靖志远上将登上了返京的班机。最后一眼回眸成都城，这片温婉却又多难的土地，他将一位上将的情怀留在巴山夜雨间。

下了飞机，已将近晚上10点钟。在返城的路上，靖司令员交代吴旭东，马上给工程部长王启繁打电话，要他们马上调研一下，有没有监测山体滑坡和落石的现代化设备，若有，尽快联系、尽快购买、尽快送到老虎嘴和老鹰岩堰塞湖去。

吴旭东当天晚上回家途中便给王启繁打电话，传达了靖司令员的指示。

第二天上午，王启繁电话打来了，说全国有两台这样的设备，叫全自动全站仪，能自动监测山体滑坡，任何微小的变化，都逃不过它的眼睛，是德国莱卡生产的，一台要42万。

吴旭东马上报告了首长。

靖司令员颇感欣慰，说，好呵，马上购买，立即送到灾区！

第二天上午，两台装备乘早班机运抵绵阳机场，一台从那里直接搬上直升机，运往老鹰岩，一台则从陆路送到了老虎嘴。高速快捷灵敏的机器人，成了一线抢险官兵的保护神。

上将的殷殷情怀，写在了北川和安县的天空之上。

第 2 章
第一时间

6. 最后一位离开北川的上将

晌午的太阳照在北川废墟上，云遮雾绕，融成一片海棠血色。

已经是 5 月 21 日下午 1 点半了，抵达北川的第二炮兵政治委员彭小枫上将仍未吃午饭。

下车伊始，彭政委就紧锣密鼓地展开了指挥抗震救灾行程。第一站驱车前住北川县擂鼓镇猫儿石村，看望痛失家园的乡亲们。爬上一个坎，慰问的第一户人家是一位 70 多岁的老大娘和她的儿子。母子相依为命，地震虽然将家震垮了，但是老大娘心中还有希望，那就是人民子弟兵带来的。

大娘，我们首长来看望您了。张西南副主任和马力政委将彭政委引领过去。于际训副司令员、王治民副参谋长紧随其后。

老嫂子好！彭政委走了过去，紧紧握住那位老乡的手说，我代表二炮官兵来看望你，你们受苦了。

天灾无情，子弟兵有情啊！那位大娘感动地说，二炮官兵救了老百姓的命，抢通了北川的路。修路架桥救命，这都是在积大德啊！

这是我们应该做的。彭政委关切地询问，家里还有什么困难？

没有住的地方。老大娘指了指废墟上一个彩条布、棉被搭的小窝篷说，遮不住风，也挡不了雨呀。

首长都为你想到啦。张西南说，彭政委给你们家带来了米面，还带来了帐篷。

马上为这位老乡搭建帐篷。彭政委吩咐马力政委。

是！马力挥了挥手，某工程团官兵立刻在离废墟 50 远的地方清除去一片瓦砾，搭建帐篷。

谢谢解放军！老大娘走过去，腿一瘸一拐的。

老嫂子，你的腿怎么啦？彭政委关切地询问。

房子倒塌时压的。

我们总医院的医疗队来了，帮你详细检查一下。

彭政委话音刚落，二炮总院的医生、护士便过来了，将老大娘扶在一旁检查身体。

诊治之中，老大娘流露出看不起病的忧虑。

不必担心。彭政委安慰道，我可以向你保证，身体有什么毛病，二炮医疗队都会负责为你治疗的。

谢谢彭政委！那位老大娘眼噙热泪。

告别老大娘后，彭政委接着又看了另外两户人家。

走出猫儿石村时，已经是下午1点10分了。于副司令建议返回指挥部吃饭。

彭政委说，我从二炮工程团官兵抢通的生命通道走过去，看看北川县城再回指挥部。

于是，一支救援指挥车队，在一辆白色的警车开道下，朝任家坪方向疾

第二炮兵政治委员彭小枫上将在绵竹灾区慰问受灾群众

驰而去,在北川禁区的入口处戛然停下。

彭小枫政委跨出车门,于际训副司令员跟着走了出来,王治民、张西南、刘焕民少将紧随其后。

政委,这条路就是我们工程官兵12个小时打通的。于际训副司令员指着任家坪通往北川县城的生命通道,让马力政委介绍情况。

马力言简意赅地介绍了某工程团以最短时间,抢通生命通道的英雄壮举。

彭政委点了点头,感叹道,工程官兵打了一场硬仗,为解放军争了光,也为二炮官兵赢得了荣誉。

北川在望。这时,彭政委一行不知不觉走到公路旁边的一个高台上,极目远眺,北川县危楼和废墟惊现在视野里。北川县一位负责人神情凝重,遥指县城方向,南北西东,一一向彭政委介绍了地震之前,县委、县政府、大礼堂、人民医院和武装部地标方位,而震后,这一切化为乌有,有的被崩塌山体掩埋了,有的化作一片废墟,有的则成了危楼。

彭小枫上将神色肃然,对那位县里领导说,你实事求是给我说,震前,北川县城到底有多少人,地震后出来了多少人,现在有多少人遇难?

那位县里领导如实向彭政委讲了自己掌握的数字。

彭政委点了点头说,你说的数字与公开报道的大体一致啊。

下午2点多钟,彭政委才回到了指挥部帐篷进餐。这是上将到灾区后的第一顿中餐。

稍事休息,彭政委正准备听二炮抗震救灾指挥部的汇报。太阳从帐篷门缝斜照进来,泻到帐篷里。

这时,胡鹏秘书的手机突然响了,是在灾区视察的中央政治局常委、国务院副总理李克强的秘书打过来的,指名要找彭小枫政委听电话。

彭政委接过手机,只听传来了李克强的声音,彭政委,你好!我是李克强。

克强同志好!彭政委答道。

李克强副总理说,睢水到高川那条道路,被地震摧毁了,情况很紧急,里边的人员只能靠直升机运油发电,维持不了多久。相当一部分人撤不下来,生存是一个大问题。还有高川乡的6000多名群众都被困在里边了。你们二炮上来的力量怎么样,能不能抢修?

没问题!彭小枫政委的回答坚决而有力。说,二炮有一支工程部队就在北川,携带着大型工程机械,我们全力以赴。

好!具体抢救情况你们马上与某研究院联系。蒋省长就在我身边,让他详细介绍一下墩秀路地震受损情况。说着,李克强同志将电话递给了陪他视察的四川省省长蒋巨峰。

蒋巨峰说,二炮工程部队初战北川,打开了生命通道,给灾区人民留下了好印象。我们对你们报有信心和希望。

彭政委说,我们不会辜负灾区人民的厚爱。

放下电话,彭政委对站在一旁的于际训副司令员说,克强同志要求我们修这条路。这是中央首长直接交给二炮的任务,是对二炮部队的充分信任,我们承担下这个任务,具有特殊意义,要坚决完成好。

于际训副司令员说,成都军区联指刚发了一个文,要我们抢修一条路。会不是会是同一条道路?

彭政委看了一下文件,觉得是同一条路。还在北京的时候,重庆军代表局上报地震生产损伤情况时曾经提及这条路,他还有印象。

随后,彭小枫政委将王治民副参谋长召进帐篷说,治民,又要你这个老工兵跑一趟了,你带上陈强、王启繁、焦明山等人,立即到睢水去实地勘察一下,晚上再向我汇报。

好,政委,我们马上过去。

听完指挥部工作汇报,已近傍晚了。

太阳偏西,斜照羌山。一轮夕阳映在北川县城的危楼和残垣断壁之间。彭政委站起身来说,我们进北川县城,看望挖金库的技总官兵。

而此刻的北川已经下了封城令。技总几十名官兵是特批入城的。

政委,还是不进去吧! 于际训副司令劝道,北川今天已经封城了,这是经过防疫专家科学论证的,废墟里开始有疫情。兄弟部队都撤出来了,除了我们工程技术总队进去挖金库外,县城里已无一人。进城是有一定风险的。你这么高的职务,不一定非到现场啊。

于副司令,不要再劝我了。彭政委态度十分坚决,说,你们几位不是也经常到现场吗? 官兵们能进去,我就能去啊。

震后的北川沉寂血色黄昏里,死一样的寂静。

北川封城后,在任家坪检查站,两位站姿笔挺的武警官兵戴着厚厚的口罩,与地方防疫人员和警察站成一排,堵住了进入的路口。路口里边,立着一个指示牌,上边写着“疫区禁地,禁止入内”。

而此时,彭政委的车却穿过苍山向前开进。透过车窗,余晖如血,静静地拂照在任家坪一带的瓦砾之间。震后的死寂,千山皆静的寂然,强烈地撞击着上将的悲悯情怀。

对于地震等灾难性的救援，彭小枫政委一点也不陌生。当年，人生刚入而立之年，他就参加过辽宁海城大地震的救险救灾，以后的戎马岁月，在沈阳军区师政委、集团军政委的任上，彭小枫将军多次率部遂行抢险救灾任务，特别是1998年作为哈尔滨抗洪总指挥，指挥某集团军圆满完成了党和人民交给的任务。

往事一幕一幕地在上将的眼前掠过……

2008年，注定是二炮这支高科技之师在全国人民面前一展雄风的年代。

年初，一场冰雪之灾肆虐南方数省，南方冰雪的重灾区在湖南，而湖南冰雪的重灾区在郴州。大年二十九那天，中央军委一声令下，将第二炮兵工程技术总队用大型军用专机空运到郴州。这是进入新世纪之后，二炮部队执行的一场多样化的非军事抢险任务，二炮党委和首长亲自指挥了这场冰雪之战。部队出征之时，靖司令员和彭政委亲自与前线总指挥谈话，并多次打电话给赴一线的技总官兵，远授机宜。

赶到郴州之后，技总官兵不负众望，城前岭一仗，展示了这支高科技之师的风采。除夕之夜，黑了一周的郴州城在技总官兵和电力工人的抢修下，终于亮起来了。也就在全城万家灯火喜庆时刻，全国人民记住了第二炮兵工程技术总队，记住了第二炮兵这支撑起泱泱大国国魂的高科技新军。

这一场冰雪战争，昭示了一个民族、一个国家遇到危难的时刻，二炮是一支过得硬、能打恶仗的现代化之师。

“5·12”汶川大地震发生后，二炮党委和首长在第一时间关注着这场民族的大灾难。地震次日起，司令员靖志远、政治委员彭小枫便每天上午坚持到作战室，了解和听取灾区传来的所有信息和情况汇报，对二炮出征抗震救灾部队作出重大的决策和明确的指示，亲自指挥了这场没有硝烟的战斗。

5月13日下午，二炮召开常委会议，认真学习了中央、国办关于汶川地震的情况通报，中央军委关于全军参与抗震救灾的命令和胡主席对汶川大地震的批示。确定由司令员和政委亲自抓，成立二炮抗震救灾工作领导小组，分工一位副职具体负责这项工作。启动二炮抗震救灾应急机制，由作战部牵头，军务、工程、宣传、后司、装司、军交和卫生等有关部门全力保障。在那天的会议上，确定派出100名医务人员、1000多名分两支携带大型工程机械的专业工程救援队伍，并准备了1.2万人的抗震救灾部队，随时听从党中央、中央军委的调遣。

也就在那天的常委会上，二炮党委第一次提出了“积极准备，主动作为”的抗震救灾指导方针。采访彭小枫上将时，他说，他与司令员是基于这样考虑的：一则是从历史上看，诸如海城、唐山大地震和大的洪涝灾难，动二炮部队的时候很少，纵使有，也只是小股部队出动，数万人出征的时候少之又少。因为这是一支军委直接指挥的战略核力量。在抗击自然灾害中，动用这支部队较多的力量是非常慎重的。这也许是从国际和环中国周边的安全形势考虑的，二炮担负着更重要的战略任务；二则从抗雪灾的角度考虑，国务院领导和总部首长在冰雪肆虐的危急时刻想到二炮部队，动用了这支高科技之旅，将技总官兵空运到灾区，在关键的时刻起到了关键的作用，使郴州城的局势一夜之间彻底扭转，二炮发挥了高技术部队的特殊作用。这次地震，二炮的两支工程专业抢救队伍还会上去，只是好钢要用在刀刃上，用在最需要的时刻；三则是从抗震救灾的决策和兵力使用上，二炮党委和首长非常关注，也十分着急，但是第一批上去的部队是成都战区、空军和武警，第二批仍然是空军和济南军区，而二炮还未在考虑之中。

此刻，二炮将士早已心驰灾区，恨不得在第一时间赶过去。于是，中央军委委员、二炮司令员靖志远上将和政委彭小枫上将主动向军委总部首长请缨，要求二炮部队尽快上去，反复表示二炮是一支高技术部队，对专业救援有机械、有实力，我们已经做好了充分的准备，两支工程部队枕戈待旦，另外 1.2 万人的救援部队也准备就绪。

很快就接到了工程部队出征的命令。

5 月 18 日，二炮常委再次召开会议，学习了胡锦涛主席视察灾区时的讲话，将二炮抗震救灾的指导思想由“积极准备，主动作为”，发展为“发挥优势，主动作为，多做贡献”。这一指导思想更全面、更明确，指导性更强，实践证明发挥了重要作用。

那天上午，彭政委特意就二炮党委确立的救灾指导思想进行了理性的诠释。他说，地震是重大灾难，在国难当头的时刻，第二炮兵作为中央军委直接指挥的战略核力量，有一种历史的责任和使命感，责无旁贷，义不容辞。从历史上看，过去遇上这种大灾难，我们出动部队不多，但是决不能留下历史的遗憾。因此从一开始，我和司令员就积极向军委首长和总部领导请缨，主动作为，让二炮部队赶快上去，尽量多上一些兵力，发挥优势。二炮整个部队不多，因为我们是担负着应急作战和核值班部队，这些部队上去的可能性有限，但是从抗冰雪的现实看，我们的两支工程部队机械设备齐全，除总部配发的之外，我们还购买和研制了许多专业工作平台，技术实力雄厚，专业救援经验丰富，所以我们科学用兵、科学救援，发挥我们的优势，主动作为。这也是我们对二炮战斗力、作战能力的一次深入了解和检验。

常委会确定启动二炮应急机制，从各部队准备 1.2 万人的救援部队和 700 多辆大型机械设备时刻待命，并从三个方向，抽调防化分队开进灾区第一线，参与疫情的防护和洗消。

千村死寂。万山皆静。

彭政委的车驶过任家坪，穿越禁区检查口，从俯瞰北川的高台上绕过几道弯，朝着死城北川缓缓而下。

此时，北川县城废墟上静悄悄的，街道上没有一个人，连一只鸟叫的声音也没有，静得有点恐怖。凝望着地震带来的不可估量的损失，看着废墟下仍然埋着的一些无法救出来的人，而一个巨大的广告牌上写着一行大红的字样——距离奥运会还有 88 天。此刻，彭小枫上将的心情顿时变得沉痛起来。

跨出车门，彭小枫政委步履如心情一样沉重。他走在最前边，朝着北川信用联社的废墟走了过去。

高海华政委正率领技术总队官兵在开挖金库。一部分现金已经挖出来了，彭政委突然出现，令他和官兵们既惊愕，又激动。高海华连忙跑过来报告挖掘情况。

彭政委深入到一线，巡查了挖掘作业面，又看了看挖出来的现金，对高海华交代道，一定要保管好挖出来现金，不能出问题。

请首长放心。高海华说，我们已经布置了 24 小时安全警卫。

彭政委点了点头。问道，与地方交接时得有一个手续吧？

首长，已经与地方协调了，不但要有手续，银监会刘明康主席对我们评价很高，明天上午他要亲自参加交接仪式。

好！彭政委大加称赞。

上将在北川县城里一直到暮霭沉沉才往停车地方走去，返回途中，他特意走进危楼和废墟之中，看了看被山石滚落砸坏的汽车、楼房，感叹道，看来这次地震的破坏力度太强了。

走出北川，在人民解放军将星云集的方阵中，彭小枫政委成了最后一位离开北川的上将。

当天晚上，回到指挥部帐篷，彭政委接到王治民副参谋长的电话，他汇报了在老虎嘴勘察的情况。王治民说，政委，我们到公路入口处初步看了一下，这条路摧毁得非常严重。怎么修，要等带人进去勘察之后才能确定。我准备明天早晨带人徒步进去。

好！一定要注意安全。彭政委叮嘱道。

那天夜里，彭小枫政委在帐篷里召开紧急会议，通报了与司令员通话的情况，集中研究了睢水至高川道路抢通的任务。

彭政委到灾区的第一天工作，直至凌晨时分才结束。

次日，参加了向北川县捐赠药品和移交金库现金仪式后，彭政委又深入到某工程指挥部的联络点擂彭镇麻柳村和柳树村慰问灾民、看望筑路官兵、给柳树村小学赠送学习用具。吃过午饭后，又驱车去了某研究院，就墩秀路的抢通问题与院方交换意见。

座谈会结束后，彭政委仍然放心不下，决定要去老虎嘴实地勘察一番。从绵阳城驱车直抵老虎嘴。彭政委戴一顶红色的安全帽，站在老虎嘴口看了片刻，只见山顶上乱石悬空，参差不齐，随时都会张开饕餮之口将穿越滑坡体上的行人吞噬，可是彭政委不由分说便大步流星要往塌方地段里走。

政委，您不能进去！紧随一旁的于际训副司令员劝阻道，里边太危险了，塌方不断，您进去不安全！

没什么。彭政委还在往里边走，说，盯住塌方危石，我看不会有问题。

政委，不能进去，这样太危险！几乎所有随彭政委而来的部下都纷纷站出来，阻止首长进入死亡谷。

好！听你们的。彭政委看到这么多人站出来劝阻，只好放弃闯老虎嘴的想法。他说，老虎嘴上的塌方情况，我看到了，但里边的第一手资料还得等王治民副参谋长带出来。

暮色苍茫，王治民勘察小分队走了整整 12 个小时，步履沉重地走进高川乡，来到某研究院某所住地。

未曾休息，王治民便吩咐焦明山副部长说，想办法接通彭政委的电话，我有事报告。

焦明山立即让一名负责通信保障的士官用海事卫星接通了彭政委的电话。这时，彭政委已抵达绵竹，在工程技术总队指挥抗震抢险，恢复城市的供水、供电和通讯。

政委，我们已经抵达高川乡，走了 12 个小时。

辛苦了，路面受损的情况怎么样？彭政委问道。

王治民说，一路上余震不断，落石不绝，非常危险，几乎没有道路可走，我们是从大石头缝里爬过去的。恢复道路的条件很艰苦、困难很大，但是只要下决心，还是可以想办法。

你们尽快拿出方案来。

是！首长。

你怎么回来？彭政委关切地问道，我找成都军区联指，派直升机接你们。不要再走回头路了，那样太辛苦。

谢谢政委。王治民在电话中说，不要派直升机了，勘察还要更细一点，才能制定出科学合理的方案。回去的时候，我想再沿路走一遍，反复看看，做出方案后再向您汇报。

好！治民啊，一路保重，千万要注意安全。

放下电话，向来举重若轻、从容淡定的上将也禁不住感慨万千。他对身旁的部下说，王治民真了不起啊，接近 60 岁的人了，走了整整一天的路，都是从石头缝里爬过去的。他的身体不好，其艰辛程度可想而知。

事后，于际训副司令员告诉政委，在抢北川那条 3.5 公里的生命通道时，王治民的腿在石缝里被划伤，伤口化脓，这次进高川的死亡谷里探路，是有伤在身啊。

彭政委感叹道，治民是老工兵出身，能走险路，也能打硬仗。

翌日早晨，太阳照常升起。彭政委辗转各地，先后检查了技术总队在绵竹市马尾桥水管网抢修和东北镇、遵道镇的电力抢修、新村搭建情况，参与了二炮抗震救灾部队交纳“特殊党费”仪式，然后又驱车前去看望在抗震救灾前线重庆军代局的军代表们。

寂静的睢水又迎来了一个艳阳天。

那天上午 8 点，王治民副参谋长一行又走了 12 个小时，终于走出了死亡谷。当天夜里又加班到天亮，将墩秀路的抢修方案拿了出来，第二天在会议上向彭政委作了详尽的汇报，并保证一个团的兵力都上去，以最快速度将路抢修出来。

彭政委说，接受任务后，我和靖司令员通了电话。二炮党委决心已定，意图非常明确。这条生命线性质特殊，非常重要。中央领导同志、四川省和某研究院都非常关注，无论从政治上、国家安全上考虑，还是从当前抗震救灾的需要考虑，二炮担负此项任务都责无旁贷。我们有能力，也要有信心和决心完成这项艰巨而光荣的任务。要把这条路的抢通，作为二炮下一步抗震救灾的主要任务。先解决通的问题。科学制定方案、科学组织施工，充分尊重工程专家的意见，全面进行安全隐患和风险评估，逐段逐点排查险情，全面加强施工官兵的卫生防疫，杜绝死人事故，建立省、市地方政府和职能部门参与的军地协调机制，全力做好抢通施工的综合保障。

首长一锤定音，墩秀路的施工全面启动。

7. 百日之内两度出征

我见到王治民副参谋长时，是他刚从睢水至高川死亡谷跋涉考察两天出来后的一个傍晚。

斜阳青山，震后的村庄炊烟袅袅，已有了生活的气息和温馨。刚经历了一场6级余震的安县风洞基地却一片寂静，林间传来清脆的鸟鸣。然而震后废墟未及清理，危楼、危桥被一根隔离绳围了起来。刚从北川撤出来的二炮抗震救灾中心的帐篷，就搭建在风洞基地花园草地之上。

我放下采访包，步出帐篷，往下走几米远，王治民副参谋长正与绵阳市女副市长李亚莲及交通局长、勘察设计专家们坐在甬道上开会，讨论十分热烈。某工程指挥部陈强主任、马力政委，二炮工程部焦明山副部长、杨青副总工，或坐或站，围在一旁倾听。我悄然走了过去，没有惊动我熟悉的老朋友，找了一个椅子坐下。环顾左右，这群人中，唯有王治民将军军衔最高、年龄最大、资历最深、工兵生涯的历史最长，经验也最丰富。整个会议，几乎都是他在讲。只见他横在一把椅子上，半坐半卧，不知底细的人以为，他是不是有点天大地大、唯我独尊，抑或是在释放在死亡谷、乱石堆中爬了两天的疲惫和酸痛？其实，他的腰椎在国防施工中受过重伤，腰椎断裂过，在椅子上很难坐直。这点我最清楚。

因为是中途介人，不解会议讨论内容，只听他在说，我当了一辈子工兵，搞了一生工程，没有见过这样的路、干过这样危险的活。大家千万要小心，军地协调，打通这条战略公路。

绵阳市主管公路交通的李亚莲副市长点了点头，说，有王将军坐镇指挥，率领二炮工程部队上，没有打不胜的仗。

王治民笑了，说，仰仗地方，我们军民一家，协同作战，天下没有攻不了的难关。

末了，李亚莲副市长起身告别，向王治民要手中的那份抢修方案，说要给省里汇报。王治民递过去，又索要了过来，在前边用笔修改了署名字样，然后才郑重地递了过去。

送走地方同志，他又向一位大校交代任务，面授机宜。

我不知这位大校是谁。只见他戴着一副眼镜，一副儒雅之相。王治民交代任务，他端着一个大本子，在认真地记，很少有询问和反诘。

这时，我挪了挪椅子，王治民侧头看见了我，问道，徐剑，你来啦？啥时到灾区的？

我说，首长，已经到了 10 天了。

他点了点头，继续布置任务。我坐一旁，默默地听。我喜欢冷眼观察，仰视众生。这种观察，被采访人的性格和气质在举手之间便毕露无遗。

大约 20 多分钟，他交代完了。他说，你是老团长了，将你从营区调来也是我的意思。有你在睢水做现场指挥长，就能啃下老虎嘴，伏虎成功。

这时，我才知道这位戴眼镜的大校叫刘建明，现在的职务是指挥部的总经济师，曾当过这个团的老团长。但是那种文质彬彬的气质，确实很难与叱咤风云的工兵团长连在一起。

这时，已经到了开晚饭的时分。我说，首长今天晚上有什么安排吗？

他摇了摇头，说，在震区，没啥安排啦，任务单纯得很，就是抢险救灾。

我说，没有安排最好，今天晚上就采访你。

王治民说，我有什么好采访的？

我说，从 2 月冰雪开始，百日之间，天冻地裂，天裂地陷，你两度出任总指挥，率领二炮部队执行多种军事任务，有的是谈的啊。

王治民笑了，说，这次我只是干常务，总指挥是于副司令，你先找首长采访吧。

二炮副参谋长王治民少将徒步勘察灾情

我说，张西南副主任交代今晚先谈你。于副司令是第四责任区总指挥，住到擂鼓镇了。我与秘书联系了，首长说明天上午谈。

好！我先上。王治民点了点头说，一切听张副主任安排。

吃过晚饭，暮霭沉沉。就在他住的2号帐篷前，秘书支了两把椅子，我打开录音笔，便在帐篷门口展开了采访。

一场千里驰援、生命相救的故事，在暮色苍茫之中展开了。

不知不觉，夜色四合，夜暗像潮水一样将我们渐次淹没，帐篷里的灯光星星点点地亮起来，我突然想起了那个除夕前的万家灯火之夜。王治民奉二炮党委之命，率队出征，征战郴州城前岭。

今夜帐篷里的灯火一片昏黄，是那么地相似，又那么截然不同。可年初的故事似乎在夜雾中涌起，历历在目。

王治民少将那天晚上参加完二炮常委扩大会，回到家里已是深夜11点半了。夫人和女儿都没有睡，还在等他。夫人见他进门之后便开始收拾行囊，将作战迷彩服也放入箱里，不解地问，治民，你这是干什么？

到湖南郴州去抗冰救灾啊。

夫人以为他在开玩笑，说，你忽悠我啊？大过年的，哪有这时候出门的？

老爸，别搞紧张空气好不好？坐在一旁看电视的女儿也一个劲地摇头，说，明天就是大年二十九了，家家户户团团圆圆过大年，只有从外边回来的，哪还有人从家里往外走啊？

你也是军人，唯有军人才会这样啊。王治民无奈地笑着。其实，女儿的潜台词他心里清楚。女儿生孩子刚满月，他当姥爷了，又搬了新家，第一次过年，亲家一家和亲戚、朋友都相继来到京城，只待除夕夜吃满月饭了。他这一走，便将留下缺憾。

妻子将信将疑，但看着王治民一边收拾东西，一边给部下打电话布置工作，知道军中无戏言，丈夫是真的要去前方了。妻子说，他爸，你忙你的，我来替你收拾。这几天我一直在看电视，南方冰冻三尺，这皮大衣、大头鞋都得带上。

望着妻子忙着给自己收拾，王治民的心里涌动着一股暖流。倚在窗前，远眺着京城的万家灯火，将军的心，早已驮在衡阳雁翅之上，飞向了郴州城。刚才，第二炮兵司令员靖志远上将、政委彭小枫上将连夜主持召开常委扩大会议，成立抗冰救灾领导小组，统领部队抗冰救灾。湖南郴州是冰凝最严重的地区，举世关注。回望战略导弹部队之中，谁最适合带队到郴山北岭横刀立马，做前线总指挥？自然非张余亭中将和王治民少将莫属，两位将军皆是老工兵出身，深山筑巢，石破天惊，留下了一路辉煌和生死传奇，不论谁出马，郴州之战将胜券在握。王治民觉得，自己去更为合适，张余亭副司令员兼抗冰救灾领导小组组长，理应坐镇北京，调兵遣将，掌握部队救灾全局。于是，他主动请缨，首长，让我带队坐镇湖南郴州救灾一线吧。

王治民没有想到，冰雪消融还不到百天，他将又一次率部抗震救灾。而这一次，他连与妻子、女儿告别的时间都没有。

"5·12"汶川大地震那天晚上，他们一家人围坐着看电视。女儿见很少流泪的爸爸一直热泪纵横。英雄之泪为谁而流？自然是为灾区苍生。女儿也悄悄抹了眼角上的泪水，说，老爸，凭我的感觉，不出明日，你就会带队出征。

王治民喟然长叹，说，我恨不得此时就带部队飞到灾区展开救援。

妻子说，老王啊，我看了电视，灾区的条件很苦啊，你的腰受过伤，能不能扛得下来？

这是中华民族的大灾难。这样的抗震抢险，一个军人一生也难遇上一次，像我这样的年龄和经历，也许就是最后一回了。这样的机会，我不会放过。个人身体算个啥嘛！不在考虑之列。

女儿说，别的部队都在源源不断地开路，可你们为何按兵不动？

二炮主动请战的报告，地震一发生就报上去了，我们有两支大型工程装备最好、战斗力最强的工程部队，经过三年的应急作战准备，在全军屈指可数，可惜啊……

可惜什么？

知者甚少。

女儿沉默了，她理解爸爸此刻的心情。爸爸是老工兵，一生与工程打交道，分管两支执行多样化非军事任务训练最有素、专业抢援最精锐的工程部队。这时唯有安慰老爸的就是一句话，等着吧，好钢使在刀刃上，好部队用在抢险的关键时刻，就像今年年初奉命带队去郴州一样。

王治民笑了。说女儿越来越会说话了。

又等了漫长的一天，听不到号令，将军有点度日如年。

14日上午，他刚进办公室，魏凤和参谋长的电话打过来了，说，王副参谋长，请你到作战指挥中心来，司令员和政委有要事交代。

终于有情况了！王治民顿时感到热血激荡。

信步走进作战指挥中心，只见中央军委委员、二炮司令员靖志远上将和政委彭小枫上将，已经在大比例的军事地图上研究多时了。见王治民推门而入，靖司令员抬起头来，脸上掠过信任的目光。

司令员的意思很明确，说，二炮出征的预令已经下来了，张余亭副司令员在长沙国防科技大学学习，这次到汶川抗震救灾还得你跑一趟。你是老工兵了，你到现场最有发言权，二炮党委和首长就放心。

彭政委说，实践证明，你王治民是能打硬仗的。出征之际，我送你一句话，到了灾区，要发挥优势，主动作为。

王治民还是那句话，感谢二炮党委和首长的信任，我将不负众望。

对于抢险的地点，当时，靖司令员、彭政委、魏凤和参谋长与王治民副参谋长商定，根据我们这两支工程部队的特点和优势，工程指挥部进入北川，参与抢险救人，工程技术总队进入绵竹，参与一座城市的恢复。事后，王治民说，首长这个定位太有远见了，二炮部队进入灾区为何影响这样大，就在于首长确定了我们的去向。

当天上午，27 名机关人员参与的指挥组很快组成了。

临近中午，靖司令员、彭政委又当面对王治民交代说，这次抗震救灾，各大军区都是军区副司令员带队，二炮的指挥层级也不能低，于副司令员主动请缨，我和政委商量，由于副司令员带队，这样好对等。你作为助手，要指挥好工程抢险这一仗。

王治民信心十足地点了点头。

王治民刚回到办公室，作战部副部长李天电话就过来了，他说，首长，专机起飞的时间大约在下午 3 时，请首长下午 2 点务必赶到西苑机场。

知道了。搁下李天的电话，王治民给家里打了一个电话，对妻子说，我走了，一会儿直接去机场，就不回来向你道别了。

妻子说，我给你准备的药、护腰，还有衣服都放在家里呢。啥时来取呀？

我这是抢险，去打仗，由部队统一保障，这些事情你莫管啦。

治民啊，你们去的是哪个地方？

北川！

北川？妻子显得十分讶异，说，那里受灾最重，死人最多，据说有疫情啊，你千万要小心。

别婆婆妈妈的。北川，我当新兵时就是在那里驻训的，山美水美人好，啥没有见过。

我本来就已经是婆婆妈妈了。妻子打趣道。

好了，保重。

你也保重啊！

天色黯淡下来，坐在帐篷门口，我已经无法记采访笔记了，就挪进王治民住的帐篷。这是一个班用帐篷，南北两边摆着两张床，一张是他住的，一张则是秘书的，中间横着一张桌子，简陋之状一目了然。

我们接着谈了一会儿，二炮总院的李志韧副院长带着获“南丁格尔奖”的女护士李素君和几位医生走进来了，他们还提着一个理疗器。

李副院长对首长很恭敬，也很会说话，说，首长，听说你昨天、前天在睢水至高川的墩秀路走了两天，很辛苦啊，我们来给你理疗一下，好恢复恢复。

王治民躺到床上，我的采访被中断了。

李副院长亲自动手，与李素君护士一起，在王治民的脚上捆绑了好几个振荡按摩器。然而，当王治民挽起裤管，把袜子脱下来时，我惊呆了——小腿上遗留着一道道血痕，脚掌上燎起了几十个大血泡，让人不忍卒看。

随王治民进入那条死亡谷的工程部副总师杨青告诉我，这条 23 公里长的公路，大部分地段的山体都塌下来了，我们是从石头缝和流沙中爬过去的，县里乡里领导都很少进去过，可是我们一位将军却走进去了，而且来回走了两天才出来。

看着躺在床上的王治民，我突然想起了一句古话——“将不畏死”，可以佐证进入抗震抢险灾区的二炮将领们！

8. 千里之外

今夜星空灿烂。

凌晨将至，伊尔—76 大型军用运输机从中原某机场冲天而起，融入苍茫，开始了夜航。

倚着舷窗远眺，夜空一片迷人。可是二炮工程技术总队总队长廖炳生大校的心情一点也轻松、灿烂不起来。

百日之内，他已经是第二次率队从空中远征，飞赴灾区。同样乘坐的是这样的军用运输机、同样是这支队伍、同样是这群官兵，年初，他们飞赴的是冰雪重灾区郴州市。城前岭一仗，郴州城灯亮了，不仅为总队、为二炮，也为中国军人赢得了荣光。

但是庆功的美酒刚刚喝过，一场大地震又恸惊天府。

地震那一刻，廖炳生恰好来到江苏休假，由新婚的儿子、儿媳陪着自己和夫人去探访亲家母。大地颤抖过后，他接到的第一个信息就是后勤部副

工程技术总队总队长廖炳生在绵竹灾区现场指挥官兵抗震救灾

部长杜海吉的短信，说总队长，部队驻地地震了。廖炳生的第一反应是立刻给总队参谋长袁德华打电话，察看营房和配电设施，尤其是老房子。

袁德华说，总队长，据驻地地震局通报，是四川汶川大地震，震级 7.8 级。

哦！这可是与唐山大地震的震级持平了。马上查清四川籍有多少官兵、多少人回家休假、是否有官兵伤亡。廖炳生吩咐道。

从这时开始，廖炳生便坐卧不安了，他的心已驰向了灾区，飞回了军营。

下午 5 点钟，袁德华电话过来了，说 23 名回四川江油、成都和泸州休假的官兵已经联系上了 20 名。还有 3 个人未联系上。

廖炳生眉头紧蹙，说，不管什么途径，要把最后三名官兵联系上。

明白。袁德华参谋长在电话中答道。

傍晚 7 时，袁德华在电话中兴奋地说，报告总队长，23 名回川休假官兵，无一伤亡。

好！廖炳生眉头舒展，说，立即启动应急作战预案，部队做好出征的准备。马上派人去购买生命探测仪、液压顶升机、破坏钳、千斤顶、轻型切割机，有多少买多少，越多越好。

于是，短短一个晚上，那座中等城市里多年无人问津的滞销工具被技术总队购买一空。

几乎是一夜无眠。拂晓未至,廖炳生便起床收拾东西。

夫人李招莲被惊醒了,说,炳生,你这是干什么啊?

打道回府,今天就赶回部队去。

不是与亲家约好上午一起去南京,然后再到扬州转转吗?夫人提醒他。

廖炳生说,部队马上会有任务了,我考虑回去。

李招莲对丈夫说,你出来时是二炮司令、政委批的假啊。

廖炳生摇了摇头说,如今中华民族遇上了一场大灾难,军人就得有这种意识,一旦人民受难就得挺身而出,奋不顾身。

夫人无可奈何,说,你看着办吧。刚来两天,你说走就走,说留就留,亲家会怎么理解?婚事没办完,亲朋都没有见上一面就走。

我给亲家解释,相信他们也是识大体之人。

早晨一起床,廖炳生便跟儿媳说,今天改变行程,我准备赶回部队去。

儿媳妇有点愕然,原订好了在江苏看完亲朋后,16日双方的父母去北京,宴请她所在军事科学院编辑部的同仁,以示她已经结婚了。她有点想不通,说,爸,你能不能晚两天再走?

廖炳生和蔼地说,你是军人,当一场大灾难袭来的时候,你说军人该怎么办?

当然是义无返顾,奔向前方。

爸爸这支部队马上就要出征救援,我是主官,能让部队先去自己后去吗?

当然不能。

所以我得赶回去。

儿媳理解了,与丈夫、父母一起,送公公和婆婆返回部队大本营。

廖炳生就这样匆匆结束休假,赶回了营区。

一路上他与政委高海华频频电话商议驰援和出征事宜。高政委已先期召开了两个会议,学习中央和二炮党委的电报精神。到了大本营,他连夜与高海华政委商议,召开专项协调会。抗震与抗冰不一样,抗震抢险任务要深化、细化。会议从晚上20时一直到了23时,整整三个小时,所有抢险方案和预案都想尽了。最后出征的名单出炉,总队14名常委中11名共赴灾区,四个部门副职,四位主力团长,11名水、电、气和通信方面的高级工程师也随同前往。官兵惊呼,这是一个顶级配置,简直就是一个打仗的班子。

廖炳生说,我们将每次执行多样化非军事任务都当做应急作战来完成。

尽管二炮官兵心急如焚,但是出征的号令姗姗来迟。

14 日上午，终于接到了总部要二炮工程技术总队出发的预令，让部队做好空中开进的准备。廖炳生沉吟片刻，说，灾区就是命令、时间就是命令、生命就是命令，我们需发挥二炮的技术优势，主动作为，抢得一分算一分，既然部队从空中远程投送，指挥车、保障车、抢修工具车、通讯方舟需以最短的时间、最快的速度，从三个方向向灾区推进。在部队未到达之前，先期开拔。

于是，向二炮作战部作了简单告知后，廖炳生手一挥，出发！

14 日上午 9 时，刘宗宝副总队长带着八台指挥车率先向西驰援而去。

半个小时后，后勤部部长吴华明带 16 台炊事车、保障车、运输车、救护车和油罐车向灾区跟进。

随后，廖炳生又电令在南方施工的副总队长贺锡安，将九台应急抢修车和九个液压工作站及所有破障工具装上列车平板，他本人则带上一台指挥车、一台通讯方舟和保障车，配双司机，向灾区陆路开进，目标绵竹方向。

接着，他要派装备部长将两台挖掘机装上公路转运平板，在一台指挥车的引领下，向灾区进发。

这天，部队未动，他已经向灾区发了 26 台车。并要求带车的三名常委，两个小时向自己报告一次陆路开进情况。

这天上午 11 点，第二炮兵参谋长魏凤和的电话打过来了。他问，老廖，车到哪里啦？

廖炳生答道，参谋长，指挥车到了潼关，保障车到了三门峡。

呵呵！老廖，你跑得挺快的。魏参谋长感叹不已，问道，你的车是不是配了双司机？

廖炳生说，指挥车只是一个司机，运输车 12 台，多配了四名司机。

不够！魏参谋长说，司令员有要求，要双司机，日夜兼程。

好，我马上落实。

廖炳生放下魏参谋长的电话，叫保障车队在三门峡服务区停下来，再上 8 名司机。

那天下午 3 点钟，命令下来了，叫部队等飞机。

廖炳生问二炮作战部的负责人，飞机几点到？

对方说，不知道。等吧，至少到午夜了。

廖炳生说，我这回去的人比郴州的要多，请商告空军，至少保证两个架次。

随后，他要通了国防大学同学程晓建大校的电话。此时，她刚由武汉空军指挥部副主任调到空军某航空兵师任副师长，恰好在成都前线。廖炳生说，老同学，前方的保障怎么样？

程晓建说，很困难，连矿泉水都买不到。

这个信息提醒了廖炳生，他旋即通知路上的车队，沿途采购矿泉水、方便面、饼干、火腿肠，能拉多少就买多少，以装满为止。

可是贺锡安副总队长正在路上，一直联系不上。

凌晨4点，贺锡安副总队长的车队驶进贵阳城了，这时车上的燃油将尽，他见贵阳军分区一位参谋在纠察军车，他戛然停下，问，少校，哪里可以加上汽油？

参谋见二炮的车队疾驰而来，自告奋勇，带着他去军车加油站加油。

天近拂晓，东边天幕上露出一片惨淡的亮色。突然接到廖炳生总队长的电话，贺副总队长，你到什么位置了？

贵阳。

车上还有空间吗？

有。

给我订200箱矿泉水拉过来。

200箱啊？

对，只能多不能少。还有饼干、火腿肠、方便面，见了就收，能拉多少，你就给我买多少！

明白！

以后，高速公路上，100公里区间有一个服务区，贺锡安到了一个点上，便大量采购，几乎将能吃的东西都购买一空。过了遵义后，回眸车中，仍未装满，他掐指一算，第二天早晨7点路经重庆，还可以大规模采购一次，可那时时间尚早，商店尚未开门。蓦地，贺锡安想到自己麾下的参谋陈克银还在重庆休假，他连忙给陈克银家里打了一个电话。没有人接，又打手机，不在服务区。贺锡安马上发过一条短信：第一时间给我回电话。

一会儿，陈克银的电话打过来了。贺锡安快人快语，说，我率的抢险车队大约8点路经重庆，快给我大量采购矿泉水、面包、火腿肠、日用品，有多少要多少。

陈克银扬腕看表，此时已经是早晨7点了，许多超市还没有开门，他就一家一家地敲门，终于采购到了110箱矿泉水、70箱火腿肠、9箱面包。

上午8点，贺锡安的车队过来了，一看这些东西，他摇了摇头，说还太少。

还少？陈克银愣了一下，说，我马上通知各大超市送过来。

贺锡安说，别，我们直接去拉，时间不等人，抢回一秒是一秒。

结果离开重庆时，贺锡安的车队装了256箱矿泉水、70箱火腿肠、30箱方便面。

快到成都了，他突然接到作训科长的电话，说总队长问你的车能不能再放东西。

贺锡安苦笑道，我的车除了副驾驶座外，到处都塞满了，连屁股也只能坐一半啦。

总队长说让你想办法，再买一些日用品带过来，比如饭桌、椅子之类。

好，我再想办法。

贺锡安叫官兵们将装火腿肠的箱子扔了，再腾出地方。驱车驶进成都沃尔玛超市的停车场，他们大量采购花露水、驱蚊片、脸盆、毛巾、桌子、洗漱用具，将沃尔玛的日用品全买光了。

……

粮秣到了，兵马也从天而降。

第一个梯队的官兵穿过夜空，飞临巴蜀上空。廖总队长透过机舱的前挡风玻璃往下鸟瞰，城郭惊现，锦官城里仍然灯火炫目。而离这座西南最大都市百余里路的龙门山系地震带的城池村落，废墟底下，埋葬着多少生死未卜的父老乡亲、兄弟姐妹。那微弱的时断时续的呼唤，汇成一曲苍生悲歌，在敲击着一个中国高级军官的心扉。这远远比他年初在郴州城里看到的还要惨烈和悲怆。

命若琴弦，经不住风吹雨打。廖炳生大校看看表，时针已经指向5月15日凌晨3时了，离救人的黄金72小时将近了。

向绵竹开进。绵竹方向二炮抗震抢险总指挥刘焕民、常务指挥廖炳生走下大型军用飞机，钻进整齐待发的几辆高级指挥车，一支英雄之旅驶入绵竹市。

天蒙蒙亮了。震区数日的冷雨停歇了。黎明时的村落城郭一片寂然，死一般的静寂。

刘宗宝、蔡新明的引导车驶在最前边，在绵竹市景观大道桥西一角西南侧戛然停下。

刘焕民、廖炳生跨出车来，实地察看了宿营点，帐篷可搭在景观大道花坛和林阴道上。廖炳生说，宗宝，你和蔡局长这个点选得好啊，住宿和停车都很方便，还有活动场所。

刘宗宝露出了会意的一笑，这一天一夜的辛苦没有白费。

官兵跳下车来,开始搭军用帐篷。他们的行动立刻引起了景观大道两厢玉马村村民的注意。村民们走进倒塌的民舍,将仅存的大米刨出来,用蜂窝煤熬了几大锅稀饭,外加一些仅剩的豆腐乳和榨菜,抬到技术总队驻地。劫难幸存的小学生将一碗碗粥端到官兵们跟前,没有一个官兵伸出手来接过孩子和老人手里的粥。

叔叔,吃一点吧!见解放军叔叔迟迟不肯接手中的粥,孩子的眼神里流溢惊慌和期待的神色,生怕被拒绝。

亲人啊,这是我们唯一能给你们表达的。一位老大娘泪水涟涟地说,对不起你们啊,家里就只有这点东西了,可别嫌弃啊。

大娘,我们不嫌弃。廖炳生本是一个硬汉,男儿有泪不轻弹,此时他的眼眶也湿了,他对部队官兵挥了挥手,说,吃!我们不能寒了乡亲们的心。

喝过粥后,廖炳生入绵竹后做的第一件事情,便是派出小分队去慰问帐篷两边给部队熬粥的玉马村的村民,60 户村民,每家一箱矿泉水、一箱方便面、一箱面包和饼干、一箱火腿肠。

随后,刘焕民、廖炳生、袁德华驱车来到绵竹市长办公室,参加协调会。

李友成市长站了起来,伸出热情的双手,说,欢迎,欢迎。刘部长、廖总队长,我们就盼着二炮工程技术总队官兵到来。

廖炳生说,我不耽误你的时间,你把绵竹最艰苦、最难办的任务给二炮吧,我们有最现代化的装备,大型的机械,有熟练操作水、风、气和通讯广播安装的官兵。

好啊,我们这里正缺这样的队伍。李友成点了点头,拿过绵竹行政区图,指着汉旺镇、体育馆灾民和跳蚤市场,说,我希望天黑之前,这三个点儿的灯亮起来,水送过来。

保证完成任务!

9. 向北川报到

经历了一场汶川大地震,何增路发现自己不仅可以翱翔在导弹的天空,还有一个本事被长久忽略了,那就是叙述故事的能力。

从北川回来后,看到总政通知写“汶川一日”征文,他觉得自己有不少故事要讲,有许多感慨要发,也有许多情要抒。虽不知报告文学为何物,也不知什么叫文学技巧,但是隐隐约约觉得中学时代老师说过,那篇《谁是最可爱的人》就是报告文学的最高境界,真实、真情。冲着这四个字,他第一次操刀,居然洋洋大观地写了 3 万字，发回北京，第一个读者便是老婆和女儿。

老婆不屑，说，增路，别臭显啦，你哪会写文章，压到抽屉底下吧，留着自己看。

女儿说，哇噻，爸爸真能干，写得真好，我看得都掉泪了。应该寄出去发表。

赞成与反对各一票，夫人、女儿，手心手背，一个大男人顿时失去了主心骨，没有了评判的标准。在重庆局招待所见到我，未讲灾区的事情，先递上厚厚一叠打印稿说，作家，你给我看看，到底行不行。

我粗略一翻，尽管初涉文学，文字倒也写得干干净净，有的地方细节还很出彩，不乏点睛之笔。我说，老何，不错啊，初次亮剑，出手不凡呀。

真的？何增路顿时眼睛如炬，你说的是真的？不是诓我？

我很认真地说，我哪敢诓骗你哟，不敢说你这篇文章有多好，可是它贵在真实真情。

何增路笑了，说我就是照着真实和真情写的啊。好了，一会儿要给老婆打电话，说作家对我的文章都充分肯定了。

看来你有点惧内。

哪里啊，自古道，少不入川，我是中年入蜀，一人在外，还是惧内点好呀。

呵呵呵！我仰天而笑。

笑过之后，何增路才切入正题，说，你知道二炮第一支进入北川的分队是哪路队伍？

当然是工程指挥部马力政委带的部队。

错了！何增路非常认真地说，2008 年 5 月 14 日 18 点 30 分，二炮第一支抗震救灾小分队到达北川羌族自治县县城，比马力政委早到了两个多小时，但是只有三个人，领队：重庆代表局政治委员王晓旭，战斗员：何增路、李亮。

啊？二炮是你们最早进北川的？我惊讶地问道。

当然，我们奉命进去为二炮大部队探路。

何增路迅速将一个悬念化成了一组场面和故事。

14 日凌晨，他跟着王晓旭政委开着一辆考斯特面包车，给成都片区的军代表室送粮、送水、送帐篷。下午 3 点多钟，突然接到了北京打来的电话，二炮抗震救灾指挥部于际训副司令员、王治民副参谋长一行已经登专机，预计晚上 6 点多钟飞抵成都，第一支工程部队于陆路抵达，命你部前去探路，确定宿营地。

王晓旭与蔡新明局长商量，他带何增路处长、李亮参谋探北川之路，蔡局长带政治部主任王经军、参谋郭秦前往绵竹，为工程技术总队到来勘察线路和野战宿营地。

两个小分队向震区挺进。

何增路说，从13日早晨在重庆采购开始，他们已经连续48个小时奋战了，一接到命令，重庆代表局一下子从“后场”变为“前锋”。紧急卸下物资后，三个人钻进汽车，朝着成绵高速路疾驶而去，目标北川县城方向。

王晓旭和何增路都是从北京机关下来的，虽然在机关时执行过不少训练发射任务，但是承担道路勘察任务由军代表来完成，不仅在二炮历史上，甚至在我军历史上也实属罕见。这可是在非常时期，特殊情况下，二炮首长交给重庆军代局的一项特殊任务。所以在车中，他们显得格外激动。

成绵高速基本完好无损，一路上车速很快，但是下了高速，绵阳城郊外便危楼依稀，公路上也开始崎岖不平了。何增路发现王晓旭政委心情也很沉重。他朝窗外眺望，见不少灾民从公路两侧熙熙攘攘而来。就要进入灾区了，他的脑海里在想象着7.8级特大地震带来的大劫难：墙倒屋塌，瓦砾遍地，无数鲜活的生命瞬间阴阳两隔，废墟下不知有多少生命在等待救援，人民在流血，妇幼在呼喊……

何增路毕竟是参谋出身，他知道既然是勘路，自己坐在前边带车，就要记下路面和每一座桥梁的情况，以便重车通过时不会出现危象和险情。因此每驶近一座桥，他们都停下车，认真记录时间、路程、桥名和载重，然后继续前行。道路勘察和宿营选点，这些内容，对于他来说并不陌生。

道路勘察主要是把路况搞清楚，为的是给携带工程机械的部队顺利通过提供情报信息支持。而部队宿营地选点的原则是便于部队进出、展开和确保宿营安全，一般需要避开河道、悬崖等地方，责任重大。无论是道路勘察还是宿营选点，不能有丝毫马虎，否则，一旦出了问题就是大事。

汽车穿过东升收费站，前方便进入山区了。公路两侧，龙门山脉逶迤西去，千山连绵。一场大地震过后，整个龙门山似乎被一只无情的上苍之手，撕去了脸皮，片走了肌肤，露出血红的伤痕，陡然而下的山体和流石，东一个，西一片，参差不齐，犬牙交错地倒在公路之上。沿途不时看到被山上的滚石砸瘪的汽车、路面隆起的错缝、山体滑坡堆在路边的土石堆，甚至遇难者的尸体。疾驶之中，余震频发，不时有石头从已松动的山坡上冲下来，在车的前后滚过。司机小朱两眼紧盯前方，机敏地躲过石头、错缝，在左拐右闪中蛇形前进。毕竟坡多弯急，一面紧依大山，一面江流湍急，山体滑坡、泥石流、飞石等险情不断。

过了安县县城,倒塌的房屋越来越多,王晓旭和何增路的心情越来越沉重。望着一栋栋垮塌的房子,想到每栋房子下面仍可能存活的生命,身为军人,不能跳出车子伸手相救,个中滋味,唯有心知,唯有自我救赎。但是何增路明白,此时他的任务是跟政委一起勘察道路,好为随后赶来的二炮大部队快速准确地开进提供准确情报。为部队顺利展开大规模救援争取时间,无异于救出无数个生命。

离北川越来越近了,何增路的心提到了嗓子眼上,车在疾驶,可是他却听到了自己的心在狂跳。进擂鼓镇的道路惊心动魄,几个卡车大的巨石,就横在公路中间。从山巅滚落的石头将道路砸了无数个洞,甚至连关公庙的神像也未能幸免。老百姓的住房多数被夷为平地,只有铁门框兀自而立,大红的门神在冷雨中依然。从北川县城逃出来的灾民越来越多。车辆实在开不进去了,三个人跳下车,大步流星向着县城方向行进。

王晓旭、何增路穿过三道岗哨,往县城方向走去,在距县城约 3 公里处,马路右边的山坡上发生了大面积塌方,何增路粗略地估算了一下,堵塞公路 1.5 公里,约 20 万土石方。尤其是从山上滚下来的全是巨石,每个都有几十吨重,个个像小山一样。

石头旁边站着三个人,有一位是国土资源部的蒋司长。看到王晓旭等三个人穿着军装,蒋司长便问,你们是哪个部队的?

王晓旭政委说,二炮的。

何增路补了一句,我们是为二炮工程部队马上开进来勘察的。

蒋司长说,好啊,二炮的行,我们正为这条生命之道发愁啊。你们一上来,就有办法了。

在公路旁匆匆走过的群众也围上来问,你们是哪个部队的?

二炮的。

哪个只有你们三个人啊?部队去哪里了?

大部队马上就往这里驰援而来。

行!二炮的行。

只有两年工兵经历的何增路听了这些话,心里感到非常自豪。

何增路爬过一块巨大的石头,往前眺望,见一块巨石下躺着一具死尸,双脚皆被巨石压着。这是他第一次见到震后的死尸,便向王晓旭政委说,政委,这里有一具尸体!

王晓旭似乎一点也不惧怕,他当年曾经参加过 1979 年的中越边境自卫反击作战，目睹过不少战友躺倒在血泊中，历经过太多的死亡。

何增路仰首看巨石，喟然感叹，像这样的石头，不实施爆破将之炸碎，是难以把它清除的。北川县城救人已进入第三天。能用铁锹挖、用手扒的方法救那些埋得较浅、容易救的人都已救完。现在的关键是急需用起重机、挖掘机和推土机等重型机械开进去，救那些深埋地下、被水泥预制板困在下面的人。安北路是进入北川县的唯一通道，不把此路打通，工程机械就不能进县城救人。

他们边走边记录这里的道路情况。

第一项道路勘察任务圆满完成。事后何增路整理了这样一份报告：

北川县位于绵阳正北偏西方向，走安北路（即安县到北川县），公路里程 76 公里（含从某研究院到省道的 19 公里），属于国家Ⅱ级公路，水泥路面。其中，绵阳城市道路 19 公里，双向四车道 18 公里（指磨加至安昌镇），双向两车道 39 公里，路面有高架桥一座，普通桥梁 6 座，66 公里处有疑似危桥 1 座，但不影响工程机械通过。全程车流量适中。6 座普通桥梁中有 20 吨载重标志的桥 2 座，其余无标志。全程无隧道。距绵阳 26 公里处有一个东升收费站，以该站为界进入山区。69 公里处有较大公路裂缝 2 处，但不影响车辆通行。从绵阳某研究院二招出发到北川县城用了一个半小时。

王晓旭政委说，进入北川的路桥，我们已经摸清了，现在得赶快选一个宿营点。他们沿着路往回走，从北川中学往下走，在任家坪收费站南有一片 80 多亩的麦地。何增路朝下走了几步，觉得这个地方是一道缓坡，没有悬崖，外边来人，拐一个小弯便可以看到。

政委，你看这地方如何？何增路指着这块麦地询问王晓旭。

王晓旭说，何处长，你是搞阵管出身的，你说行就成。

我觉得这地方好！二炮抗震救灾指挥部放在这里最适合。

他们立即寻找当地政府——北川县救灾指挥部。

王晓旭和何增路几经辗转，来到北川中学院内的指挥部。

指挥部由一顶帐篷组成。里边人声嘈杂，中间呈一字形摆放着长条桌，桌子两旁坐满了人，他们有的打电话，有的埋头记录，有的在交谈着。

一进门，王政委就大声问，你们这里谁负责？

帐篷里一个穿白衬衣的小伙子答，就是那个，誉书记。

王晓旭望去，一个约三十多岁的男同志正背对着外边和一名武警中校交谈着。王晓旭与他握完手，说，誉书记，我们是二炮部队派来打前站的先头小分队，再过两个小时，有两支携带着大型机械装备的二炮工程部队马上就要上来。

誉书记激动得热泪盈眶，紧紧握着王晓旭的手说，太好了，太好了！我们北川有救了！

原来先期虽已有武警和成都军区的部队到达北川，却苦于无大型机械，无法打通被塌方堵死的出城道路，救出的人都得靠人力穿小道抬往数公里外的救护站，一些掩埋在重重水泥预制板间的人更是难以救出。也就是在这时，打通被温总理称为“生命线”的塌方路段的任务就被交到了即将抵达的二炮部队手中。

王晓旭通报完来的目的后，何增路说，誉书记，我们选中二炮部队宿营地，位置在收费站南边的一片农田，你看行不行？

誉书记操着很浓的四川话说，要得，你们用嘛。

近百亩农田的征用就这么三分钟给征下来了，在这里没有了名目繁多的批件、盖章、迎来送往、请客送礼，也没有什么青苗费补偿费耕地占用费，一切的一切都特事特办，效率特别地高。大家知道，时间就是生命。在北川县救灾指挥部的帐篷里，王政委和誉书记明确何增路为二炮的联络员，何增路在登记簿上毫不谦虚地签了名：“第二炮兵何增路，电话：1592296××××”。

何增路觉得很自豪，这时候他代表的就是第二炮兵！

走出帐篷，他们一行三个人都松了一口气，两项任务都已圆满完成。后来据部队反映，选点位置首长和部队都很满意。大家都认为，在北川，二炮部队的宿营区位置是最好的。按时完成道路勘察并正确选择宿营地，为大部队顺利开进、就位并立即展开救援赢得了宝贵的时间。

走出北川县抗震救灾指挥部，朝停车方向走过去。身边总有灾区四川老乡擦肩而过，何增路侧身问道，里边情况怎样？

好惨啰！

里面还有人吗？

有。还多得很！

能听到他们呼救声吗？

听得到。下面还埋着很多小娃儿，哭的声音越来越小了。

听了他们的答话，王晓旭和何增路心头一紧。虽然任务已经完成，应赶快把勘察、定点情况报给将要开进的部队。

王晓旭不停地向外面打电话，想用最快的速度把信息传递出去。但是当时在整个北川，移动和联通的手机信号都不通。于是，三个人，一人面对一个方向一起打，可是皆无济于事。电话没打出去，上级首长的电话打了进来，不难想象，在当时情况下，首长肯定不知已经打多少次了。

王晓旭预计部队应该已经在开赴北川的路上，决定迎向前去。沿路逆向而行，去找部队，在什么地方见到部队就在什么时候停。王晓旭吩咐道。

此时天色苍茫，黑潮涌起。

走出大约七八公里远，离开了信号盲区，二炮装备部部长张启华的电话打过来，问王晓旭探路的宿营情况如何，他在等着向于际训副司令员报告。王晓旭报告了探路的情况和宿营点。

果然行车距北川约 10 公里处，遇见二炮某工程部队的救灾车队迎面驶来。王晓旭叫停车，率队而来的某工程指挥部政委马力大校看到了王晓旭，跨出车门，与他握手见面，王晓旭介绍了北川的情况和宿营地。

随车的参谋问宿营地在什么地方。

何增路说，一条路走到那里，别拐弯，在收费站南边看到一片麦地即是。

王晓旭问马力政委，于副司令员现在到了什么位置？

马力政委说，于副司令员就在随后的车队里，大概行驶到安县黄土镇一带。

向北川报到，向二炮抗震救灾前线总指挥、二炮副司令于际训中将报到。

王晓旭的车穿越夜幕。

10. 第四责任区总指挥

军代表胡鹏给我讲了一个故事。

他说，5 月 14 日晚上 7 点多钟，他接到总代表谭奉明的电话，让他带上三四个暖水瓶，打满开水，装上两箱方便面、榨菜、火腿肠，驾车到成绵高速公路的出口九洲体育馆待命。

胡鹏问，谭总，我拉这些东西，到了九洲体育馆交给谁啊？

谭奉明说，谁也不要交，你就在那里候着。

候着，候谁呀？

二炮抗震救灾指挥部的首长和机关领导同志。这是他们进入灾区后的第一顿晚餐。

啊？首长吃方便面？胡鹏惊讶不已。他请求道，我可以想办法给首长准备盒饭啊，热腾腾的，比吃方便面强。

不用。成都代表室廖总已在双流机场订了一桌饭，可是首长下飞机后，说时间紧迫，没有时间用晚餐了，就在路上吃方便面吧。

明白！胡鹏连忙找来矿泉水，烧了三瓶开水，从帐篷里拿了方便面、榨菜、火腿肠、辣椒酱，装上车，从科学城驶往九洲体育馆，等在了那里。

夜空的细雨渐渐停了。胡鹏左顾右盼，一直未见二炮的车队出现。

到了晚上8点多钟，一辆开道车在胡鹏车后戛然停下，重庆局蔡新明局长跨出车门，问道，小胡啊，吃的东西都准备好了吗？

胡鹏说，全部备齐了，就等首长们了。

首长马上到。蔡新明转身回望，高速公路的出口车灯闪烁，车灯由远及近，在蔡局长的车后依次停了下来。

二炮副参谋长王治民率先走出车来。随后，二炮副司令员于际训也走下车来。胡鹏有点不敢相信自己的眼睛——就在九洲体育馆前的马路边上，一位堂堂大区首长，还有几位将军，就这样一桶方便面、一瓶开水，简单吃了一个晚餐，然后就匆匆赶往北川。

胡鹏说，他当时简直难以置信，二炮首长完全是一派平民风格，平易近人。他给于副司令员泡方便面，首长说我自己来，根本不要我们代劳。

我说，你说的事情我完全相信。也印证了我在成都代表室采访时，廖平总代表讲过的故事：当时他已在双流机场一家酒店订了几桌饭，菜都点好了。于际训副司令员说，进北川救人要紧，多抢回一分钟，就多活一条生命。吃中餐太耽误时间，路上解决吧，泡碗方便面就成。

胡鹏说，那天晚上，首长们在路边上吃了一碗方便面，便匆匆登车赶往北川。车至安县黄土镇，于副司令员的车与迎面驶来的王晓旭政委的车子相遇了。王晓旭向于际训副司令员扼要地汇报了下午在北川探路的地貌、环境、灾情、交通和宿营地点，以及北川人民对二炮抗震救灾部队的高度期望。

于副司令员说，你们干得好！我们正急需这些情况。

告别了王晓旭，于副司令员的车队继续向北川开进。

……

我也向北川挺进。

5月26日上午，北川天空阳光灿烂，万里无云，不时有一只像巨大红蜻蜓的俄制米-26直升机掠过天空，一辆从北川县擂鼓镇驶来的警车接我

第二炮兵副司令员(成都军区抗震救灾联合指挥部第四责任区总指挥)于际训中将在现场指导工作

去见二炮副司令员、第四责任区总指挥于际训中将。

那几天,唐家山堰塞湖危机四伏,整个中国的眼睛都投向了这里。部队已经从北川县城撤出来,进城的道路封了,北川成了一座孤城、一座死城。二炮抗震救灾指挥部撤到安县永安镇,而于际训副司令员则留在了擂鼓镇上,出任第四责任区指挥长,他指挥着二炮部队、成都战区驻滇某集团军、空军部队,有数万人之众。而这些天,开凿唐家山堰塞湖导流槽成了重中之重。

警车驶出永安镇,左拐,沿着龙门山系驶往擂鼓镇,往北川方向疾驶而去。10 天之内,我已经是几进北川了,我随总政采访团走遍了整个灾区。从 5 月 12 日至 15 日凌晨 6 时许,北川救灾情况是最艰难的,如果不是于际训副司令员率领二炮工程部队及时赶到,打通进入北川的生命通道,让大型机械设备迅速开了进去,那么北川死的人还会更多。

而现在唐家山堰塞湖险象环生, 于际训副司令员受命于危难之中,指挥陆、海、空和二炮等北川部队,打响了治理唐家山堰塞湖的绝地之战。

擂鼓镇入口将至。世界上最大的俄制米-26 直升机掠过天空,盘旋于半空,悬停于擂鼓镇上空。巨大的轰鸣声震得地动山摇。汽车驶入擂鼓镇的入口处，几个大广告牌上，空军、驻滇某集团军和武警部队的巨幅宣传标语刷于其上，字体之大、幅面之宽、气魄之大，真是气吞山河。

但是，独独不见二炮部队的巨幅广告张贴于此。我喜欢这种默默做事的低调。在北京机关，我与于际训副司令员接触不多，有过几面之交，也只是工作上的接触，但是首长平易近人的儒将风度，却给我留下深刻的印象。记得有一次，我的良师益友二炮后勤部郭庆生政委，曾谈及于副司令员，敬重之情溢于言表。二炮抗震救灾部队在灾区所做的一切，似乎也烙印着这支抗震抢险部队指挥官的性格和姿态。

车子驶入擂鼓镇，放下车窗远眺，刚开辟出来的平地上，一架俄制米-26直升机悬停于场地上方，将一辆辆推土机、装卸车和柴油桶悬吊于上，盘旋着往唐家山方向飞掠而去，十多分钟便是一个来回。

擂鼓镇上布了不少岗哨。如果我不是乘坐这辆开道警车，不是穿着这身迷彩服，也许很难进入第四责任区的指挥中枢。它坐落于成都战区驻滇某集团军在北川的军部。

说起于副司令员担任第四责任区总指挥的由来，还有这样一段插曲呢。

5月21日下午，彭小枫政委刚抵达灾区不久，成都军区政委张海阳的电话就打来了，说，彭政委，成都军区联指有一个想法，想请你们于际训副司令员担任成都军区抗震救灾联合指挥部第四责任区总指挥，统一指挥北川、安县、绵阳、绵竹、江油等地区的所有抗震救灾部队，特向你们征求意见。

海阳，这件事情很重要啊！彭政委高兴地说，我们二炮能担任起这个重任。我给靖司令打个电话商量一下。

两位首长电话商量后，都觉得这个建议非常好，完全赞同，坚决给予支持。

于是，彭政委到成都军区走访时，与军区领导一起确定了二炮负责第四责任区的事情。并向于副司令员作了部署，彭政委语重心长地说，成都军区联指让你担任第四责任区总指挥，这是对二炮部队的高度信任。使命光荣，责任重大，担子也不轻啊！你要担负起来，尽快组织第四责任区指挥班子，做更大的贡献！

请政委放心，我一定不辱使命，保证圆满完成任务！于副司令员满怀信心地说。

随后，于副司令员从二炮机关和抗震救灾指挥部抽调得力干将，组成精干指挥班子，进驻北川擂鼓镇，在成都军区驻滇某集团军帐篷区里展开工作。

汽车戛然停下，马秘书已站在帐篷前等我了。拉开帐篷拉链门而入，于际训中将坐在帐篷中间，见我进来他站了起来，紧紧地握着我的手说，听说你这一段一直在全军采访，辛苦了。

我说，首长辛苦。

甫一坐下，便觉得帐篷里有一股热浪袭来。这时天色尚早，才上午9点多一点，便有一种晌午时分的燠热，一台电扇吹着也无济于事。见我额头、脸庞上皆是汗水，于际训中将和蔼地说了一句，嫌热，就将迷彩服脱了吧！

这里环境很艰苦的！我边脱迷彩服边说道。

比起前些天，好多了。于际训中将感叹道。

将不畏死，身先士卒。我知道这就是二炮赶赴灾区将领的风格和精神。

我刚打开采访本，于际训中将说，徐主任，你稍坐一会儿，我今天有点闹肚子，上个厕所。

要不要请大夫看看？

没事，吃点药顶一下就过去了。

中将掀开帐篷帘子，往不远处一个简易厕所走去。那天上午，我们的采访因首长的身体不适、不时要出去而多次中断。

断断续续的碎片，连缀成了二炮部队在北川惊天动地的一部华章。

5月14日晚上9点多钟，于际训副司令员与王晓旭分手后，加速往北川推进。晚上10点30分，抵达北川宿营地。下车伊始，部队还在搭帐篷。刚与县里接上了关系，他便对王治民副参谋长、马力政委说，走！我们连夜去北川县城勘察。

此时的北川静悄悄。此时的北川已经沦为一座死城。其实此时的北川城里，救援部队已经撤出来休息了。夜空之下，万户萧疏，鬼魂哭号。而二炮一位中将、一位少将，却带着刚刚赶到的工程部队的领导，沿着泥泞山道，往北川县城走去。

回忆起这段经历，于际训中将说，地震过后，二炮党委主动向中央军委请战，多次开会，制定了抢险参战的应急方案。我们手里握有两支训练有素、携带大型工程装备的拳头部队，突击性、专业性很强，是执行急、难、险、重多样化非军事任务的劲旅。年初郴州冰雪抢电一战，名声大噪。事后证明，关键的时刻，我们二炮这两支部队上去，起到关键的作用。第一批进入灾区的是成都战区、济南战区和空军部队，我们赶到北川时，72小时的生命救援点未过。

于际训中将说，那天晚上，北川的天空很黑，他们打着手电往城里走。

一踏进灾区,环顾四周,到处都是废墟,百分之八十的房子都倒了,惨不忍睹。因为车进不去,大型工程机械进不去,死人都顾不上收拾,晚上视线又不好,所以他们几乎是踩着死尸过去的。

穿过任家坪,走过北川中学,一段几里长的山体滑坡,将进入北川县城的道路彻底堵死了。于际训副司令员和王治民副参谋长从石头缝里爬了过去,有不少汽车和死人就埋在石堆里,横躺竖立,或手伸出来,或头往后垂着,乱发飘飘,一副狰狞之状。而其中有一些坠落的山体巨石,小若卡车,大如篮球场之巨,靠人力是无法撼动的。

此前,四川省路桥公司、华西公司的大型机械开过来了,但是望北川之路难啊,难于上青天。只在原公路下边的沟里开了一条小道,路窄泥泞,山高坡陡,从北川县城救出来的人,都由七八名官兵抬着,穿越这条小路,有的伤员就死在这条断魂路上。

于际训副司令员连夜进入北川县城后,随他而去的官兵走到县政府倒塌的办公楼前,在瓦砾废墟深处,仍然可以听到"嗯哼……"的呼救声,而他们此时却有一种束手无策的无奈。

在往回走的路上,于际训副司令员对王治民副参谋长和马力政委说,北川救人,埋在表层的,已被群众自救和进来的部队扒出来了,而现在深埋在废墟之下的群众,则需要大型机械进入抢救,必须迅速打通3.5公里的生命通道,让大型机械进去。这是重中之重,十万火急的事情。

王治民副参谋长说,对!这样的艰险任务,也只有由我们二炮部队来承担。

于际训中将问,大型施工机械几点能到?

马力政委说,拂晓前进场。

好!天一亮就展开装备,抢修生命通道。于际训副司令员当场拍板。

连夜拿出一个抢修方案来。王治民对参与勘察的某工程指挥部浦副主任和工程部副部长焦明山说,对那几块拦路的巨石,是考虑爆破还是另择处置,也要很好研究,我明天早晨再看。

明白!

第二天拂晓,某工程指挥部大型机械进场了,由二炮十大砺剑标兵郭中定率领的突击队驾着最先进的挖掘机、推土机,轰轰隆隆地驶过北川中学的门口,开始了打通北川生命通道的战斗。

从北川匆匆逃难出来的灾民、从任家坪方向进入北川的志愿者和徒步而来的部队,看到二炮官兵在那条绝路上横刀立马,感叹地说,北川有救了!

北川有救了……

当我正在惊叹于际训中将所率二炮突击队在一条生命的绝路上杀出一条生路来时，一位皮肤黧黑的少将拉开帐篷拉链门，跨进了帐篷，向于际训中将行了一个军礼。于副司令员介绍说，这是陆军十四集团军政委。然后，指着我介绍给这位少将说，徐主任，我们二炮的作家。

作家来采访第四责任区总指挥？这位少将问我。

我点了点头说，是！

你一定要好好写写于副司令员，这是整个灾区唯一一位住帐篷的中将啊，也是一名儒将！这位将军感慨地说，他在我们第四责任区深孚众望，考虑问题非常缜密，拍板的时候毅然决然。我们都很敬重、佩服啊。

我说，我们于副司令员是从导弹号手、导弹旅长、导弹司令，一路走过来的，指挥发射过许多枚导弹。志在天疆，爱施苍生。

还是作家会说，概括得好啊！十四集团军政委说，我们合作非常愉快，从老大哥身上，我学到了不少东西。

于副司令员谦逊地说，其实我从陆军老大哥的身上，学到的东西更多。

你们谈！成都军区十四集团军政委告辞时，知道我是昆明人，说，好啊，他乡遇游子，我正式邀请你，回老家休假时，到我们部队看看。

我连说，谢谢！

那天上午，在天上米-26直升机的轰鸣声中，采访了于副司令员一个上午，记下了许多惊心动魄生死相援的北川故事，且放在后边的章节一一叙述。

我起身告别时，于际训中将将我送上了车。吉普车缓缓发动时，我从倒车镜里看到，一个高挑儒雅的中将身影留在了北川的土地上。

11. 兵出秦岭

马力政委朝我走了过来。他伸出热情的大手，未曾开口，便绽开了笑靥，说，欢迎，欢迎，早就盼着你来。

我和马力政委是老朋友。第一次相识是1999年元旦，那时，他是中国一个秘密禁区勤务团副师级团政委。我在那条全是男性的山沟里待了半个多月，惺惺相惜，相谈甚欢，从此成为了朋友。以后，他当了基地政治部主任，虽然见面不多，却心有灵犀。后来，他成了这支王牌工程部队的政治委员，一直邀我去那里体验生活。可是这几年，我的视野游离了中国战略导弹部落，气沉丹田地去写青藏铁路、去写年初那场大冰雪，因此，一直未去。没想到，我们竟然在灾区相见。

见我背着迷彩背囊而来，马力政委叫来了秘书科长，说，先给徐主任安排一个睡的地方。

秘书科长颇为难，说，只有十个人的帐篷了，而且睡得满满的。

我说，没事，有个行军床就成。每天都采访到12点，我回来一躺，眼睛一闭便睡着了。

委屈你了。

哪里啊！非常地方、非常时期，也非常理解。

那天晚上，我采访完王治民副参谋长后，已经快10点钟了，才走进马力政委的帐篷。

帐篷里灯光昏暗，马力政委坐在如水的夜色里，向我讲起了兵出秦岭的故事。

马力政委说，13日晚上，部队终于接到出征汶川地震灾区的预先号令，是由二炮作战部直接下达的。部队做好准备，随时出发。

当时，这支部队在大江南北的各施工点上，需要从南北东西向心开进。仅仅一个晚上，1000多名官兵和47台大型机械便装车完毕，一接到命令就要出发。

某工程指挥部马力政委和郭中定团长在研究救灾方案

我们这支部队经过三年的应急作战准备,很有战争意识啊。马力政委说,地震当天晚上,正在南方崇山峻岭中施工的某团政委孙乐,在第一时间,就将在禁区里施工的一半兵力连夜撤了下来。许多官兵未来得及洗却国防施工的风尘,第二天早晨便匆匆登车,摩托化向灾区开进。

当时,工程指挥部陈强主任在国防大学学习,在家的军政一把抓的是马力政委,他率队出征。这对于一位政委,是一次军政双通的大考。

然而,仅仅是一个晚上的准备,所有在震区救援的专业工具都准备完毕,千斤顶、钢丝钳、电锯,样样齐全,钢钎和锹,做到人手一件,绝非赤手空拳而来。而且,第一批赴前线的官兵,挑选的都是最好的骨干,他们多数是二三期士官,有着丰富的工程施工和抢险经验。

14日上午8时,正式命令下达了。马力政委手一挥,喊道,出发!

每辆车上配了双司机,换着开车,路上不起锅造饭,三个方向的部队,都必须在一天之内挺进北川。

兵进西南,二炮浩浩荡荡的兵车队伍,在马力大校的带领下,越过三秦大地,翻越秦岭,向巴蜀之地进发。部队刚一出发,二炮指挥中枢便关注着,魏凤和参谋长几乎两三个小时一个电话打到马力政委的手机上,询问部队已经到了什么位置、传达司令政委的指示、询问途中的安全情况。他记得那天的摩托化开进过程中,魏参谋长打了不下四五个电话。问得最多的一句话是,能不能按时到达北川县城?因为于际训总指挥已从空中飞去了,可能在傍晚时分抵达北川。二炮的救灾部队只能比首长先到,而不能后到,否则,首长便成了光杆司令了。

二炮部队兵出秦岭,进入北川,立即引起中国乃至世界媒体的关注。马力政委夜里9点多钟抵达北川县城,仅半个小时,中央人民广播电台的中国之声便播出了,说第二炮兵某部在马力政委的率领下,抵达北川。随后,中央电视台中文国际频道也马上打出了字幕。

到了北川,兵未下鞍,马力政委便去北川县指挥部请战。当时那里乱成一团,马力政委找到一位指挥长,说,二炮部队带着工程机械来了,请给我们分活吧。

那位指挥长说,你们自己找吧。有事可以干。

马力没有表态。部队新到,人地生疏,又是夜晚,如果没有地方人员引导,他们到哪里去找活啊?

后来那位指挥长说,你们去北川中学看看吧。

马力留下一部分人扎营,便带着部队来到北川中学。见武警部队在那里抢救，他发现自己带的工程设备远比武警部队的强多了。可是作业面太小，他希望将武警部队换下来。也许因为北川是全国关注的热点，武警部队当仁不让，说什么也不愿撤下来。马力政委只好饮憾而归，将部队撤回宿营地。这时，已经是夜里 10 点半了，于际训副司令员、王治民副参谋长的车队也已经到达。

首长，刚才我们很想在北川中学发挥优势，展开施救，可是人家武警部队不让染指啊。马力政委报告道。

哦？于际训中将沉吟片刻说，咱们现在就进县城去。勘察好了，可以白天救人，晚上再撤出来。

马力立即派人找来一个向导，是一位国税局幸存下来的干部。

于是，那天晚上，于际训副司令员、王治民副参谋长带着北京机关来的二级部长和参谋，带着马力政委等工程指挥部一行 20 多人，连夜徒步摸进北川县城。

寒夜中的北川，给马力政委的第一感觉，就是一座死城。城中一片漆黑，死一般的静，唯有冷风呼啸。最吓人的一幕是，有汽车被砸扁了，车中的人已死，可是车灯仍在通电，那黄色大灯一亮一灭的。夜色朦胧，不啻是一盏天灯，一簇鬼火，忽闪忽熄，在为埋在北川废墟之下的罹难者招魂，令人毛骨悚然。一个班的战士在前边打着手电，马力走在前边，后边紧随着于际训副司令员、王治民副参谋长。大家几乎手脚并用地在石头缝里、断垣残壁中爬，不时踩到软软的东西，用手一摸，竟然是死尸。县城里一个人也没有，只有几只快疯了的狗在汪汪地叫、一群失去主人的小猫在喵喵地哭。国税局的向导想让二炮首长多熟悉地形和救人，一直走到了县城的最里边。看了县政府、县医院、国税局和信用联社等地方，他告诉部队的同志哪里受损最重、哪里死人最多、哪里还有活着的人。

到了原国税局的地方，那个向导说，他上午到这里时，喊了几声，仍然有人回答。走到那片废墟上，他又开始在夜幕里大声地喊他所熟悉的一个个人的名字，说，二炮部队来了，他们是带着大型机械装备来的。天亮过后，就会来救你们，你们可要挺住，坚持住啊！

向导喊过，站在废墟里，所有二炮官兵屏息静听——死一般寂静，不见一点应声和回声。

他们还活着，一定是睡着了。那个向导或许因为瓦砾断垣之下埋着他的亲朋，生怕刚来的部队官兵放弃了他们。

于际训副司令站在废墟上交代道，马政委，天一亮，你就带一个团官兵进来，在国税局、农业银行和信用社抢救。另一个团负责打通进入北川的通道，天黑之前，要保证大型机械和救护车开进来。

是，首长！

好啦！那个向导几乎雀跃起来，说，有二炮官兵进来，国税局幸存的人就有希望了！他又一遍遍地喊自己那个亲人的名字，说你可坚持住，明天你就有救了。

到了15日凌晨2点多钟，于际训副司令员和王治民副参谋长才带着勘察的人走出了北川县城。

回到宿营地，帐篷已经搭起来了。马力政委按照于副司令员和王副参谋长的要求，召集麾下的几员大将浦荣华副主任、安副政委、李杨主任等有关人员，研究抢救方案。最后确定抢通通往北川的3.5公里道路，由浦荣华副主任做指挥长，由拂晓前抵达的郭中定团长所率的大型机械部队进行道路施工。而先前抵达的某团孙乐政委，则带上所有官兵，带上所有小型工具、发电机、切割机、破坏钳、千斤顶，随二炮首长徒步进北川救人。

马力对浦荣华副主任说，老浦啊，你的任务最重。通往北川这三公里半，四川华西集团、路桥公司来了两天都不敢接。他们只打通一条人行便道，车子和机械进不去。我给你一个时间节点，天黑之前，于副司令员要坐车从北川县城出来，成败在此一举。

浦荣华说，政委放心，我会竭尽全力，肝脑涂地，坚决完成任务。

好，我等着你们的好消息，徒步进入北川的官兵等着你们的好消息。

马力一夜未眠。

那天晚上，我与马力政委一直谈至深夜12点才回到我睡的帐篷。对面六张床挤成了一个大通铺，睡着六位工程专家，老少皆有，个个戴着眼镜。他们睡的是睡袋，而我还算是特殊待遇，有一床军用被子和枕头。对面一个胡子花白的专家朝我笑了笑，我也朝他点头致意。因为不认识，我们没有搭话。第二次重返灾区时，在老虎口，我第一眼便认出了他，他也认出了我，他就是道桥专家宋希安。

我睡的小竹床两床之间只有一条小缝，窄得连脚都伸不进去。虽然地上铺了一张防潮胶皮，但是野草长到了床边上。环顾两边，各睡着两个战士，因为来不及洗脚，那逼人的汗臭，熏得我快要窒息了。我找个脸盆洗了洗脸，和衣而睡，旋即进入梦乡。

梦境仍是北川。马力描述的县城夜里时闪时灭的车灯，像鬼火一样掠过北川的天空，也闪烁在我的梦中。

第3章 生命之门

12. 尖兵团长

老牌工程团的历史，我很熟悉。但是新任的团长却很陌生。

那天中午，告别于际训中将后，我从擂鼓镇驱车前往这个老牌工兵团队的驻地。

已经过了开饭时间。晌午太阳直射下来，帐篷里很热，氤氲着一片水雾。帐篷撩起一个角，团长郭中定坐在小马扎上，穿着一件白色背心，迷彩裤管挽起半截，端着一个大瓷碗，面前放着一个大铝盆。他不时地往盆里舀菜，放到自己的大碗里，然后大口大口地扒饭，吃得好香，嘴角边上抹着一层红油。这种吃相很幸福，也很真实，总让我想起中原大地乡村小巷里，蹲在门口吃芝麻叶面条的老农。

郭中定是河南西峡人，操一口很浓的南阳口音，说快了有点听不清楚。见我跨出车门来，他立即喊通信员，找一个碗来！

我送走驾驶员，转身去厕所方便一下。路过大操场时，恰好看见换班回来休息的官兵，坐在几排水泥预制板搭的台子上吃饭，其吃相与团长大致相同。

回到帐篷，通信员给我盛了一碗饭。我坐在小马扎上，端着饭碗，朝铝盆里一看。天啦，简直就是一锅四川毛血旺的大烩菜：猪肠、鸡块、红薯粉条、豆芽被红油浸泡着，让我无法下筷子。这与5月19日在映秀镇上，我吃的武警部队第一顿热饭几乎一模一样。

入川10天，他们的饮食方式已经完全麻辣烫化了。

其实，这个团当年曾是刘邓大军麾下一支工兵部队，团队起步的零公里就在四川简阳。光荣历史留在了巴山蜀水。二郎山上，留下了他们的身影；成渝铁路，曾挥洒过他们的汗水。

时隔 57 年再度入川，巡弋在团队英雄天空的历史血魂，与这片巴山蜀水有一种天然的亲近感，很快融为一体。

两年前，我曾为这个团队建团 55 周年策划了一部书《铸剑岁月》，因此得以抚摸他们的历史年轮。最震惊人的一幕是，当年在朝鲜血战大同江之后，他们建起了平壤国会大厦、军委办公厅等等高楼后，便悄然踏上了归国之途。列车驰过鸭绿江，他们被告知下一站是沈阳，却不知最终的宿营地。到了沈阳，又说下一站是北京。到了北京，才知下一站是郑州，一路向西，向西，行动极为诡秘，最终去了西部，去了升起两弹一星的那片大漠之上。时隔许多年后，金日成将军访华，曾问周总理，给我们盖过平壤高楼大厦的这支工程部队在哪里？

不在天疆，却决定战争的成败；蛰伏中国山坳，却热血铸造剑魂。这种生活，似乎是一代代为战略导弹筑巢的老工兵的生命写照。他们总是沉默而来，匆匆而归，永远隐没于国防工程的秘密禁地里。

王治民副参谋长就是从这个英雄团队，由一名普通士兵，一步一步，最终成长为将军的。留下了一身的伤残，也擎起了一世的荣光。当新兵时，他就在北川县城训练，而今他带着自己的老团队来了，要打通生命之门。

郭中定是 14 日早晨带着团队和大型工程机械从秘密禁地兵进西南的。他原是另一个团的副团长，刚被提升为这个团团长不到一年。他当副团长时，曾被评为二炮的十大砺剑尖兵，自然有着很高的荣誉，可是我对他的这段光荣历史竟一无所知。我到了灾区，才与他见了第一面。他吃饭的细节，给我留下了深刻的印象。他显然不注重表面，是一个干实事的人。

干实事的人，大多口拙。我采访了他，时间不到一个小时便匆匆结束了。他口音太重，又不擅表达。我变换着角度谈，仍然挖不出什么精彩故事来。有些纳闷，打通北川生命通道，这是多么威武雄壮的一幕啊。四川路桥公司和华西公司来了，说这活我们干不了，没有半个月拿不下来。可是他带着自己的兄弟，12 个小时便打通了，壮怀激烈，气冲霄汉。可是，在郭中定口里，却说得平平淡淡、平平静静。最终，我也没有抓到几个感动和震撼的细节，只好“放”了他。我说，算了，老郭，你忙吧。擂禹路的重担，也够你喝一壶了。你就算勉强通过了，我找战士谈吧。

谢谢！郭中定像被解放似的，如释重负，说，我立即给你找一个班的官兵来谈。

我说，别别别，还是单兵教练好。我喜欢个别谈。

岂知，一眨眼的工夫，真的是一个班的官兵排着队喊着"一二一"走过来了，由一营营长龚正辉带队。每个人提着小马扎，步履铿锵，立定时在我的面前踩起了一层灰，随后围成一圈而坐，个个军姿笔挺，双手放在膝盖上，像一个个金刚，端坐在我的跟前。我提问后，他们皆以"是"！"是！首长"这样的话回答我。

上帝啊！这样下去，我今天的采访便是大失败。我说，弟兄们，你们能不能放松一点，再放松一点。我不是什么首长，只是你们的一个老大哥、一个倾听者、一个想了解北川救援的人。说说你们打开生命通道的故事，别绷得这么紧好不好？这不是开班务会，只是家长里短地聊天。每个人就给我聊一个进入北川时最难忘的故事，一个就行。好吗？

他们面面相觑，羞涩地笑了。

我说，还是龚营长打头炮吧。

龚正辉说，我可不可以讲我们的团长？

当然可以了。我说，刚才我问了郭团长半天，一无所获，没有掏出几个精彩的故事来。

龚营长笑了，说，我们都是平平常常的人，做的是平平常常的工作，哪有多少精彩的故事啊。就说我们团长吧，他就是一个实实在在做事的人，接到艰难险重的工程，挺身而出，扛得起来。

5 月 15 日凌晨 4 点 30 分，郭中定带着一个团的抢险官兵和大型机械刚进入北川宿营，浦荣华副主任传达于际训副司令员、王副参谋长的指示，由这个老团队负责打通北川的生命线。

部队帐篷尚未搭建，郭中定立即带人再度勘察。他花了两个多小时，将 3.5 公里道路一一作了探测，特别是对倾覆而下的山体。他们从堵塞着道路的大石头缝隙中穿行而过。对那些大如篮球场，小如卡车的石头，郭中定最初确定用炸药爆炸，并请地方协助寻找炸药，打眼后放炮。

那天早晨，天还未亮，官兵们简单地吃了顿方便面便出征了。

28 名勇士站成一排，排头站着一营营长龚正辉、机械连长苗振华。28 名官兵都是团里最好的挖掘机、装载机、推土机车手和安全员。晓风冷月，夜风徐徐，官兵们却个个精神抖擞，站成一排。郭中定说，我向二炮抗震救灾指挥部立下了军令状，24 小时打通进入北川的生命通道。这是我们团近 60 年的征途上遇到的最艰难的一仗。此前，曾有两家地方路桥公司多次尝试，都无功而返，甚至断言，没有一个月、半个月时间，根本打不通！可是，时间就是生命啊，72 小时生命救援点将至，我们早一分钟打通北川通道，就多抢救一些生命。大家有没有信心啊?

有！28 名勇士举起了右手,紧握拳头。

出发！郭中定手一挥,走在猎猎风中。

危难关头,谁敢横刀立马?唯有二炮工程官兵。机声隆隆,28 名突击队员在团长郭中定率领下,驾着 7 台大型挖掘机、装载机等工程机械,从入城和出城两个方向,在 3.5 公里的两端,同时向心展开作业,开始了打通北川生命线的攻坚战。阴风呼号,却有军旗猎猎,机器轰鸣。第二炮兵第一抢险队的旗帜在乱石绝境中挺立。刚从北川县城劫后余生的百姓含泪惊呼,北川有救了！深埋废墟中的群众有救了！

然而,团长郭中定所率的突击队推进至坡顶时,却遇上了一个最大的拦路虎。在距县城两公里处,一块四五层楼高的巨石横于道上。以一石当关万夫莫开之势雄卧于前,并与崩塌下来的一片落石,依山势垒成乱石阵,而这段路一面是峭壁,一面是深壑,毫无逃生之处。施工官兵被置于险境之中,挖掘机钩石时,一旦牵动支撑的石头,乱石落下,便会机毁人亡,被砸成肉泥。抢修第一方案是对其进行爆破,凿眼的空压机调上来了,炸药也背上来了。可是考虑爆破会造成山体崩塌,令埋于城中的群众愈加恐慌,而且那条通往北川县城的小道人群熙攘,放炮造成的碎石会阻断那条救生小道,最终只好放弃。经过反复研究,最终选择在巨石旁边挖一个大坑,让挖掘机将其推落于坑中,下填成为路基。然而,在钩这片垒成近百米高的乱石时,险象环生,不时有余震袭来,山体摇晃不已,巨石夹着黑泥滚滚而下。挖掘机手罗正学驾驶着挖掘机钩巨石时,团长郭中定就站在作业机械旁边,给他指挥。而郭中定的背后是绝壁,前边则是层层相连接的巨石阵。如果遇上余震,或者罗正学操作不当,头顶上的巨石便会滚落下来,将他砸成肉泥。可是长期从事地下国防工程施工、多次与死神擦肩而过的经历,让这位砺剑尖兵团长练成了一身铁骨剑胆。从攻坚那一刻起,他就一动不动地站在距巨石仅一米的地方,沉着冷静,指挥挖掘,以一种临危不惊的气概,给罗正学壮胆。

开始,罗正学还有点惧怕,可是看到团长始终站在自己的挖掘机旁,一站就是四五个小时,一动不动。有时余震发生了,他竟然连眼睛都不眨一下,团长的身后连退路都没有,如果山体滑下来,先埋掉的是团长而不是自己。在团长大无畏的精神鼓舞下,罗正学的恐惧也就烟消云散,他操纵挖掘机,就像孩子玩弄手中的变形金刚一样,每一个动作都精准到位,他操作着挖掘机的巨擘,将一个个巨石钩下坑去,掩埋成道。

郭中定团长带人由北川城外往城里打。一营营长龚正辉和机械连指导员冯俊江带着阮连军、毛宪伟等12名操作手和安全员抄小路进县城，打算由县城里边往城外打。

在往城里走的路上，基本上看不到路基，越过原来公路的拐弯口，下方却有一具女尸。官兵们第一次见到尸体，惊恐异常，望而却步。龚营长说，是共产党员站出来！阮连军、毛宪伟、马正东等几个班长和老兵站了出来。冯俊江朝前一看，女尸穿着白色旅游鞋，下身穿一条牛仔裤，躯体已经发紫发胀了，有异味扩散。

冯俊江和二连连长苗振华率先下去，先将女孩的脸盖住，苗振华给她敬了一个礼，说，小姑娘，请别介意，我们解放军是来赈灾的，要修路进县城去，先给你挪一下位置。

说着，两个军官将女孩装进了裹尸袋里。阮连军、毛宪伟等士官立即跳了下来，与连长、指导员一起搬着尸体穿过石缝，又举在头上爬过乱石堆，最后往下抬到一处靠小路边的平坦地方，等防疫分队过来，消毒处理。

沿着被掩埋的公路来到了县城边上，龚正辉和冯俊江租用了一台地方神钢320挖掘机，开始从县城里往城外打。他们也是一点一点地钩开巨石，填出路基。

将近上午11点时到了最危险地带，左边山体上陡然塌下的乱石像累卵一样，一个摞在一个之上，依次上升，形成了一个乱石滩。挖掘机钩巨石时，稍有不慎，便会动了乱石的神经，造成支撑点最终失衡，巨石轰然而塌会将挖掘机彻底埋葬。地方操纵神钢挖掘机的挖掘手见状将钥匙一拧跃下车来，说，这活我干不了，我只有一条小命。

冯俊江一直给他做工作，说，这是决战的关键时刻，回头看看北川城里埋着的苍生，兄弟还是干吧。

那人拍了拍自己的头，说，对不起，解放军同志，我只有一个脑袋，你另请勇士吧。说着将挖掘机的钥匙塞到冯俊江的手里，扭头走了。

冯俊江无可奈何。

我上，指导员。阮连军伸过手来，向指导员要挖掘机的钥匙。

你没开过日本神钢320啊，行吗？

我试试！在此之前，阮连军还没有开过35吨的挖掘机。

可是此时冯俊江已经没有选择了。

阮连军跃身上车，拧动钥匙，打着了发动机，伸出挖掘机的臂膀。起初还有点生疏，但是营长和指导员都站在跟前，一个当地的安全员做他的挖掘机指挥。阮连军小心翼翼，做动作时还是有些不协调。

龚正辉还在继续做那个地方操作手的工作，让他去干。那人说，叫我干啥？我只有一条命。

他说什么也不干。但是阮连军干着干着也就灵便起来了。

到了最后攻坚阶段，阮连军驾着神钢 320 挖掘机一步一步向郭中定团长方向靠近了。直到最后，中间只隔着一块巨石，巨石下边是一个豁口，两根电线杆悬在空中，只有电线连着，没有任何支撑。从下边过的时候，稍有不慎，碰着那块石头，一边是悬崖，一边是塌方段，极为危险。阮连军顿生恐惧。可是他往下一看，浦荣华副主任正站在下边给他鼓劲，团长郭中定则一直站在那块巨石下边。那巨石只有一块小石头在支撑，如果自己钩到了小石头，巨石便会砸下来。可是他发现团长一直就站在巨石下边，丝毫不动，在精神上给他最坚强的鼓励和支撑。

终于打通了最后的路段。晚上 9 点，第一辆农用车从县城里开上来，嘭嘭地通过了险要地带。这标志着生命通道被打通了。随后，野战部队、武警和消防的救护车，呼啸着开进来了。

郭中定说，那天打通生命通道回到帐篷里，躺在行军床上，他差点就站不起来了。

13. 关西汉子

我面前站着一个大个子军人。初次见面，我的脑际突然掠过一个词：关西汉子。

年轻时读苏词，书上说，苏东坡在玉堂上，有一位幕士善歌，苏东坡便问，我词比柳三变的词如何？对方说，柳郎中词，只合十七八女郎，执红牙板而歌，学士词，须关西大汉，铜琵琶，铁棹板，唱大江东去。东坡为之绝倒。

且不说苏东坡也会吃柳永的醋，对书中所说的关西大汉，我一直在现实中找不到对应的坐标。

关西大汉到底什么样子？这么多年来，一直未在我眼前出现过。

今天李斌利站在了我的跟前，正符合我想象中的关西汉子，1.9 米的个子，伟岸、魁梧，再加上宽额、扁脸，简直就是一个秦俑的复制。张口带着浓浓的老陕味，还有羊肉泡馍的热辣。

你是陕西什么地方人？

渭南。

哦！关中人，却有一副关西汉子的身板。

我祖上就是关西啊。

原来如此。我问道，你当过军务股长？

首长怎么知道？

嗨，你个子告诉我的。在队列前面一站，再顽皮的士兵也得忌惮三分。

哈哈！到部队后，我当过排长、军务参谋，然后是军务股长。不过，我现在是装备处长。他历数自己的经历。

人若利器，你也算是大型号装备了。我打趣道，不知是神钢 320 还是卡特 850？

当然是卡特了。

呵呵！利器当用在一个国家和民族危难的时候。

5 月 14 日部队出发那天，李斌利押了一批装备，坐了三天三夜的车，从北方去了岭南。刚到目的地，突然接到团长郭中定的电话，说部队奉命抗震救灾，你迅速赶往灾区，到北川与我会合。

明白！李斌利立即赶到了广州，却买不到广州飞往成都的航班票。只好舍近求远，先返回西安。那里是他的根据地，熟人多。到了咸阳机场，等了一夜，终于买到飞往成都的飞机票，当天深夜飞到了成都。走出航空港，李斌利找了一辆又一辆出租车，说，师傅，我是抢援部队的，请送我去北川。

那些师傅都是摇了摇头，没有吭气。

他又接着找。

问了一辆又一辆出租车，还是没有一个师傅愿意去。

不对啊！李斌利颇有些纳闷：5 月 12 日那天晚上，成都 1000 多辆出租车自发地拥向都江堰，去拉受伤的百姓，的哥的悲悯情怀感动了中国。现在到底怎么了？他已经找了一个多小时，没有一个司机愿意去。是不是自己给的钱少？李斌利说，我出 1000 元打的费，就两三个小时的车程，已经够高了。

还是没有司机愿意去。

李斌利感到费解。

成都的哥说，解放军啊，啷个司机敢去呀？北川是这次地震最惨的地方，余震不断，山头的石头直往下蹦。还有疫情就要起来了。风高夜黑的，啷个稀罕这 1000 元钱啊，小命要紧。尤其经过了这场大地震，好好活着才是安逸的。

嗨，成都的哥又变脸了，变得如此惜命。李斌利摇了摇头说，送我到成绵高速公路出口总可以吧。

这当然可以。

凌晨 2 点多钟，李斌利到了成绵高速公路的入口处。下车之后，他就站在公路边上开始截车，夜幕中始终不见一辆车子驶过。看来晚上很少有驶往绵阳方向的车子，即使偶然驶过，见有人夜里拦车，也很少有人愿意停下。终于，有一辆大卡车驶过来，雪亮的车灯照得很远，刺得眼睛都睁不开。李斌利不顾一切地站在路中间，挥了挥手。那个司机手疾脚快，一脚踩住了刹车，在离李斌利不远处停了下来。刚想骂人，粗话还未出口，见站着一位解放军的少校军官，连忙摇下车窗玻璃，操着一口地道的西北话问，解放军同志，需要我做啥吗？

老乡，你是西北人？

是哩，甘肃的。我能给你帮啥子忙哩？

你现在去哪里呀？

到绵阳，然后转道广元，翻秦岭，从宝鸡回甘肃去。

老乡，我的部队就在北川抗震救灾，你能不能捎我一截路，我得去找部队啊。

上来，上来嘛。

谢谢！李斌利一跃上车，坐到驾驶棚里。

司机一边开车一边与李斌利聊起了地震。他说，解放军同志啊，我这辈子一定是祖上积德修了好福，老天爷不愿收我走，放了我一条生路。

兄弟，此话咋说啊？

车灯犁开夜幕，勇往直前。司机眼睛盯着前边，边驾驶车辆，边说起了自己的故事。

他在甘肃跑长途。12 日那天上午，他从马尔康方向过来，路过汶川县映秀镇，车子出一点毛病，找到了一家修理铺修了两个多小时。将近 11 点，按说，他应该到映秀镇吃过午饭再走。但是那天真是神差鬼使，心里突突地乱蹦，左眼皮也跳得厉害。他觉得是这里磁场不好，似乎要发生什么事情，一刻也不愿在映秀待。他给老板付了修车费后，钻进驾驶室就往都江堰方向开。从映秀到都江堰，也就是 30 多公里路，车流量不大，不堵车，下到紫坪铺时，才 12 点半多一点。都江堰沿途的路边小店都有人在招呼司机吃饭。说实话，早晨吃过两个馍后，折腾了一上午，早就饥肠辘辘了。那天也不知道是什么东西在驱使，他居然也没有在都江堰停车，直接开进成都城卸货去了。车屁股对准货场，正在卸货呢，突然地震了。天啦！那阵势就像是在西北大漠里遇上龙卷风，大地裂开了又合起来，合起来又裂开了，最后又合起来。车子开始像风车一样在飘，一会儿又漩涡般地在转，后来干脆颠簸了起来。他站在地上，头晕目眩，根本站不住。四周的高楼，就像北方的杨树一样晃来晃去一直摇晃了三四分钟，大地才停止了抖动。

你说的是真的？

骗你？我就等余震倒塌时一样砸死。

老乡，千万别这样说，活着多好。你这番话可是我未进入灾区时，受到的最好的一场教育了，让我了解真正的地震是什么样子。

过奖！

那你为什么在成都待了这么长日子啊？

地震了，拿不到钱。

李斌利点了点头。

一辆卡车孤独地穿过夜幕。深邃的夜空里，启明星在闪烁，天边晓色初露，绵阳城就在前边了。那个甘肃司机说，解放军同志，恕我觉悟不高，我只能捎你到绵阳了，到了高速路口，你就下车吧。家里的老婆孩子都惦记着我哩，我还得赶路，北川城，我就不送你去了，好好保重吧。

已经很感谢了。李斌利说，到了这里，我就与部队联系上了。

到了绵阳高速公路出口处，那个甘肃司机踩一脚刹车停下来，说，绵阳出口到了，你朝前走几步就是九洲体育馆，那是难民最多的地方。

李斌利掏出100元钱，递给那个司机。

解放军同志，你这是瞧不起人了。我们西北人都很厚道，哪有搭车收钱的哩。再说呢，这个时候，我收一个抢险救援的解放军的钱，那不遭天打雷劈？

谢谢！李斌利被这个司机的真诚感动，只好收起钱来。他一跃下车，在晓风徐徐中，向这位普通的甘肃司机挥手致谢。

大卡车开走了，却将一个普通西北司机的心留在了灾区、留在中国军人的记忆里。

随后，李斌利联系上团里，请部队从北川派车来接他。16日早晨，他赶到了北川二炮帐篷区。

此时，郭团长带着突击队刚将北川生命通道打通。见到团长后，李斌利颇有些歉意地说，团长，我来晚了，没有赶上最关键的一仗。

不晚，不晚！郭中定说，斌利，这只是开始啊，活有的是你干的，苦仗、恶仗还在后边呢。

李斌利一下车就遭遇了一场生死之仗。

5 月 16 日那天上午，指挥部来了一个电话，说上午有中央首长进北川县城视察。刚打通进入北川的公路，下至县城那一段要降低坡度。郭中定团长将这个任务交给新来乍到的李斌利。

那天吃过早餐后，他带着二连连长苗振华、操作手杨靖宇还有两名安全员驾着一辆挖掘机，驶往县城旁边的高坡上。

这原本是一座桥，地震时，山体陡然而下，巨石滚滚，冲成一座断桥，也是绝命之桥。昨天，团长郭中定打通北川公路时，只能拐了几个弯，绕开断桥，可是斜坡太大了。而李斌利的任务，则是在中央首长到来之前，降坡过河。可这个坡道旁边矗立着一座危楼，斜向施工一方，距离只有两米远。余震袭来，随时都会倒塌。李斌利派出两个观察哨，一前一后盯住危楼，遇有余震随时示警。然而，机器轰鸣，操作手全神贯注，哨声、手势皆无济于事。施工过程中，突然危楼里一声轰隆巨响，两个观察哨不明真相，以为是余震发生，大声疾呼撤退。高大魁梧的李斌利连忙打手势，叫操作手杨靖宇停车。站在旁边的二连连长苗振华见状大叫一声，地震！杨靖宇快撤！

只这么惊天一吼，苗振华的声带裂帛而碎——哑了。

杨靖宇太专注了，装备处长李斌利的手势、苗连长冲天一吼皆没有惊动他。李斌利人高马大，只见他一跃上车，拉开车门一把将杨靖宇抓下来。跳下车时，才发现自己居然站在危楼下边。好在当时不是余震，而是一个志愿者上楼搜索，无意中踩塌了一块楼板，楼板从空中坠落，虚惊一场。

那天上午，他们将进县城的坡道降下来了，几辆越野车开道，一辆考斯特车驶过来，里边坐着中央首长，竟然是党的总书记、中央军委主席胡锦涛。

李斌利率领进行路面保障的二炮官兵，向总书记行了一个庄严神圣的军礼。

北川通道打开后，这个老牌工兵团被调去打通北川擂鼓镇到禹里的道路，李斌利成了名副其实的前线指挥。

那天上午匆匆谈了自己的故事后，他说，抱歉，我不能再谈了，工地上还有七台挖掘机等着我呢。

说完他匆匆而去。

望着他远去的背影，团参谋长李湘告诉我，昨天发生余震，山上滚下的石头砸到挖掘机，离李斌利不到一米。

他刚才怎么没说啊？我问道。

嗨！李湘感慨道，像这样的事情，在这里每天每时都在发生，说不过来啊！

也是，生命之门，唯有这样的关西汉子可以打开。

14. 安全员阮祥卫

阮祥卫是一个二期士官，说一口好普通话，口齿清楚，性格又开朗、外向，在那些拘谨地坐在我面前的老兵当中，算较健谈的一个。他见大家都在讲难忘的故事和经历，说，我太普通了，唯一可以自豪的就是这次参与打通北川生命通道。可我不是操作手，也不是指挥员，就是一个安全警戒员，盯着山上的石头，也盯着进入路段的老百姓。这工作普通了又普通，实在没有什么可以讲的。

我说，就喜欢你的普通视角里普通人的故事啊。

也许我的话说得专业了，他听了一愣。

我笑了，解释道，埋在北川废墟下的全都是一些普通的人，而拼死相救的也是普通人，普通的苍生，撑起了这片高天。唯有普通，才映衬了伟大。我们不能将目光只盯着创造历史的伟人，而忽略了普通人的情感和故事啊。

阮祥卫脸上绽开了一簇灿烂的云霞。他说，好啊，那我就讲讲自己这个普通安全员的故事吧。

15 日凌晨 1 点钟，阮祥卫跟着部队进入北川。一下车，团长郭中定就先做动员。刚做动员时，余震就发生了，动静很大，晃得人有点站不稳。阮祥卫心想，老天这是要给我们一个下马威呀。

天刚一亮，阮祥卫就跟着上一线去了，只知道任务是紧急抢修一段被塌方阻断的公路，那时还不知这就是北川的“生命通道”。他的角色是安全警戒员。

刚开始上去的人并不是很多，家里留了一部分人在搭帐篷。因为没有那么多机械，许多本来是操作手的同志都临时干起了警戒任务，当安全员。阮祥卫也被派去当安全员，负责拦截想从这里穿行的灾民。当时有一台地方的挖掘机在那儿，是四川路桥公司的，可能是部队来之前就已经试着干了，但没什么效果。见二炮的官兵上来，那位师傅还说，这路太难了！只怕你们也修不了，然后就叹着气走开了。当时指导员就喊他，哎，你把钥匙留下，这挖掘机借我们用一下。那位师傅还有点奇怪，没看出这些穿迷彩服的人像会开挖掘机的样子，还问了一句，你们能开吗？谁开？阮祥卫心里一阵窃笑，他哪里知道这里的工程官兵个个都能开，而且一点儿也不比他差呢。指导员就说了句,这你就别管了,你把钥匙留下就行啦。

指导员就叫阮连军和阮祥卫过去开这台挖掘机。阮连军是第五年兵、副班长,平常开挖掘机更多一些。阮祥卫就让他先上去试一下。阮连军说,班长啊,这挖掘机太大了。阮祥卫也没把握,这是台神钢挖掘机,35 吨的,平常部队很少用这型号。阮祥卫鼓励阮连军说,没问题,我给你做安全警戒,你只管操作就行了,下面我给你看着。阮祥卫让阮连军开始的时候先慢一点,随时看阮祥卫的手势。当时周边环境确实挺危险的,余震不断,那石头呼呼地往下掉,站那里心里确实恐慌得很。但是一想到城里面那么多人要救出来,外面的救援车要开进去,也顾不得想那么多了,只想着快点修通,早一分钟是一分钟。

过了一会儿,团里的装备也到了,来了两台挖掘机,一台日本川崎,一台美国卡特。但是那石头太大了。也曾经考虑过用炸药炸,阮祥卫在那里卸了 24 箱炸药备用,但是下面没多远的地方有个便道,来来回回地总在过人,好多是救伤员的,他们就不敢爆破,怕耽误救人哪。当时阮祥卫看到那往外抬伤员的场面,真是感人,也真让人揪心啊。一般用担架抬一个人,至少八九个人抬,不时需要换人。从狭窄崎岖的小道往上坡方向爬,还得拉根绳子,拽着绳子往上走,非常艰难,他就更是急于把这条路早点修通。

阮祥卫对面站着团长郭中定。郭团长像一尊神,站在那里几乎没动过地方,紧紧盯着杨靖宇那台挖掘机干活。杨靖宇的技术是操作手里最过硬的,是修这段路的主力,所以团长一直盯在他旁边,亲自指挥。

阮连军的技术也不错,阮祥卫和阮连军在另一边开挖,跟杨靖宇那台挖掘机相互呼应,有时同挖一个大石头,一起使劲儿。

当时石头太多,连路基都看不出来,根本不知道往哪个方向挖,这是一个大问题。具体到每一块大石头,也不敢轻易动,怕一不小心石头会滚落到下面那条小道上去。所以一有人过来,阮祥卫就发出信号,挖掘机操作手就不敢把石头往下放了,这就严重影响了施工的进度。后来团长说,石头太大的,就不要往别处挪了,挖坑,就地埋下去。这个办法很有效,阮连军和杨靖宇就在那些大石头边上挖很大的坑,把石头往里面一扒,然后埋些土和碎石,路面就平了。不过有一块最大的石头,旁边坑都挖好了,就是扒不下去,弄得挖掘机都哗地一下弹回来了。后来就用两台挖掘机一起扒,也是往回弹了好几下,最后愣把大石头埋了进去。那条路就是这样慢慢干下来的。

后来有一阵阮祥卫到路的一头警戒去了,任务是把住这一头,一般人不让过。一些逃出来的老百姓,他们要出去的话就让他们从山后面另一条小路绕过去，一旦有抬伤员的担架过来时就马上放行，但必须先吹哨让挖掘机停下来。阮祥卫那天记得清清楚楚，一共过了24个担架。这就得占去多长时间啊！阮祥卫心里急得很……

有一回还是出了险情。那时阮祥卫是在施工机械旁边当安全员，看见有位50来岁的老大爷跑过来了。是前边警戒人员没拦住，他硬跑过来的。这边的操作手正在作业，见有块石头滚下去，阮祥卫就赶紧喊，小心！石头下来了……万幸的是，那石头滚到一半没再往下落，在半山腰上卡住了，要不非弄出人命不可。这可把阮祥卫他们吓坏了，那位大爷也吓坏了。

那天阮祥卫和战友们从早上一直干到晚上8点多钟，吃饭也没停下，边吃边干。是郭团长给阮祥卫他们做出了表率。有很长时间团长一直站在边上一个最悬的石头上，在那里指挥。有时阮祥卫心里都嘀咕，心说团长怎么也不嫌累啊，啥时候你歇着了，我们也好休息一下。可是就见团长一刻不停地在那里打手势，指挥着这里这样挖，那块石头往那里放。被挖动的石头几乎都要挨着团长了，他还跟没事儿似的。操作手杨靖宇技术虽然好，但还是让阮祥卫揪着心，为团长担心。到了最后快结束的时候，团长还用一个创意解决了最后一块有危险的巨石：那段路的最顶上有一个最大的石头，倒是不挡路，可是有危险，再有个余震很可能它就倒下来。团长就说，给它上个保险！让操作手铲过几个大石头，抵在这块巨石下面，顶得死死的，这样再有地震也不怕了。

最后大家又把路面的细节仔细处理了一下。大石头被挖走或是埋掉的路面有些坑洼不平，虽然勉强可以通车，可是不好走。他们用碎石往路面上填。碎石太少，又不敢轻易用炸药，就用挖掘机和装载机到上面路边的山坡上挖，运回来填到路面上。这样加工一番过后，终于可以通车了。

阮祥卫记得，第一辆过来的车是老百姓的车，是从北川县城方向出来的，这车在这里等了好一阵子了，一直没走，上面有不少灾民。阮祥卫们曾劝过司机师傅，说这路还不知道啥时候能通，别在这里等着了，也劝过那些灾民，说要是急着出去，你们只能先走过去，车一时走不成。可是他们好像都挺有信心的，就是不肯离开，结果还真就等到了通车，成了第一辆驶过这生命通道的车。

当然，那会儿阮祥卫他们都还不知道这里叫做“生命通道”，而且是温家宝总理这么叫的。这条路确确实实关系着北川的整个救援，关系着那么多人的生命。

阮祥卫后来从电视上看到这条消息时，都已经过了好多天了。

第 4 章
北川记忆

15. 活着，可要记住

写下这个小标题时，有点惭愧。时隔百日，我已经记不清王元长得啥模样了。但是他在北川救人的故事，却一直印在我的脑子里，挥之不去。不翻采访本、不听录音，仍历历在目。

那天下午，不擅讲自己故事的尖兵团长郭中定给我安排了一拨又一拨的采访对象。打通北川生命通道的营长、连长和机械操作手刚刚谈完，进北川县城救人的亲历者又派过来了。不过，这回按我的要求，减员了，没有安排一个班，但人也不少，至少够半个班，他们是：二连一排王元、范士彪，二排廉亚，三排李芬奇等老兵，都是二连的三级士官，兵龄超过 10 年。北川抢险修路结束后，他们差不多到了最高服役年限，有的士官凯旋之时，也许就是离队之日。北川记忆，将永远镌刻在这群老兵的生命履痕上。

几个老士官围在一起，朝我而坐，面面相觑，少了在北川县城救人的雄风英气。他们中唯有王元擅谈，毫不怯场，率先讲起自己的北川经历。他说，5 月 15 日早晨 7 点 30 分，他们刚在北川宿营睡了三个小时，匆匆吃了点方便面，全团兵分两路，一路由团长郭中定率领，去打通任家坪进入北川的生命通道，另一路则由参谋长李湘带队，跟着二炮于际训副司令员、王治民副参谋长、指挥部马力政委徒步入城。

救人的地点，已于前一天晚上由于副司令员、王治民副参谋长不顾车旅劳顿，夜探北川踩好点了。就在国税局、农业银行和信用社一带。

天空黯淡，纷飞在北川天空的冷雨渐渐停了。可是黑云摧城，北川城郭早已不堪再摧。在电视上，王元看过 N 遍北川的画面，现实往往比他在屏幕上见过的要酷烈得多。

王元和战友们是凌晨4点多钟进入北川的。冷雨潇潇，山野也静悄悄，黑夜遮蔽了眼睛，也遮盖生命罹难时的惨烈。天亮了，惨景毕现。王元跟着队伍，沿着一条新抢出来的土路朝县城走去。道路泥泞，入城抢险队伍熙来攘往，挤在道上，行走缓慢。这是一条生命通途，也是绝路。这些天，从北川扒出来的人，都是从这条小道上，八九个人一副担架抬出来的。哭罢苍生欲断魂。断魂之处，自然留下惊恸和悲歌。

王元强抑惊恸，可是扑入视野的场面仍旧灼痛他的眼睛。将进县城边，便有尸体横道，或半掩在废墟之上，或藏身于石缝之中，或横七竖八地半躺在中巴和轿车之中。

第一次目睹这么多人的死，王元顿觉无法承受。

惊悸之余，已经步行一个多小时，终于来到救人之地——北川县国税局。团参谋长李湘将50个人一分为四，王元、廉亚、李芬奇，三名老士官各带十个人，从三个方向扇面搜索，余下的人分配给另外两位老士官。李湘交代说，今天的任务就是救人，只要听到下边有声音，就要奋不顾身去抢。

王元他们趴在国税局废墟上寻找生命迹象，四周飘溢着一股刺鼻的尸腐味，让人有点难以忍受。口罩上抹了风油精，仍然逼不走这种臭味。听志愿者说，国税局危楼下埋的尽是尸体，可也有存活者，昨天晚上他们还听到呼救声。

上午9点，王元记住了这个时刻——一个生命重生的时刻。国税局的废墟里，突然传来微弱的呼救声。

王元，带人过来，这里有人还活着。李湘参谋长站在国税局的废墟顶上，听一个志愿者说，刚才里边传来一个女人的呼救声，便向王元下达救人命令。

王元一跃而上，说声“跟我来”，就冲了上去。身后一排士兵李文亮、刘利兴、范士彪等随之，一下子上来了11个兵。

危楼顶上爬上来的人太多了，脚步嘈杂，反倒覆盖了那微弱呼喊。于是大家一起朝着废墟里疾呼，有人吗？有人就回答！

然而废墟里静悄悄的只有风的呜咽。

站在瓦砾中的官兵怅然若失。

李文亮有些不甘心，张大嗓子又朝着废墟里喊道，有人吗？有活着的人吗？有人就回答……

有人吗？

喊过几声后，李文亮便俯下身子，紧贴断壁残垣上倾听。

一阵难挨的寂静过后，突然瓦砾之中隐隐约约地传来微弱的呼救，救命哟，救救我……

参谋长，下边有人活着，好像是一个女的。

是吗？李湘一个箭步朝李文亮狂奔过来。跑到李文亮跟前，他弓身一听，那个女的还在呼唤救命，救命哟，救救我！

声音从大楼底下传了出来。

王元，将队伍调过来。李湘手一挥，说，展开搜救，就从这里挖下去。

都过来！王元振臂一呼，身后 11 名战士全都围上来。

这幢楼原来有五层，地震时，整座大楼坍塌，沉陷后不到一层半高，四周都是坚硬的水泥残骸，参差不齐，刺向天空。

王元带着 11 名战士往下挖。余震袭来，废墟灰尘飞扬，倒塌的墙壁在摇晃，可是王元和战友们已经顾不得这么多了。挖了一个多小时，拽出来几具死尸，一层楼板撬开了，却不见活人。

是不是挖错地方了？站在一旁指挥的李湘参谋长怀疑地问道。

刚才就在这里听到呼救声音啊。老兵李文亮答道。

一定是对幸存者的方位确定错了。李湘当过工兵排长、连长、营长，经历过许多重大的国防工程，颇有经验。他挥了挥手，说，你们休息一会儿，等我去找生命探测仪，咱们找准了幸存者在什么地方再挖不迟。

一转眼，李湘借来了一台生命探测仪，将长长的搜索探头伸入废墟里，很快探测仪显示屏显示出那个幸存女士的准确位置。

这时，王治民副参谋长和指挥部马力政委都上来了，指挥战士们一起挖，想在这个点上取得突破。

王元，朝这里挖！李湘手指另一个新的定位点，这与原来错挖的位置相差四米。

王元，你过来瞧瞧。

王元，你看这样挖行不行？

……

王元的名字在国税局废墟上回荡。

王元救我！埋在水泥楼板底下的女人突然喊了一声。

听到了吗王班长？那个女的在喊你的名字。

王元爬了过去，贴着楼板听到了那位女士的呼救，王元，你救我！

大姐，你坚持住，我们竭尽全力地抢救你！王元大声说。

谢谢！

快,来挖这里!先掏出一个小洞,我将水和干粮给这位大姐送下去!王元直起身来,吩咐李文亮、刘利兴等几位老兵。

终于挖出一个缝隙,看得到那个女士的手和头了。王元叫人递来一瓶水和干粮,他钻进犬牙交错的水泥缝中,俯下身子递了过去,说,大姐,你几天没吃东西了,先吃点饼干垫一下。大夫说了,你的体内电解质紊乱了,水要小口喝,一次抿一小口。记住,不能喝多了。

谢谢兄弟。那位女士一下子攥住王元的手,突然哽咽道,你就是他们喊的王元吧?

我是。

你们是哪里的?

我们是第二炮兵的。

是亲人解放军来了啊,有你们来,我们就有救了。

几个战士围上来,刨开周遭的水泥块,见到她的四个指头,再搬开压着的水泥块,看到那位女士的胳膊。然而她的身子上压了一块很大的水泥楼板,很难救。唯一的办法就是从那块巨大的楼板上凿一个直径40至50厘米的洞,才能将人挖出来。

也许因为人难救,得稳定住她的情绪。王元吩咐,再给她拿一些吃的来。

战士们立即将中午吃的火腿肠和牛奶递过来。

王元递了过去,说,大姐,你再喝点牛奶吧。

那个女士最后却说,王元,你不要走。你在我旁边,我就不害怕了。

王元只好趴在废墟上陪那个女士说话,安慰、鼓励她坚持住。聊天之中,他才知道,这个女士叫王兴华,是国税局的纪检组长。地震前几分钟,局长打电话给她,让她去汇报工作。刚说了两句话,地震便发生了,地动楼晃。天花板已经开始掉东西,局长扭头就逃,夺门而出,刚跑到楼道里,楼板开始塌了。而她却吓呆了,瘫坐在局长办公室的椅子上不能动弹。还未及反应过来,国税局大楼就坍塌了。局长在楼道上当场毙命,而她捡了一条命,被倒塌下来的楼板架空卡住了。生命之躯,被深锁在地狱里。

北川现在怎么样?王兴华问王元,是不是很严重?

还好,就你们这里严重些。王元不想说破。

王元,你哄我高兴吧?王兴华说,我们国税局的楼是最结实的,这里都倒成这样,别的地方可想而知啊。

王元王顾左右而言他,说,你还有什么亲人?

王兴华很伤感，说，我深陷废墟之中，什么也不知道。也许凶多吉少吧，不然早来这里找我啦。

放心，我们会救你出去的。

然而，对王兴华的施援，却是这个工兵团遇到的一个大难题。这时公路尚未打通，他们带的专业救援设备运不进来，仅靠钢钎、撬棍和镐凿洞，进展甚慢。干到下午3点，另一个团队由政委孙乐和装备处副处长方中军带着进来换班。

指挥部李副总让李湘交接。李湘说，人还未救出来，能不能让我们再干一会儿，救出王兴华再换班。

撤！这是命令。李副总说，你们带部队回去休息吧，让孙乐政委他们接着干。

李湘仰天长叹道，功亏一篑啊。他对装备处方中军副处长说，我们团救的最困难的就是这位王兴华了。第五层的楼板已经破开，手和胳膊露出来了，可是压在她身上的第四层楼板却一点也啃不动，唯一的办法就是在第四层楼板上凿一个洞，就可以救她。但是工作面很窄，要躺着敲，很危险的。

我们来吧，方中军接管了这场救援。

王元，撤！

参谋长，撤什么啊？都见到曙光啦。这一撤，我们等于前功尽弃，上午算白干了。

什么叫白干了？方处长他们团的官兵接着救。撤！这是命令！

王元，你救我！王兴华在下边听着王元要撤，哭道，你不能走，我不相信他们……

大姐，我们是一个部队的，他们一定会将你救出来的，请放心。

王元，你救我！

废墟里传来嘤嘤哭声。

王元和他的11名战友洒泪而别，匆匆撤离了北川县城，回宿营地休息。在他们抢险救活人的记录上，仍然是0。

方中军接手王兴华的救援。

砸第四层楼板，这是唯一的办法，只有这样才能救出王兴华。

我上！十连连长郭军猛向方中军请战道。

好！注意安全。

然而，废墟里的空间实在是太小了，战士们只能匍匐而进，趴在废墟中砸第四层的楼板。

王兴华在废墟里恳求道,求求你们,不要放弃我。

郭军猛说,我们是二炮的解放军,一定会把你救出来的。

那说话的语气与王元如出一辙。

郭军猛连长带领官兵敲第四层楼板时,从旁边掏了一个洞,找来一个板子塞进去,企望起到一点支撑和减震作用,以防止正在敲击的楼板陷落,或破碎的水泥块砸下去伤了她的头。

抢救之中,突然发现王兴华不说话了,方中军很担心,连忙将一个手电递下去,说,给你一个手电筒。你在下边不时地照一照自己,我们看不见你,手电一亮,就知道你没有事情。

王兴华答应了,一抹昏黄的手电光,在黑暗废墟里,成了生命希望之光。

国税局黄云看到方中军在抢救王兴华,跑了过来,他朝下喊道,王局长,我是黄云呀,我们在上边想办法救你,你要支撑住,保持体力!

这个熟悉的声音撩动了王兴华的心扉。埋在瓦砾中三天的孤苦无依,经这熟人的一喊,令她分外激动,她在下边号啕大哭。

方中军一把推开黄云,说,你不要在这里添乱,埋在废墟下的人不能太激动。

40 分钟后,郭军猛连长从洞里钻出来,说水泥已经敲掉,用破坏钳剪断钢筋就可以救出人了。

好样的!方中军往后边喊道,破坏钳!

钢筋很快被剪断,官兵们伸手将王兴华抱出来。幸亏她在局长办公室里没逃,顶层的楼板掉下来时形成了一个斜面,有一张桌子大的空间,让她得以逃生,毫发未伤。

王兴华被救出来却放声大哭,哭自己逃过一劫,哭国税局大部分同事埋在水泥坟墓里,魂殇北川,而她所熟悉的那座美丽县城和亲人也永远消失了。

官兵们将王兴华抬上担架,用一块黑布遮住她的眼睛。王兴华一直问送她的解放军,谁是王元?陪我说了好多话的王元在哪里?我想见见他。

我在帐篷里听完王元的故事。我问,王元,你不觉得遗憾吗?来了一趟灾区,你的经历中却没有一个成功救出一个活人的记录。

王元说,首长,一点也不遗憾。重在参与,我已经打了前半场,人生的阅历中有了这次北川之行,见证了这么多的生死,足够应对今后的任何风浪啦。

那可能会因此与军功章无缘了。

首长，那都是身外之物，浮云一样。看尽了北川的生死，我只想好好地活着，活着才是美好的哟。

说得多好啊。王兴华活下来了，活着是美丽的。不过，活着可要记住。她后半生一定记住了一个叫王元的普通士官陪伴她度过了人生最艰难的几个小时。

谢谢！我来救灾就没有想要让人记住。

活着，可要记住王元。当时在采访现场，我灵机一动，便想了这么一个小标题。我对王元说，我的题目有了，记住王元！

王元笑了，说，我是一个普通士兵，从未希望被人记住。

16. 一天救了三人

天色渐渐黑下来了。

夜色如潮，在工程技术总队帐篷周遭泛起。稻田里蛙声齐鸣，此起彼落，犹如在演奏一曲旋律激昂的交响乐。

晚风掠过，晌午帐篷里的燠热被稀释了。我和刘焕民副部长、廖炳生总队长、刘宗宝副总队长，坐在一株高高的银杏树下，围着一张桌子品着刚切开的西瓜，享受蜀地田园生活的安逸滋味。

一切静寂下来了，喧嚣、浮华、功名、利禄、死亡、重生，似乎离这里都很远。也许小酌过后，人有点微醺，我对刘宗宝副总队长说，宗宝啊，我看了5月15日在北川救人的录像，很感动。但是最后救那个学生，竟然是用绳子拖出来的。恕我直言，就一支高科技部队而言，可是有点那个……

那个什么了？刘宗宝的脸一红，脖子上的青筋都露出来了。

我戏谑道，是有点技术含量不高。

只当戏言，却是诤言。可是刘宗宝却急了，脸庞憋得通红，操着一口纯正的山东诸城话，分贝也自然高了。他说，你们不知情。这次大地震与唐山不一样，现场都是钢筋水泥，坚硬如齿，生命在那里太脆弱了。再不用绳子拖，天一黑，晚上遇有余震，那孩子的命就保不住了。要知道15日那天，我们一天就救了三个活人啊。

坐在一旁的刘副部长包容地笑了。

刘宗宝不知，坐在我们中间的刘焕民副部长，便是这次赴四川汶川大地震中，为数不多的经历过唐山大地震的将军之一。

一天救了三个人,其实已经是一个奇迹了。前些天的5月17日,我们去什邡市蓥华镇看河南消防官兵救一个人,哪像是救人,简直就像在拍大片。摄像机、照相机架成一排,一台挖掘机和五六个人在干活,背后小山包上则有数百人围在隔离线外观看。从上午9点到下午6点多钟,才挖出一个人来,可见救人之不易。

对刘宗宝此时的心情,我特别能理解。他从机关下来代职一年,个人的荣辱沉浮已融进了总队这支英雄之旅，容不得别人说一个不字。本来，他代职时正好回北京机关办事，下一步也不知自己命运之舟会漂向何方。"5·12"大地震后,他又毫不犹豫地返回部队,主动请缨,带第一个指挥梯队,陆路向灾区挺进,提前将宿营地点选定,并与地方政府接上了头。5月15日凌晨3时许,工程技术总队飞抵成都双流机场后,他带着指挥车队前往机场接机,与大部队会合。当时,技术总队按二炮抗震救灾总指挥于际训副司令员命令,分流了二团30名官兵带着生命探测仪、液压工作站、千斤顶、破坏钳等驰援北川。

拂晓时分,大部队抵达绵竹市,正在展开宿营工作。上午9时,工程部焦明山副部长给廖炳生总队长打电话,传达于副司令员的指示,过去的30人不够,另外再派60人,要成建制过去。

廖炳生与政委高海华商量,派二团过去。得去一位总队领导坐镇指挥。

我去带队吧。高海华说,北川情况危急,我们一个团过去了,不放心。

廖炳生说,就再好不过了。我让刘宗宝副总队长给你去当助手。

刘宗宝没有想到,部队来绵竹市容易离开就难了。从双流机场来接他们的地方大巴车队一听说部队要走,迟迟不肯出动。从情感上完全可以理解,部队在绵竹救援,突然要分一部分人去北川,他们自然心里一万个不愿意。部队无奈之下,只好请求从北川派车过来。等到上午11时,运载官兵的车终于到了。二团拔营而去,在政委高海华、副总队长刘宗宝和团长张玉良带领下,往北川推进。

越往北川县城走,地震造成的惨烈越发触目惊心,从山巅滚落的石头坠落于道上,雄视前方,砸坏的汽车比比皆是。

一路上堵车太严重,下午2点才赶到指挥部。于际训副司令员和王治民副参谋长对高海华和刘宗宝作了交代,部队带上破障工具,立即进城救人,寻找和抢救水泥残骸里尚存的生命。余震不断,危楼时常坍塌,一定要注意安全,组织好救人现场,观察员都要布置好。

高海华说,首长放心。

留下 10 个人搭帐篷，其余的人全部进北川县城救人。刘宗宝手一挥，说，跟我上！

很快，到了北川职业中学，与技术总队二团总工师吕德武率领的队伍会合了。

头天的深夜 2 时，吕德武率领的 30 人的小分队带着液压工作站和破障工具，连夜赶往北川。拂晓前赶到，6 点 30 分接到任务，让他们配属指挥部的部队进北川。六个官兵一组，抬着液压工作站，在泥泞的路上走了一个多小时。进入北川县城，在信用社旧址上，突然听到有志愿者说，在废墟上听到了呼救声。

就在这里展开救援！吕德武知道自己带的救援工具齐全，又是代表着一支部队，他不想仅仅做一个简单的配角。

北川信用社是一幢八层楼，地震时全部塌陷成一堆断壁残垣。江苏省北川神州矿业公司的副总经理季中山和总经理都被埋在里边。这家公司是江苏省颇有实力的民营企业，省里领导指示前来北川救援的江苏消防官兵要想办法将神州矿业的老总救出来。然而神州矿业老总最终魂殇北川，倒是副总经理季中山依靠着技总和指挥部官兵的联袂相救，逃过一劫。

那天早晨，一个带有山东口音的志愿者找到吕德武，说他在信用社的楼里发现了生命尚存的声音。

还有人活着？在哪里？吕德武的眼睛遽然一亮。

那个志愿者指了指信用社的废墟，说压在倒塌下来的六层楼里。

我去看看！吕德武常年在施工一线，经历过不少危险，自然也便将危险置之度外。

好在人可以钻到这个幸存者所在的位置前，但毕竟是从八层下到六层，上边全是犬牙交错的坚硬的水泥板。见吕德武要钻进去，四级士官焦国强一马当先，说，吕总工，让我上。

吕德武摇了摇头说，我得将地形看清，好制定抢险方案。一定要科学救援。

焦国强说，我将液压动力站准备好。

只能掏洞下去。从废墟里钻出来后，吕德武说，大型吊车一时进不来，掏洞救人是唯一的选择。危楼现在是一种不平衡的稳定，我从力学结构上观察，让你们挖哪里就挖哪里，让你们动哪根横梁就拆哪一根。

焦国强说，行。

事后，吕德武在接受我的采访时说，救第一个人还算顺利。尽管余震不断,安全员叫撤离时,我从废墟上跳下来时脚被划伤了。可是当那个 40 多岁的季中山被救出来时,我们都欢呼雀跃。更难忘的是,那个志愿者最终道出了真相,救出来的人竟是他的哥哥。

哦?! 我有些惊讶,天底下还有这样的事情啊。

北川救援,到处都是生命的传奇。吕德武感叹道。

原来,季中山跟着老总到北川搞矿业投资,他们在这里做的项目很大,专门成立了北川神州矿业公司,资金达到几个亿。季中山是常务副总,与老总和公司的同事都在办公室上班。北川天崩地裂时,八层的信用社的楼塌了,神州矿业公司的工作人员全部捂在了里边。

地震发生后,季中川那时正好在南京,得知北川成了震中,损失惨重,就知道哥哥凶多吉少,连忙买机票飞往四川,以志愿者的身份进入北川。他过去来过哥哥所在的公司,因此准确地找到了河边,在这片倒塌的八层楼废墟上深情地呼喊,终于听到了哥哥微弱的呼救声。

技总和指挥部的官兵进入抢险现场两个小时后,季中山被救出来。

吕德武刚舒了一口气,田振江参谋跑来报告说,吕总,在北川职业中学发现有两个孩子还活着,但是因为太危险,风险太大,一些救援队伍都放弃了,我们救不救?

救! 吕德武说,不冒一点风险,这两个孩子就会活活死去,二炮官兵决不能干见死不救的事情!

那天中午 12 点,吕德武带着队伍来到北川职业中学。果然如田参谋所说,那里的救援环境太恶劣了。一座学生宿舍楼岌岌可危,墙壁裂开了一道道大缝隙,只要有一点余震,就会骤然倒下。而高职学生唐亮和杨彬彬,一个埋在陷落后只有 50 厘米高的一层,另一个埋得更深。他们刚走到教学楼前,就有位老人拉着战士们说,娃儿压在底下已经好几天了,你们行行好,一定要救救他呀! 战士回答,请放心,老人家,我们一定会救这个孩子。

吕德武马上与大家一起研究救援方案。

最后决定先救唐亮。

吕德武进到现场,钻进两层楼,透过一个孔可以看到唐亮就躺在一张高低床上。楼沉的时候,倒坍下来的楼板被高低床撑住,形成了一个低矮的空间,不过 30 厘米,既压不着他,也不能翻身逃生。

吕德武一步跃上二层外走廊,无意中碰到一条死人的腿。那腿横在面前,却不见整个尸体。他吓得本能地转身往回跑了好几米。只一会儿,他屏住呼吸,重新又转回去,对老士官焦国强说,找一件衣服将腿盖住。

焦国强用木棍挑过来一件衣裳，盖住了那条大腿。

前边二楼的走廊堵住了他们的去路。

把走道护栏的钢筋铰掉。吕德武交代道。

焦国强蹲下身来，叫老士官石仕义、沈瑞峰过来帮忙。几分钟之内，只听咔咔声响，焦国强手中的破坏钳很快剪去了护栏上的钢筋，露出一个洞，人能钻进去了。焦国强朝下看，可以看到唐亮的一只手。

拿点吃的来！焦国强转身喊道。

学校老师递过几瓶水，焦国强递进去对唐亮说，你再坚持一会儿，最多两个小时，我们会将你救出来的。

谢谢叔叔！整整三天了，第一次有人这么近距离地与自己说话，唐亮显得格外激动。

可是前边还横着一道沉落下来的墙，必须在上边凿开一个洞唐亮才出得来。

让我来吧！又是焦国强一马当先，拿了一根钻子和铁锤过来，蹲在地上，抡起铁锤，一锤又一锤，一点一点地凿开了。

焦国强蹲在那里正干着，房子突然晃动起来。安全员惊呼，有余震！焦国强一跃而起往外撤，但是无论怎么跑都来不及了。

好在楼没有倒，却惊出一身冷汗。焦国强仍又钻进去，抡锤敲洞。终于打开一个豁口，可以见到唐亮了，但是他却被高低床的钢管拦住，无法爬出来。

吕德武俯身在地观察，唯有切割开床上的钢管，唐亮才能出来。

我来切割！危险关头，焦国强总是横刀立马。他和几个老士官将电动切割机接进危楼，将电缆拉进去，打着发电机，火花四溢，很快便切开了一个七八十厘米的口子，唐亮从缝隙里钻出来了。

吕德武抬腕看了看表，此时恰好是 2 点 30 分。

第二个人救出来了，二团官兵未曾喘息片刻，便开始救第三个幸存者——北川职业中学学生杨彬彬。当时，江苏消防武警也参与了。吕德武总工带领官兵打开通道，用切割机割掉了外走廊上的护栏，用液压工作站打掉了两块楼板，又切掉一根柱子，救援通道顺利打开。拐了几道弯，只有一根横梁挡在前边。这时江苏消防的官兵说他们先下，掏了一会儿出来说进不去。

我下去看看。吕德武冲在最前方。谁知刚进到一个房间，突然余震发生了，危楼剧烈晃动。站在门外的安全员大声喊道，吕总，余震！快撤！

恰好这时,高海华政委和刘宗宝副总队长带着60名援军赶来了。

余震仍在不断,观察员报告说,危楼的裂缝已经从20厘米扩展到30厘米,险象环生啊。

高海华说,我进去看看。

吕德武说,政委,你别进去,里边太危险啦。

没事!你们在里边救人都不怕,我进去一趟算不了什么。高海华说,看过后心里才会有底啦。

高海华进去了。

刘宗宝也进去了。

过了一会儿,从危楼中钻出来的高海华将吕德武和新赶到的二团团长张玉良叫在一起研究说,不能再从楼上往下掏了,换一个角度,从下边掏更容易接近目标。

呼救声越来越微弱,年轻的生命危在旦夕。四级士官焦国强、五级士官石仕义、三级士官申卫芳主动请缨,上前营救。他们用钢钎捣,用铁镐刨,用气焊割,用手一点点地抠,很快就把一块混凝土清除了。这时,一股刺鼻的臭味扑面而来,嗡嗡的苍蝇四处乱飞。原来在这块大石头后面,一个女孩的尸体堵住了去路。焦国强爬过去一看,她的头被水泥板卡住了,身子已经肿了,爬满苍蝇。他退出来向高政委和刘宗宝报告,说必须将这个女孩的尸体拉开,才能开辟出一条道路接近杨彬彬。大家迅速启用液压工作站向纵深推进。两块挤在一起的楼板被一点点撑开,一毫米、两毫米……夹着尸体的楼板间终于有了一条小小的缝隙。

高海华政委、刘宗宝、康建国副总队长与张玉良团长、吕总工程师围在一起重新研究方案。高政委问吕德武有什么办法。

政委,我这个办法很土,可能对逝者不太尊重。吕德武说。

说说看。

我观察了一下,唯有用一根绳子将其双腿捆上一齐往外拽。

高海华犹豫了,最后还是说,就这样吧。先将女尸拖出来,让出一条道。

焦国强马上行动,终于将那个女尸拖出来摆在一旁盖好。通道打开,这时已经可以看到张彬彬,只是他前边还有一堵短短的砖墙堵塞了救援的通道。

这时,又发生一阵余震,还是负责安全警戒的张团长在第一时间发出撤退信号,焦国强等人迅速从工作面上撤出。

余震过后,整个楼体又向外倾斜了大约10度,困在地底下的幸存者又少了一分生还的希望。怎么办?

这时,只听总队高政委大声喊道,三级以上士官、结了婚有了孩子的都站出来,其余的人统统撤到安全地带,原地待命!

话一出口,所有三级以上士官全部站在了前排。

余震过后,焦国强再次冲上去,钻进楼板间仅30厘米宽的空隙用手拉杨彬彬,试图将他拖出来,但试了几次都没成功。因为他的双腿被水泥板死死地压着,而如此狭小的空间,具有相当科技含量的液压钳根本施展不开。

正当大家一筹莫展时,地面又在晃动,山城四周坍塌过多少次的山体再次在哗哗地崩塌。没有办法,面对这样大的余震,大家只能无功而返。

余震过后,从地底下传来幸存者微弱的声音,叔叔,叔叔,你们就使劲拉吧,拉断腿也没关系,我能忍得住。

听到这句话,现场的人无不一阵心酸。谁都知道,时间对一个被坍塌的楼板压了几天几夜的孩子意味着什么。这就是说,如果继续展开营救,他还有一丝生还的希望;如果停下来,只有听任死神把他带走。

站在一旁的学校领导和老师仰首望天。黄昏将至,暮霭沉沉,天黑时,部队晚上一撤,杨彬彬能不能挺过这个晚上就难说了。他们恳切地对高海华说,首长,你们就用绳子拽吧,救活人要紧。

工程技术总队原政委高海华在北川灾区指挥官兵搜救被困人员

高海华蹙了蹙眉头，对张玉良挥了挥手，说，就这样吧。

将绳子系成一个活扣，递给杨彬彬，让他套在砖墙上，一起拉吧。高海华交代道。

此法果然奏效，杨彬彬将绳扣套在砖墙上，十几个人合力一拉，砖墙扳倒了，空隙露出来了。

这时，天空渐渐暗下来。杨彬彬的一条腿仍被横梁压住，焦国强便建议吕总工，将绳扣系到杨彬彬身上往外拉。

来了一个医生说，不能拉，将动脉血管拉断了，出来也会死的。

高海华与刘宗宝、团长张玉良和高工吕德武在商量。这时杨彬彬对他的老师哀求道，老师，解放军叔叔今天不能扔下我啊！我今天晚上要出去，即使我的腿不要了，也要让解放军拉我出来啊！

老师说，拉吧！我们替家长做一回主，出了任何问题，我们负责，你们千万不能走啊。

医生说，这样一拉，会将他的脚拽坏了。

拉吧！只能这样了。高海华最后下决心，向二团的官兵吩咐道，死活都得弄出来。不弄出来，今晚余震发生，这孩子还得死。如果有问题，请老师再做做工作。

学校的老师说，没事，彬彬是学校篮球队队员，身体壮实，没有问题。

焦国强、石仕义和申卫芳三个士官没有犹豫，再一次爬进了两块楼板夹着的缝隙之间，用绳子套到了杨彬彬身上，刘文西、石仕义、焦国强、沈瑞峰等将长长的绳子放到肩上。吕德武下达口令，一二三，开始！

第一次没有拉动。

第二次也没有拉动。

一连拉了十几次时，杨彬彬突然一声尖叫，说脚被卡住了，只好停下。这时天快黑了，如果再救不出来，就意味着只能等明天了。

当大家正在商量对策时，杨彬彬急了，求生的希望促使他作了最后决定，解放军叔叔，救救我吧，不要管我的腿，拉吧！

几位老师也说，救人要紧，腿废了就废了。

这对高海华、刘宗宝来说，是一个两难的决定，要腿，还是要生命？

干吧！高海华牙齿一咬，天黑了，别无它法，再上去几个人。

最后一拖，杨彬彬的脚居然从运动鞋里脱出来，整个身体被从水泥板中拽了出来。

此时，这位幸存者已经在废墟下被埋 77 个小时。

第三个人得救了。一天救了三个人。生命如此脆弱,死亡离得这么近,可是二团官兵在北川县城里上演了一个生命的神话。

17. 喋血之痛

李芬奇一直沉默不语。

那天下午,几个老士官都一一谈了自己在北川的故事和记忆,唯独他一直三缄其口,静静地听别人讲,无论伤逝、无论悲壮、无论感动,他都一副波澜不惊的神情。

沉默如金。他的硬汉表情吸引了我。我说,李芬奇,该你谈了。你是哪年兵啊?

首长!他嗖地从小马扎上站起来,说,1998年入伍,今年三期士官,第10年。

哦!我说,坐,坐,随便一点啊,不要拘谨。别叫我首长,我就是一个倾听者。听你的口音,好像是河北人吧?

老家河北保定。他重又坐在小马扎上答道。

保定一带人口才都很好啊。我打趣道,讲讲你的故事嘛。

首长,我口拙。再说,北川的事情,我真想从自己的记忆贮存器里格式化掉。他的回答出口不凡,反倒吊起了我的胃口。

我说,北川的地震,让我们参加救援的官兵第一次踏在生死之门上,可能会留下许多黑色的记忆。

首长啊,岂止是黑色记忆,从某种意义上说,就是惨烈。

哈哈,你总是首长长首长短的。我戏谑道,那首长就不客气了,说说你遇见的惨烈一幕。

唉!我一直不愿触摸……那就说说吧。李芬奇古铜色的脸庞由平静变得风起云涌。

5月12日上午,李芬奇带着10个战士进到北川农业银行招待所,和一队消防武警一起在这幢危楼里搜寻。当时这座六层楼已经塌成了三层,底下的两层颓然沉落,不见了影子,三层楼变成了一层。他们用生命探测仪探测,发现仍有生命迹象,便往危楼里钻。一块水泥板挡住去路,班里几个战士用工具撬开,露出楼道来。里边光线昏暗,一股尸臭袭来。他们猫着腰往楼道里走,到了拐弯处,只见一位四五十岁的中年妇女呻吟着。李芬奇连忙和战士扑上去,将她身边的碎渣清除,可是她的下肢被楼板卡得死死的,动弹不了，官兵们怎么也拽不出来。如果想挖她，除非打穿几层楼板才行。

正当李芬奇和消防武警们在研究对她的施救方案时，这位中年妇女显得格外冷静，说，解放军同志，请给我一把剪刀吧。

李芬奇不解，问，大嫂，你要剪刀做什么啊？

把腿剪了。

啊？李芬奇惊恐万状。

求你了，解放军同志，快给我去找。那位女士说，我的腿被卡住三天了，一点感觉也没有了，肌肉死了。我还想活着出去，剪了腿就能出来了。

李芬奇第一次碰到这样闻所未闻的事情。他跑了出来，立即向首长报告。

再没有别的办法吗，非得走这条路？首长目光炯炯，逼视着问道。

我们与消防武警的同志研究，要凿开卡住她下肢的水泥板，没有一两天时间，根本拿不下来。再说余震不断，怕夜长梦多啊。李芬奇答道。

成全她吧！首长们挥了挥手，背过身去。

李芬奇寻找到一位在场的医生，要了一把手术剪刀，返回废墟，递给那位女士，最后一次劝道，大嫂，请你三思而行，能不能容我们再给你想想办法？

谢谢小兄弟，让你们费心了。那个中年妇女说，我这条腿迟早都是锯，那还是我自己动手吧。

说着，那个女士将手术剪伸下去，咔嚓咔嚓地剪开了。

李芬奇背过身去，痛苦地闭上眼睛。这时他才觉得，自己徒有一身强壮身骨，此刻显得多么苍白。自己真是枉穿了这身军服！

时间过得好漫长。也不知过了多长时间，那位中年妇女说，解放军同志，帮我找一把锯子去吧，我自己锯掉腿就能出去了。

剪刀不行，她要锯子。李芬奇从废墟里爬出来时，精神快崩溃了，他喃喃自语着。

这时已经是 15 日的下午 3 点多钟了，危楼外站着一个十八九岁的男孩几乎歇斯底里大声喊道，大夫，求求你们，我母亲的腿能不能不锯？

一位大夫说，这是她自己要求的，活命要紧，这也是没有办法的办法啊。

这时，一个老百姓找来一把钢锯。那男孩大喊一声，天啦！怎么会这样！说着，蹲坐在废墟上呜呜地哭开了。

去把二炮总医院的大夫和护士找来吧。一直站在废墟上沉默不语的领导最终向他们发话了。

李芬奇找来一位医生和护士，自己则朝危楼里投去最后一瞥，蓦然转过身去。

说完这个故事，李芬奇泪如泉涌。我也唏嘘不已。

感情之湖尚未平静下来。腥风血雨，生死之别，在已经平静的心灵湖泊里又吹皱了一缕缕涟漪。

二级士官范士彪被老兵李芬奇的故事启发了，说，什么叫生死一步间？在北川城里的一周时间，见证了这么多的生与死。过去觉得死亡离自己很遥远，其实很近。

范士彪那天走进生死场，是在离国税局50米远的一处废墟里，他们刚刚抵达，站在旁边的老百姓就说，这里还有人活着。

在哪里？

老百姓从废墟顶部指了指，说，从上边钻下去。

跟我上！范士彪朝身后的吴兆飞挥了挥手，一个箭步朝倒坍的危楼爬了上去，然后顺着一个缝隙钻下去，大声喊道，有人吗？有人活着吗？

救命！救救我。一个男人声音从瓦砾中传出来。

范士彪定睛一看，微弱的光线中，有一个人被砖块和瓦砾掩埋了。于是，他爬过去清理那个人身边的砖头，扒着扒着，他突然发现被压住的是两个男人，一个已经死了的骑在幸存者的身上，死人的膝盖压住了他的头，用身体顶住上边坍塌下来的盖板，救了他一条命。但是地震三天内，他与这个死者始终抱在一起，一点点地感觉着骑在自己头上的这个弟兄的身体渐渐地变冷、变硬、变臭，在担惊受怕中度过了最难熬的几天。

终于看到有人来救自己了，他心存感激地说，要不是上边的兄弟，我就熄火了。

范士彪刨开砖块，将那具尸体的脚拉开，见是一个农民工兄弟，穿着胶鞋，戴着白手套，还在施工之中便遇上了大地震，瞬间命丧黄泉。

解放军同志，求你们了，请帮我找一块木板将这个兄弟盖上。他不能再暴尸了。

范士彪点了点头，从旁边找了一块木板将那具农民工的尸体盖起来。

搬走尸体，只见这个人左手被混凝土压住，腰以下压在破碎的断垣残壁里，头上的水泥板摇摇欲坠。他们给这个幸存者拿来火腿肠和水。范士彪找来一个千斤顶，将他头上那一大块水泥板撑起来，与吴兆飞两人一起一块一块地敲，一点一点往外搬。有好几次余震震得危楼里尘土飞扬，他们连跑都来不及。一直在废墟下的洞里奋战了两个多小时，终于将这个民工救了出来。

然而，一个死人压在活人头上的喋血之痛，却是那样的触目惊心，让范士彪久久难以释怀。

这样的故事在北川很多、很多。

18. 走进陈家坝的第一位少将、中将

暂且搁下北川城里惨烈的故事，说说离它有 20 多公里远的陈家坝。

湔江幸自绕北川。湔江水从唐家山流下来，绕过北川县城，往陈家坝流去，然后江油，然后绵阳，然后汇入岷江。

伤逝如水。因为北川，因为唐家山堰塞湖，因为湔江，陈家坝自然也拉高了它的知名度。这不仅因为当时唐家山堰塞湖的水沿着湔江流向陈家坝，而且还在于这次大地震中，陈家坝与北川同在一个地震带上，一个镇被夷为平地。

我第一次来灾区采访时，几次想进陈家坝，因为路断而不得入。

重返灾区采访后，那天在睢水镇的帐篷里吃过早餐，墩秀路指挥长刘建明和杨青副总工说要去陈家坝勘路，准备打通陈家坝到北川最后一个塌方段。

我说，我跟你们一起去。

刘建明说，好啊，不过路很远，要绕道江油县，来回 200 多公里，得耽误一天时间。

我说，没有关系。二炮于际训副司令员走村入户，从北川走过这条路，王治民副参谋长则是陈家坝的镇长见到的第一位救援部队的将军。我想去实地看看，增加点现场感受。

杨青乐得我与他们在一起。他拉开车门说，作家请上车吧。

我们乘车而去，出睢水，过安县，转道绵阳城，然后再穿过江油城郭，进入山里。从 1:5000 的军事地图上看，真的是绕了一个大圈。上午 10 点半抵达二炮在大康的两支防化分队驻地，下车我便开始采访，等采访完某团装备处副处长方中军和确定转业后来当志愿者的营长，已经是中饭时间了。

吃罢中饭，匆匆登车往陈家坝疾驶而去。沿途都是山路，虽然铺了沥青，但是路窄弯多，拐来绕去。进入北川地界，地震的痕迹便越来越明显了。

翻越一座大山，便由山脊往河谷里缓缓而下。

树林掩映深处，陈家坝在晌午的太阳中渐次清晰起来。进入陈家坝辖

地,有两个场景深深地撼动了我:一个是吉普车往下滑行之中,路旁有一群幼童在玩耍,男孩女孩皆有,一看到军车从前方驶过来,本来坐着的孩子们突然一跃而起,站成一排,举起右手向军车行军礼。那标准的站姿,头仰得高高的,右手五个小指并得齐齐的,一看便像被军人严格训练过,或者刻意模仿过。一个英雄故事,一段历史,一旦镌刻于孩子的心灵,便会永远留住。另一个场面则是,车进了陈家坝镇在一个人来人往的路边停下,公路边高大的菩提树下搭了几顶军用帐篷,帐篷门口立着两块大红牌子,一块是中国共产党北川县陈家坝委员会,一块是四川省北川县陈家坝镇政府。两块招牌前放着一张简陋的木桌子,上边放着一部电话,旁边是摞得几尺高的死亡通知书,等着老百姓来认领。

刘建明下车去找镇长,镇长不在,值班的是一个年轻的姑娘,也就 20 出头,忙里忙外地应付着所有来找镇里的人。

我被这两块牌子和一摞死亡通知书吸引了。拍完照片,信手翻来,死亡证明妇孺童叟皆有,许多无人认领的,说明一个家都没有人了。一种莫名的怆然涌上心头。

站在路中间,我的目光从陈家坝千村寂寥、万户萧疏的废墟上移开,投向远方,投向北川县城方向。5 月 17 日,那个风雨凄迷、孤立无援的时候,二炮一位中将、一位少将朝着陈家坝走过来了。

王治民副参谋长那天早晨穿过北川城郭,溯湔江而下,回眸已经沦为死城的北川城郭,在一片烟雨迷蒙之中,北川又清晰地浮现在自己的眼前。

往事并不如烟。39 年前,王治民刚刚入伍,一辆兵车将他从老家陕南运进北川县城。

故乡与这座美丽的小城仅隔着一座山、一条路——一座莽荡千重的秦岭,一条难于上青天的蜀道。山重水复,四个多月的通信训练,日出日落,他喜欢上了这座宁静的小城。一条湔江穿城而过,四周群山环抱,只是它太小,小得有点袖珍。一条狭小的山谷,羌人对空阔无边大草原的憧憬,对挥戈驰骋的豪迈,全都融入了他们对古老图腾羊角的膜拜之中。

在中国古老的象形文字中,羊即羌,羌即羊。此刻,幸存的羊儿还在山坡上吃草,可是,记忆中的北川已经沦为一个黑白片,就像当年安东尼奥尼拍摄《中国》的镜头,摇摇晃晃,晃成了 30 年的岁月和历史记忆,晃成眼前这片让人不忍回眸的死城。

北川死了,成了中国人最大的惊恸。然而城中的瓦砾下还埋着许多幸运者需要抢救。他来了,30 年前那个坐着兵车走进北川的新兵,如今已经是中国战略导弹部队的一名将军,带着两支精锐之师来了。

14 日晚上到达后,王治民和于副司令员连夜进入北川县城勘察。翌日拂晓,两支工程劲旅兵分两路,一支打开进入北川的生命通道——因其乱石穿空,流石如瀑,成了真正入北川难难于上青天。就连当天上午,温家宝总理也只有站在北川的高岗上,想入城而不得,唯有眺望,唯有心忧。可是二炮部队到了,12 个小时便打通道路。第二天,党的总书记、军委主席胡锦涛来北川视察,于际训副司令员向他报告,通往北川的路就是二炮部队打通的,总书记连说三个好。

另一支部队则是去救人,两天之内,在 72 小时黄金救援时间已过的情况下,他们仍然救出了 14 个人,还都是一些埋得最深、最险,别人想救却又不得不放弃的人,是二炮部队将他们一一救出来了。

站在北川的山坳上放眼眺望,穿越龙门山脉,在远处的绵竹城里,二炮的另一支工程劲旅——技术总队正在发挥装备技术的优势,将一座失去了水、电、气和通信广播彻底瘫痪了的城市,重新恢复活力。这是一支关键时刻冲得上去、能打硬仗的部队。

今天去陈家坝,二炮机关和基地的四支防疫队和防化分队全都出动了。随行的还有二炮总院和基地部队的医院。

王治民沿湔江而下,一种老工兵特有的预感和直觉告诉他,自从他的老团队打通了北川生命通道之后,国务院抗震救灾指挥部、四川省委和成都军区还会将更艰险的抢通灾区道路的任务交给二炮部队。

今天早晨,王治民特意向于副司令员请示,带队伍去勘察北川县城至陈家坝的道路,一旦条件许可,部队立即投入抢通施工。

于副司令员说,好,二炮就应该发挥优势,主动作为。

通往陈家坝的公路大都傍湔江而筑。穿过田园村庄,王治民放眼看去,村庄大多夷为平地,伤亡惨重。宽阔之处,公路还算完好,但靠山一侧,大多被倒塌下来的泥石流掩埋,或者乱石壁立于路中。往陈家坝走去,须从乱石和流沙上爬过去。余震不断,仍然有山石落下,通过时,须观察山顶上的风吹草动,一路小跑。

王治民徒步而行,23 公里的路程,来回足足走了一天,越往陈家坝方向走,湔江两岸的村庄愈惨不忍睹。途中遇上的几件事情,让他惊恸不已。

从陈家坝往县城方向走,穿过一个大集镇,镇外公路两侧是一个大集贸市场,一侧倚山,一侧则有几个鱼塘,出水口与湔江的河滩相接。地震那天恰逢赶集。突然一阵山崩地裂,地啸如雷,大地和山野先是波浪式抖动,最后则成了旋转式颤栗，轰然一声巨响，山体崩塌，朝着集贸市场压了下来。只听一阵鬼哭狼嚎，尘土飞扬中，赶集的人，还有村庄房舍、鱼塘，全被倒下来的山体掩埋了。一个牵马的老人，像坐过山车一样滑下来，命保住了，家里最值钱的那匹马却没有了。时隔多日，老人路过此地仍然不寒而栗。

王治民副参谋长那天路过这片废墟时，一个向导黯然神伤，指着脚下被一座山掩埋的村庄说，我的妈妈、妻子和刚两岁的女儿，就埋在这下边。

山风呜咽。命如蜉蚁。

站在土丘上的人个个神色凝重。

那个向导指着松软土丘上的一辆童车，红漆一点也没碰掉，却挂着一只小孩的鞋子在风中晃动，他说，这是我女儿的。

听者无不动容，无不落泪。

终于走进了陈家坝，镇上死伤惨重。幸存下来的镇长一脸茫然，等待救援。已经是震后第五天了，虽有部队进来，但却不见一个领导，见到第二炮兵一位少将朝他走来，镇长喜极而泣，哽咽着说，王将军，你是我们陈家坝见到的第一位将军。

王治民握着他的手，说，我调工兵部队过来，帮你们将通往外界的道路打通。

谢谢！这是为陈家坝人民办了一件大好事啊！

王治民副参谋长走过的第三天，于际训中将带领部队走村入户时，也走进了陈家坝。

那天，某工程指挥部主任陈强从国防大学请假回来。因为他麾下的部队已经与马力政委进入北川，他在电视上看到官兵打通进入北川的生命通道、在废墟里竭尽全力救人，陈强再也坐不住了，请了假便飞往成都，匆匆忙忙地赶到北川。恰好二炮抗震救灾指挥部落实胡主席走村入户的指示，陈强便陪着二炮副司令员、抗震救灾总指挥于际训从北川县城绕道往陈家坝步行而去。

23公里路程，有的地方还可以行车，更多的地方则要徒步而行。由二炮组织的抢通到陈家坝道路的官兵和地方队伍正在施工。于副司令员吩咐大家，将背着的干粮和矿泉水全部留给施工的老百姓，官兵最多只准带一瓶水和一袋饼干。

于是，官兵们纷纷将这些东西留给了地方同志。有的就将东西放在岔道口，待老百姓出来取。

返回北川之时，一个老士官看到路上有一辆破旧的中巴车被弃在路

某工程指挥部陈强主任在擂禹路施工现场

旁。他爬上车一看，线路和油路不通，钥匙也不在了，一时发动不起来。这个老兵爬进车里，一阵捣鼓费尽九牛二虎之力，居然踩着了发动机。他驾驶着这辆破车在北川与陈家坝之间往返，拉了不少人。

斜阳西下，于际训副司令员与陈强正在返回，照这个速度天黑前回不到北川。这时，一辆破旧的中巴车驶过来。第一次见到这条路上还有车，首长不免诧异。这辆破车在他们前边戛然停下，一个穿迷彩服的老士官打开车门，跃下车来，朝着于副司令员和陈强主任行了一个军礼，说，请首长上车吧！

原来是你啊！陈强主任认出了自己麾下的老兵，说，你从哪里弄来的这台车？

首长，路边上捡来的。是老乡家的坏车，我将它修好了，暂时在这里拉人。

陈强点了点头，说，记住，要想办法找到车主。

是，首长！

陈强转身对于副司令员说，首长，上车吧。

于副司令员看了看身边背着器械的士兵和二炮总医院的医生、护士，说，先送战士们吧，我们空着手可以慢慢走，等车返回来，再接我们。

陈强见于副司令员态度坚决，也不再劝说，他朝总院的大夫、护士和官兵挥了挥手，你们先走。

官兵们登车朝着北川方向而去。

黄昏中，于际训副司令员一行步履蹒跚地往北川方向走去。大约过了一个小时，那辆破中巴车终于返回来接于副司令员一行。

这可是他们坐过的最破烂的一台中巴车。顶棚上爬满了绿头苍蝇，人一动便轰然飞翔，如轰炸机一样轰鸣。座位破旧地露出海绵，肮脏得不堪入目。他觉得有点对不住首长，说，坐这样的车，委屈于副司令员了。

哪里啊，这比走路强，在灾区这已经是奢华享受了。于副司令员打趣道。

坐在中巴车里，从颠簸不堪的路上匆匆驶过，回望陈家坝在身后渐行渐远。但是陈家坝的百姓却不会忘记，第二炮兵的一位少将、一位中将，成了整个灾区部队踏进陈家坝的第一位中将和少将。

19. 北川废墟里的普通一兵

我坐在睢水镇二炮工程团的帐篷里。

孙乐政委找来的第一批被采访人全部是普通士兵。围桌而坐，靠我最近的是谢招斌，一个兵龄 12 年的三期士官。旁边依次是张小亮、王华、彭东坡和瞿锦龙等老兵。

开场白后，孙乐政委特别向我推荐了谢招斌。他说，谢招斌是第三期士官，今年已进入三期士官的最高服役期了，如果不是抗震救灾，到 10 月份，要是改不了第四期士官，就该走人了。但是这次北川救人、挖金库和抢救北川羌人历史档案，多亏了谢招斌啊。他居然能把趴窝了不知多久的一台破碎机修好，可是管了大用场了！那台机器我上去看过，仪表盘都揭下来了，一堆电线跟乱麻似的，我当时也只是抱着试一试的想法叫谢招斌过来，没想到他还真行，省了我们多少人力啊！一支部队，在人民罹难的关键时候，就需要这种敢于挺身而出的平民英雄。

我的眼睛遽然一亮，觉得找到了一块文学的富矿。为了让五位士官谈得尽兴，我对孙乐政委说，孙政委，你先忙吧，最后我再找你采访。

孙乐长了一副很厚道的脸庞，却心里特别有数。他憨厚一笑，对他的士兵说，好好谈，给作家提供好素材，将我们团队的风采展示出来。

政委走了，几位士兵似乎少了几分拘谨，然而第一个讲故事的并不是谢招斌，二级士官彭东坡抢先讲着自己的故事。

彭东坡说，那已经是地震的第四天了，他们来到国税局危楼前边。幸存下来的副局长徐成斌和黄云，恳请团里的官兵去救他们的纪局长和另外几位副局长。彭东坡叫战友从五楼顶部打了一个洞，与瞿锦龙和张峰一起从顶部钻进去，下到四层，再挖开一道隔墙钻进去，彭东坡在三四楼之间大声呼喊，有人吗？里边有人吗？听到就敲敲墙！

然而危楼里一片寂然，死一般的静，静得有点瘆人。

官兵们走动的脚步惊扰了地狱里的寂静。在一瞬间，张峰听到敲墙壁的声音。他惊呼道，好像有人！

彭东坡和瞿锦龙过来，贴着墙壁倾听，却听不见声音。

已经没有活的人。彭东坡摇摇头说，会不会是错觉？

肯定有人，我刚才真的听到了。张峰说得很肯定。

他们将国税局的黄云叫来，他说这附近有一间会计室，会计朱兰和出纳周亚军就在这间办公室，她俩都没有出来。他们将四楼的楼板凿开一片，从上边钻了下去。

黄云说，前边就是会计室了，先水平打一个洞，把记账本给挖出来吧。

彭东坡和瞿锦龙点点头，也不管有没有余震，抡起工具就敲开了。砸到下午两点多钟，终于打出一个洞来。在离他们三米多的地方，有一道门，里边隐隐约约传来了呻吟声。

还有人活着。张峰一振，说，我刚才没有听错！

黄云来了，他大声喊道，朱兰、周亚军，我是黄云，我带着解放军二炮官兵来救你们了！

朱兰今年 37 岁，因为体力消耗过大，已经命在旦夕，而周亚军 53 岁，精力甚好。她在里边喊道，救命！解放军救救我们！

两位大姐坚持住，保持体力！我们会来救你们的！彭东坡大声答道。

瞿锦龙说，彭班长，我们爬过去，将通道打开。

瞿锦龙和彭东坡爬过去用撬棍撬门，发现门被倒下来的文件柜顶死了。撬了几次，不见一点松动的迹象。

彭班长，找一个千斤顶来。瞿锦龙建议道。

好，我去找！彭东坡爬出去，提着一个千斤顶进来了。他们顶着那块厚厚的水泥板一点点升起来，再用撬棍一点点地拨，门被一点点挪开了。他们推开铁皮柜，闪出一个小地方，看到里边有两个女士抱在一起。地震袭来的时候，年轻的会计朱兰站起来安慰坐在椅子上的周亚军大姐，结果落下来的楼板压成了一个斜面，她用身体掩护住了周亚军，自己却被重重地砸了一下。倒塌的楼板将她们挤压在一起。那时朱兰体力很好，一直对周亚军说，周大姐，千万不要睡着，相信解放军会来救我们的。

然而，解放军真的来了，朱兰的体力渐渐支撑不住了。周亚军觉得她的身体在自己的身上渐渐变冷，手心也不似上午喊自己别睡的时候那样热了，朱兰陷入昏迷状态，任凭周亚军怎么摇晃都不曾应答。

朱兰，你可要挺住啊！想着这四天，每天都是朱兰鼓励自己活下去，而她此时却在生命已见曙光的时候离去，周亚军哭了。

大姐，莫哭，我们会救你的。瞿锦龙劝慰道。

然而打通救出周亚军的生命通道十分艰难。一次只能一个人进去，躺着刨出碎渣儿，再一点点地扒出来。教导员何麟挺身而出，站在第一线指挥，他将这些老兵分成几个波次，20 分钟一换。第一个波次进去的是瞿锦龙，第二个是彭东坡，第三个是张峰。何麟看着表，到点就换。楼道里尸臭味浓烈，楼房里掩埋了许多人，经过四天，遗体已经发胀变黑，异味难忍，戴着双层口罩仍有窒息之感。到了晚上 9 点，已经能见到周亚军了。

周亚军被救出来了。有人在她眼睛上盖了一层黑布，将她抬走。

朱兰随后也被救出来了，这时她已经陷入了深度昏迷。二炮总医院的医生赶过来测她的脉搏，只有每分钟 55 次，收缩压降至了 30。

一直守在旁边的方中军副处长问大夫，她有救吗？

大夫迟疑片刻说，她的生命体征衰弱了，正在尽全力抢救，凶多吉少。

救护车载着朱兰走了，尖啸的鸣笛声划破北川的天空，成了朱兰生命的最后一个句号。

谢招斌终于说话了，一口款款湘音，第一句便很突兀，他说，北川让我见证了这么多的死亡，我终于知道传说中的地狱和冥界是什么样了。

他的话让我想起了西方一个智者的名言，我不下地狱，谁下地狱。

其实抗震救灾的官兵走进危楼、钻进废墟的那一刻，在某种程度上就是踏进生死冥门，独探地狱。

谢招斌记得，那天已经是地震后的第四天，72 小时黄金救援时间已过，他带着五个战士来到信用社的大楼前。隔离线前围了一大堆群众，正等着帮他们搜救埋在楼里的同事、亲属。他们说地震发生时，楼里正在开一个会，县委、县政府的领导均有参加，会议 2 点开始，地震后基本上没有人跑出来，至少有 20 几个人被捂在里边。家属、亲朋的泪水流干了，只有绝望的眼神。谢招斌问，在几层开会？他们说在二层，并告诉他这幢信用社的楼一共八层。他细细一数，整个建筑已经沉陷为四五层，层层倾倒、叠压。一层已基本成了地下，大门完全进不去。要进去必须从顶层找地方下去。要命的是余震不断，弄不好会将自己也葬身其中。

里边还会有活人吗？谢招斌默默叩问。这时，一位站在隔离线外的中年妇女走过来哭着哀求，解放军同志，我老公就压在里面，昨天还听到他的声音。

去！他叫一个战士，请消防武警将生命探测仪拿过来，帮着检测。

消防武警的人来解释道，已经检测过N遍了，如果有一丁点儿希望，显示屏就会显示出来。但这里并没有，没有希望了。

他们走后，谢招斌觉得无法面对群众焦灼期盼的目光，他打算派人进到里面去探看一下。他们在最高层处的楼板凿了一个洞，用液压钳剪断钢筋。口子刚打开，他朝里边一看，天哪，一股强烈的尸臭袭来，顿时给熏晕了。可是他还是想找到幸存者。派谁下去呢？唯有自己下去最合适了。

杨云龙，你跟我下！谢招斌挑最机灵的战士给自己做助手，他们提着钢钎、铁锤，一人带一把小手电，从洞口钻了进去。

楼里黑乎乎的。钻进去后，手电照见墙壁标着"五楼"字样。这只是五楼，要下到二楼会议室，不知该如何走？里边一片黑暗，空间狭小，尸臭熏天，什么是死亡的地狱，他这回真是领教了。他们找空隙，一路靠爬、钻、猫着腰往前挪，后来找到一个向下的缝隙钻下去。钻到四楼，空间稍微大一些，房子倒后被什么支撑出一些空间。但是他的心里却紧张至极，如果余震发生，他和杨云龙必死无疑。

班长，死人！杨云龙惊叫起来，一下子往他身上靠。

在哪里？谢招斌的手电光束射了过去。昏黄的光照在一具死尸上，这是他第一次在北川城里看到死人，虽然早就有心理准备，但看到那血肉模糊的脸上痛苦表情似一个狞鬼，他的心快蹿到嗓子眼儿上了。

班长，还走不走啊？杨云龙毕竟年轻。

谢招斌不能将自己的恐惧表现出来。他佯装镇定，说，别怕，没事的。

刚想迈步，谢招斌突然觉得鞋子被什么东西粘住了。他用手电一照，天哪！一摊血迹。尽管惊魂未定，但他还是给自己和杨云龙壮胆，大声喊道，有人吗？有活着的人吗？

危楼里一片死寂，唯有谢招斌和杨云龙的心跳和喘息。他用手电对着一具具尸体仔细察看一遍。每一个死人，他俩都去看一下，不论是被挤在缝里的，还是被楼板砸死的。这场面，是他从未经历过的，更没这么近距离地接触过。不管哪个缝隙，稍有点空间的地方，他都用手电照一照，喊几声，听听有没有回应。只听到两个人的脚步声在空空荡荡的死屋里回响，却毫无一点生存者的希望。

爬到通往三层的楼梯，房子已严重变形，只能爬着走，趴下去往四周看去，除了恶臭扑鼻，没有一点声息。离他头最近的一个地方有具女尸，像是年轻的服务员，尸体已经变形，楼板上浸满了血。谢招斌见实在无路可走了就转身对杨云龙说，别下去了，往外撤吧。

大约一个多小时后，谢招斌和杨云龙出来。孙乐政委焦急万状地在等他们，见他们上来便问，还有活着的吗？

谢招斌摇了摇头，遍地死尸，未见活人。

信用社一位幸存领导过来，问谢招斌，你下到二楼会议室了吗？

谢招斌说，下不去，就到了三层。

那位领导露出了失望的神色。

政委，我再去试试！谢招斌对未下到二楼有点不甘心，对孙乐政委说，这楼有地下室，我看里面有的楼层楼梯还没倒，不知从地下室是不是能通到二楼，我想去试一试。

孙乐说，可以。但千万要小心，不行就快撤。

谢招斌又带小杨找到地下室入口。那里有一道卷闸门，损坏不大，他们把它撬开。地下室车库通往一楼的楼梯尽管变形，人还能上到一楼。一楼是营业大厅，柱子倒了，挤得变形。再往上看，那些倒塌的楼板应是二层开会的地方，已挤成一堆，不可能有生存者，谢招斌只能怀着沉重的心情回到外面，向孙政委报告未发现活人。

孙乐对废墟旁的群众解释说，我们的战士进去了，未见有生命迹象。

但是人们仍心有不甘，一再哀求谢招斌描述死者的样子，有人竟然提议，能不能再麻烦解放军进去一趟，对里边的死者一一拍照以核实身份。

谢招斌和杨云龙刚从地狱里出来，已经非常疲惫，心理上也战栗不已，可是群众的请求无法拒绝。他和杨云龙对望了一眼，决定再闯一次死亡的狱地。谢招斌从信用社一位女同志手里接过数码相机，重新钻进危楼，在一片鬼魂游荡的死穴里，从五楼到四楼，又到三楼，为刚才看到的那些尸体一一拍照。一共是八具尸体。上来时，这个妇女终于看到了自己的亲人，惊恸过后，仍然是一片感激，连声说，谢谢！真的是难为你们了。

惊魂甫定，只见营长在废墟不远的地方向他频频招手，说，谢招斌，你赶紧过来！技术总队的刘宗宝副总队长发现了一台挖掘破碎机，没有操作手，你来检查一下，看是什么毛病，还能不能修？

好的！谢招斌跑到破碎机前。

谢招斌,就看你的了。大家都在等着这台装备啊。孙乐政委对他寄以厚望。

谢招斌跨进驾驶室,顿时傻眼了:仪表盘是被掀开的,里边的一堆电线,缠成乱麻。

谢招斌朝破碎机下一看,一向老成持重的孙政委,早已急得像热锅上的蚂蚁来回踱步,在等自己呢。营长、连长、排长和一群战士都围在车旁,眼巴巴地看着。这时通往北川的生命线正待打通,大型机械都尚未进来,早点修好这台装备,能顶多少人力,能多救多少人啊!

可是当时没有任何工具,也没有测试仪,只能凭着他多年积累的经验一条线一条线地查;电路、油路,各种指示灯都仔细地查了一个遍,每个继电器和连线都接好。谢招斌一一仔细地过了一遍。最后一根线接上了,一踩油门,仪表灯亮了。再接一根,又一个仪表有反应了。他心里一激动,还没等检查完一遍就大声叫道,政委,再有 5 分钟,我就可以起动机器!

好样的谢招斌,功不可没啊! 一向沉稳的孙乐激动了。

几分钟后,谢招斌跳下驾驶棚,最后一次检查机油、水位都在规定的数值内,随后步伐轻捷地回到车里。

孙乐政委和方中军副处长,还有二炮抗震指挥部的领导、工程指挥部的领导,全都围上来了。

谢招斌旋转点火开关,只听轰轰几下,机器起动了! 下面的人一片欢呼。可是,刚起动一分钟就熄火了。

政委喊,怎么又熄火了?

谢招斌说,首长,刚才我是在检查一下接的线路是否完全正常,怕万一有个别接错的。现在看没问题了,但需要再看看是否漏油,或其他异常。

孙乐政委这才松了口气,说,好,你快点儿啊!

谢招斌再次拧着起动开关。轰隆的轰鸣声响彻在北川的天空。第一台生命救援的大型机器横空出世了。官兵和群众全都围过来给予热烈的掌声。

这设备你最了解,就你操作! 孙乐政委说。

是,保证完成任务! 谢招斌伸出脖子,在机器轰鸣声中大声回答。

然后他收臂、转弯,朝着国税局方向驶去。那里还有幸存者的生命迹象。

机声隆隆,生命救援的旋律回荡在北川死城的天空。

20. 金库门开

北川封城了。

5 月 20 日那天，为躲避可能发生的 7 级余震及北川即将爆发的疫情和唐家山堰塞湖破堤，要求救援部队全部撤离县城。

技术总队二团从 16 日展开信用联社金库挖掘工作，已到攻坚阶段，一旦撤走，便功亏一篑。

二炮政治部副主任张西南少将对副总队长刘宗宝说，宗宝啊，想想办法，到地方抗震救灾指挥部要一把尚方宝剑。

高海华政委对刘宗宝说，你去准能马到成功。

刘宗宝笑了，说，两位首长让我压力倍增啊。

那天上午 9 点 30 分，刘宗宝去北川县指挥部找到负责协调的负责人，先让信用联社的领导提出挖金库的申请，然后他说，乡下农民就这么最后一点血汗钱存在信用联社里边，我们二炮官兵在撤离北川时一定要将这件事情办妥，否则我们将来心里会忐忑不安的。

地方负责同志似乎无法拒绝他这种请求，但须层层请示，毕竟这个责任太大。

刘宗宝找到隔壁帐篷里的地震专家问道，今明两天 7 级地震会不会发生？

地震专家说，可能性极小，地震级别只会逐级衰减，不会再发生这样大的震级。

他又转身问水利专家，唐家山堰塞湖今明两天会不会决堤？

水利专家说得斩钉截铁，不会。

好，有了专家的意见，就胜券在握了。刘宗宝回到北川指挥长的帐篷，说，我问了地震专家，发生 7 级余震可能性极小，我也问了水利专家，唐家山堰塞湖决堤的可能性，也微乎其微。至于北川的疫情嘛，我来的时候专门请教过二炮防疫大队的专家，他们说因为防护消毒严密，发生疫情的几率也很小，余震、洪水、疫情，三个前提不具备，让我们进去吧。

北川指挥部的地方领导说，二炮的官兵将生死置之度外，为我们北川的老百姓着想，我们还有什么理由阻挡啊。

谢谢！刘宗宝辞别出来，立即用对讲机报告二炮抗震抢险指挥部，请报告首长，我已经拿到了入城的特许证。

这时，二炮政治委员彭小枫上将已抵达北川二炮抗震救灾指挥部，听取工作汇报。于际训副司令员当即请示政委，是现在进北川，还是晚上再进去？

彭政委立即决定中止汇报，马上进北川县城，亲自指挥技术总队和工程指挥部的官兵对信用联社金库的挖掘。

二炮首长指挥车队，在北川城里阒无一人时逆向而上，朝着北川疾驶而去。

飘浮在北川天空的生命云烟似乎还没有飘散。

5 月 15 日那天，技术总队在北川职业中学救出了三名幸存者后，他们就将目标瞄准北川信用联社。这是北川的第一楼，共有八层，39 米高。地震那一刻，这座楼里埋了 50 多个人，信用联社有 33 人埋在其中，省银监局埋了 3 人，而江苏的神州矿业投资公司则埋了 14 个人。除救出了五六名幸运的生还者，其他人都埋在坚硬的水泥板下。

翌日，刘宗宝走进县城，意外地看见一台停着的破碎机。于是，他找到孙乐政委，将谢招斌召了过来。这可是当时北川城里的第一台大型机械啊，谢招斌驾驶着，驶向信用联社废墟。

18 日那天，江苏消防武警遵省委之命，寻找他们神州矿业投资公司的

祭奠

老总。而高海华政委和副总队长刘宗宝、康建国商量，确定将挖掘的重点瞄准了信用联社的地下金库。一则那天在正常营业，大厅里还有不少顾客，也许还会有生命的奇迹重现，再则地下金库里存有城镇银行、农业发展银行和信用联社的巨额资金。挖出来，也是给受灾的北川农民一个最大安慰。

得知二炮技术总队进入信用联社救人并帮助开挖金库，中国银监会主席刘明康专门打电话给时任二炮政治部副主任的邓天生将军，希望二炮部队想尽一切办法，帮助挖掘埋在信用联社的绵阳市银监局的人员，并对二炮部队冒着余震、疫情和堰塞湖洪水进入北川的危险，不放弃的精神和英雄壮举，表示崇高的敬意。刘明康特意将电话打到副总队长刘宗宝的手机上，代表中国银监会，对二炮官兵致以亲切的问候。

这时，二团官兵总队领导专门制定了两套方案，要一箭双雕，一举两得。既要抢救埋在里边的幸存者，也要将数百万元农民的血汗钱挖出来。他们最后决定，争取六天六夜取得重大突破。可是封城令白白耽误了一天半时间。

如今，二炮彭小枫政委来了，亲临现场指挥，这对于官兵是一个极大的鼓舞和鞭策。

当时技术总队制定的一号方案，是先挖到营业厅，再进入地下金库。因为信用联社的一名司机说，他看到那天地震前，营业厅里有不少人在办理业务。

18日傍晚，暮色将至。在平时，天黑之前，部队就从北川县城撤出去了。可是这时，张玉良团长他们已经挖到了金库的水泥侧墙了，高海华政委想一举突破，决定晚上不休息，挑灯夜战。

今夜北川静悄悄，静得听不到蝉叫蛙鸣，唯有死魂灵的脚步，踽踽掠过北川的天空。

张玉良团长环顾了一下国税局废墟上的寒夜。离他们施工点20米的地方，停着一辆索纳塔轿车，司机被骤然倒下的水泥砖头砸死，神情恐怖。而就在官兵坐着休息的左前方四五米处，又有一具尸体，已经高度腐烂，发出刺鼻的恶臭。

往下掘进时，快接近一层营业厅又遇见一具女尸，她长长的披肩发已经全部脱落。战士们将她抬上去，交给她的亲人。信用联社一位职工说，是他的表嫂。张团长叫他上来看看，可是他却不敢过来。梁海强、熊明立即穿上防护服，戴上手套，请防疫队人员进行了洗消处理。一抬女尸的胳膊，尸体上的肉便掉下来了。40分钟后，处理完了。

到了一层金库门口，一个保安尸体的头已经不在了，躯体被水泥板倒塌时压扁，而腿被压在水泥块中，根本无法取出来。而关键是金库被落下来的水泥碎片压得死死的。他们打算在侧墙上砸开一个洞，可墙壁太厚了，有五六十厘米宽。凌晨3点半钟，终于凿穿了，他们用手电一照，金库里柱子东倒西歪，可以看到几个保险柜。这时，信用联社的同志收到一个短信，说当天晚上有7级大地震。他将短信内容告诉张玉良团长，张团长立即报告了高海华政委。

撤！高海华毫不犹豫地挥手。部队于拂晓时分撤回了帐篷区。

20日北川封城了。

21日上午，幸得刘宗宝出面联络，获得了入城特别通行证。当技总的官兵往里走时，城中已无他人。在孤军奋战之时，彭政委来了，于副司令员来了。在头顶一盆水、周遭将有疫情四起时，首长的到来，无疑对官兵是最大的褒奖和关爱。

彭政委视察了整个金库的挖掘现场后，问政委高海华，海华，今天能不能结束战斗？

首长放心，落日之前保准将金库打开。

好！等着你们的好消息。

40个人的突击队全上去了。除了那台破碎机外，液压工作台站、发电机，电焊切割机全都搬过去了。二团吕德武总工这时却带着一排官兵悄然地去修一条逃生的小道——唐家山堰塞湖离他们只有两公里远，地震形成的坝体在渗水，如果一旦溃堤，洪水下来，官兵们可以从信用联社的废墟沿这条道往山上撤离。

地下金库墙壁上破了一个洞后，仍然是工程指挥部的老兵谢招斌驾着破碎机撞击墙壁，露出钢筋来，焦国强和王仕义马上便进行切割。到了下午5点，洞打开了。

这时，高海华朝二团团长张玉良点了点头。张玉良朝老士官手一挥，下达了切割保险柜的命令。

二团老士官焦国强进去了，他是一个高级焊工，也是切割高手。只一会儿，第一个保险柜切割开了，其他战士找来装尸袋，将人民币放入其中，随后运了出来。

彭政委戴着口罩，在废墟里站了半个多小时，看着官兵将一袋袋人民群众的血汗钱运出来，才转身离去。

到了晚上8点钟，八个保险柜全部切割完毕，钱票全都装进七个裹尸袋中搬上了卡车，运回指挥部。

当技术总队的官兵踏着夜色走出北川县城时，张玉良将指挥车开到坡顶上，灯光照耀着官兵，他们成了最后一支撤离北川的抢险队伍。

当天晚上张玉良团长安排作训股长周斌和军务股长王富亮带上官兵，三人一班岗，守护着那一卡车人民币。官兵们就这样守着老百姓的血汗钱度过了一个不眠之夜。

第二天在现场举行了隆重的交接仪式。中国银监会主席刘明康亲自从北京飞到灾区，二炮政治委员彭小枫上将、二炮抗震救灾总指挥于际训中将、王治民副参谋长、张西南副主任和刘焕民副部长等出席了交接仪式。刘明康和彭小枫政委发表了热情洋溢的讲话，对技术总队二团官兵、工程指挥部官兵不怕牺牲，勇于挖掘金库，为灾区百姓找回血汗钱给予了高度评价。

21. 夫妻双双在北川

我这部写抗震救灾的书，已进入收官阶段了。

可是，对张西南副主任的采访，却一直未进行。初次去北川，和我再度返回灾区，每次见到西南副主任都向他预约采访时间。可是他总是说，我们是老朋友了，什么时间谈都可以。你重点要采访于副司令员、王副参谋长、刘副部长和莫副部长，再就是工程指挥部和工程技术总队的军政主官，还有那些一线普通官兵。

我均按西南副主任的要求办了，在灾区的日子里，先后采访百余名二炮将士，唯独没有采访到自己的分管首长。

7月23日，张西南副主任第一次从灾区飞回北京，参加全军文化艺术工作座谈会。其间，我一直要求，对他的采访能不能晚上进行。

他摇了摇头说，我们电话上什么时候谈谈就可以了。

写报告文学的人都知道，电话采访并非作家的擅长，那是记者的活。我写报告文学，从一开始就给自己订下一条规矩，对自己的写作对象，一定要鼓对鼓，锣对锣地面谈才行。

全军文化艺术工作座谈会结束后，西南副主任于次日上午召集二炮文艺工作者传达学习全军会议的精神，他从七个方面列举了二炮文艺工作与全军老大哥部队的差距，不失为一次求真务实的讲话。然而，他最惦记的一件事情，就是我正在创作中的这部报告文学。要我在二炮召开抗震救灾总结表彰大会那天摆在每一位代表的桌面上，并提出来，至少要写十七八万字。我掐指一算，前后不到80天，真的要命了。纵使要命，也得将活承揽下来。

许多同事都为我捏了一把汗，我也为自己捏了一把汗。没办法，唯有拼了。

以后，每次与西南副主任通电话，他都要追问一句书的进展，写得如何。

我支吾着闪烁其词，唯恐自己写得慢了，抑或写得太快，皆让首长不满意。

眼见部队归建的日子一天天逼近了，先是程宝山副政委去北戴河慰问在那里疗养的官兵。再接着就是一个月后，张余亭副司令员站在机场的舷梯下，迎接二炮抗震救灾部队凯旋。

而这时，我的书才写了10万字。

我只好给自己排了倒计时，将最后截稿时间定在9月22日。

9月17日，终于与西南副主任约好了采访时间，他说定在明天下午3点半在他的办公室。

次日下午，我如约而来。走进秘书办公室才发现前边还候着两拨人，是联络办申煊主任、宣传部张玉华副部长。

首长实在太忙，耐心等吧。申煊和张玉华安抚我。

二炮政治部副主任张西南少将在工程技术总队捐建的河兴新村建设现场亲切地向村民了解受灾情况

我打趣地说，你们进去时间短一点，长话短说。

张玉华副部长果然匆匆说了几句便走，将时间留给了我。

4点23分，终于轮到我了。一场漫谈式的采访，渐进角色。我喜欢这种氛围。

其实，故事还得从5月12日上午说起。那天我的《冰冷血热》首发式暨座谈会在人民大会堂吉林厅举行。当时，我请西南副主任主持，可是那天，恰好他要到中央党校省部级领导干部进修班报到，说抽不出时间来。最后的时刻，他协调请了二炮政治部张孝忠主任参加。

然而，就在我的作品首发式和座谈会过后三个小时，汶川大地震发生了。这时，我就预感到出征采访的日子，也就在三两天之内。

翌日上午，西南副主任参加中央党校开学典礼，中央党校校长习近平作开学动员讲话，首先传达了中央政治局常委对抗震救灾工作的决策与部署以及胡锦涛总书记的指示。也就在那一刻，他觉得自己应该上前线去，一则按照分工，他是政治部分管组织、宣传工作的副主任；再则，邓天生副主任当时在外出差，只有张孝忠主任在家；其三，他刚从总部机关调回二炮工作，也需要通过执行多样化军事任务锻炼自己。何况，在这场震惊世界的大灾难中，对于前去抗震救灾的二炮部队，政治工作、政治机关在此时此刻的紧要关口，岂能缺席和失语！

开学典礼刚结束，他立即给张孝忠主任打电话，汇报了自己请求上前线的想法。

好，我支持你这个想法！张主任此时正在对抗震救灾前线的思想政治工作进行部署、挑选精明强干的得力干部上前线。听到张西南副主任主动请缨，他说，我马上向司令、政委报告。

以后的两天，就是等待。张西南知道，中央党校纪律严格，学员离开一天得向副校长请假，离开一周则要中央组织部同意。而他要离校上前线，则须得到总政和中组部批准。

他不时给干部部部长王定放打电话，请他及时协调疏通。

而他的夫人、解放军报记者江宛柳则先走一步。5月13日那天，经总参作战部协调，搭乘运送地方医疗队的民航飞机赶赴灾区。

此后，因为通信中断，夫妻俩一度失去了联系。

5月14日下午，于际训副司令员和王治民副参谋长、刘焕民副部长率二炮前指飞赴成都。

第二天上午，干部部部长王定放打电话来，说总政干部部来电话了，说服从抗震救灾的需要，同意张西南副主任请假上前线。

于是，当天下午2点多钟，他便登上飞往成都的班机。

傍晚时分，飞机降落，富饶美丽的川西平原在视野里清晰起来。这是他曾经生活了13年之久的故乡，在这座给他留下太多太多记忆的城市里，有他90岁的老父亲和85岁的老母亲。地震之后的两天，他一直与家里两位老人联系不上，心里十分焦急。老父亲已经因病卧床不起很久了，老母亲2007年刚刚做过一个大手术，身体非常虚弱。后来才知道成都有震无灾，老人也是虚惊一场。

5点30分飞机刚落地，他就去参加了由中国联通和国务院侨办共同向抗震救灾军民捐赠移动电话的仪式。地点就在锦江饭店，离他的家不到十分钟路程，可是他却没有时间回家去看一眼老人。活动一结束，他就登车前往北川。

成都代表室总代表廖平说，张副主任，吃过晚饭再走吧？

张西南说，没时间了，我得赶到北川。就给我买盒饭带到车上吃吧。

真拿首长没有办法。廖平感叹地说，我接待过几批机关来的首长，几乎如出一辙。订好了饭，都不去吃。

于是，张西南的晚饭就是一盒盒饭，由廖平总代表买来，他登车后一边在车上吃，一边往北川赶路。

刚在车上打开盒饭，四川人民广播电台记者的电话便打进来了。他们是从捐赠仪式上获知张西南到来的信息，打听到了他的手机号码，要与他进行电话连线，采访二炮部队进入灾区后的情况。虽然他刚下飞机，但是对已到灾区的两支工程劲旅的情况早已了然于胸。到达北川的二炮某工程团刚刚将进入县城的生命通道打通，而在绵竹市的技术总队官兵，经过一天的战斗，已将城市点亮起来。这些喜讯，无疑对灾区人民是一个最大的鼓舞，同时也让他们见识了刚进入灾区的二炮这支高技术部队的风采。向来对媒体持慎重态度的西南副主任，此时欣然在车上接受了他到灾区后的第一次采访。

驶出锦官城，转上成绵高速公路，向汶川大地震的重灾区北川县疾驰而去。

震区将近，近乡心忧。在张西南的人生经历中，对于地震他一点也不陌生。

1970年1月5日，云南发生了7.8级大地震。那年年底，他当兵来到云南，他服役的那支部队的驻地，就是大地震的震中，他的老政委高治民两个年幼的儿子，就在那次大地震的一瞬间，被倒塌的房屋掩埋了。而高政委为了组织指挥部队自救和抢救驻地的人民群众，顾及不了自己的家庭和孩子。等闻讯赶来的官兵将两个孩子扒出来时，一对少年已经罹难。老政委强忍着中年丧子的悲痛，继续投入到抗震救灾的第一线指挥战斗。刚刚穿上军装，还不懂得什么是军人的真正内涵的张西南，听说了高治民政委的故事，对这位导弹部队的政治工作者充满了敬意。

时隔很多年后，高治民政委已经去世，可是他当时在地震中展现出来的我军政治工作者的形象，一直浮现在张西南的脑际。老政委身上传承的我军政治工作的优良传统和率先垂范的优秀品质，也一直成了他做事、做人、做官的标杆，影响了他的一生。

以后，他所在的那支部队，经常组织抗震自救训练。至今张西南还记忆犹新，包括在农场劳动时，连队就住在一座破旧的大礼堂里，他们也不忘在每一扇窗子下摆放一堆厚厚的稻草，只要一声哨响，12 秒内一个班的战士就能从窗子里一跃而出。

1976 年 5 月，张西南奉命进京工作。一个多月后，唐山大地震发生了，北京城剧烈震颤，楼房摇晃。那晚他住在二炮缸瓦市招待所，他是在地震后瞬间第一个从楼里跑出来的，这都得益于当年在部队所进行的地震逃生训练。

随后，二炮政治部工作组要去唐山，时任宣传部长的钟相国同志问他，小张，你能不能去？张西南没有片刻迟疑就接受了任务。

烟尘滚滚赴劫难。一则是责任的驱使，是老政委高治民那普通而高巍的形象默默激励；再则，他当时是政治部机关最年轻的干事，没有家室牵挂，舍我其谁？

两个多月的唐山灾区经历，让张西南近距离地目睹了大地震给人类造成的巨大灾难。地震破坏的强度，给人民群众生命和财产带来的损失，让人铭心刻骨。而可以触摸的伤痛，令他不寒而栗。那一年他刚好 24 岁。直至毛泽东主席逝世时，他才回到了北京。从云南到唐山两次大地震间接和直接的经历，让他对大自然的灾难有了更全面的认识和充分的心理准备。

北川在望。任家坪二炮指挥所帐篷里灯火点点。已是晚上 10 点多了，于际训副司令员正在主持会议，研究部署工作。张西南副主任悄悄地走进帐篷，没有声张，找了一把折叠椅子在角落里坐下，就算是进入抗震救灾的战斗序列了。

那天晚上，参加完指挥部的会议，已是午夜时分。张西南重新给自己泡上一杯浓茶，立刻召开政治工作会议，传达二炮首长和张孝忠主任的指示要求，按照“发挥优势，主动作为，多做贡献”的指导思想，把握生命线，服务到一线，把抗震救灾中的思想政治工作做实做细，特别要注意掌握特点规律，转变观念和作风，让政治工作更加富有生机活力。

那天晚上帐篷里的会议，开到将近深夜2点才结束。这个时间，一直成了张西南在灾区晚上的入睡时间。

夫妻双双在北川。张西南的爱人江宛柳两天前进入北川，由于手机信号时断时续，他们一直联络不上。其实他住二炮帐篷，夫人住在成都军区驻滇某集团军帐篷，两座帐篷相距不到200米，可是直到两天之后，他们才在帐篷中匆匆一见，然后又各自奔赴战场。

5月17日上午，正在北川县城组织部队救援行动的张西南，收到中央军委委员、总政治部主任李继耐上将发来的短信，令他在惊喜激动之余，更多的是感到首长的嘱托、期待和自己肩负的责任。从他2月12日离开总政治部机关，到二炮政治部机关第一天上班至今，满打满算也就是三个半月的时间，但老首长一直在牵挂着他，关注着他，时常会打电话给他，询问到新岗位后的情况，对工作中哪怕是微小的成绩也要给予鼓励。充满深情的话语，给了他极大的温暖，并转化为努力工作的精神动力。这次在抗震救灾前线收到的李主任的短信，他一直保留下来，用以激励鼓舞自己在第一线拼搏。现征得西南副主任同意，披露如下：

西南、宛柳：

你们好，你们辛苦了！前几天已知宛柳在第一时间赶赴灾区，今又得知西南到北川。面对突如其来的地震灾害，你们夫妻义无反顾，同赴抗震救灾前线，令人十分感动，向你们表示亲切的问候，也向你们表示敬意！可以想象，你们在前面肯定会遇到前所未有的困难，一方面希望你们尽自己所能，为抢救灾区人民生命、财产做出应有贡献；另一方面，也希望你们多保重，确保自身平安。

李继耐　5月17日

当西南副主任四个月后在他的办公室与我谈起这桩往事，仍然掩饰不住内心深处的情感和激动，思绪又回到了那抗震救灾的一线。

北川宣传部韩部长找来了。他说，张副主任，我们请求二炮部队的官兵进行文化救援，帮助我们挖掘羌族的历史、文化民俗档案，保护北川的非物质文化遗产。

张副主任说，好啊，二炮首长已经提出，要我们实施文化救援，特别是抢救和保护羌族的文化遗产，如今你找上门来，正好我跟你去勘察现场。

驱车进了北川城，张西南跟着韩部长几乎是手脚并用翻越废墟。到了北川博物馆旧址，在横七竖八的瓦砾中跳跃时，张西南的脚突然崴了一下，深陷断垣残墙之间。部下跑过来将他拉出来，发现他的小腿被划了一个口子，泥石流和废墟的碎片沾染其上。医生担心疫情感染，连忙将他的裤子剪了，用矿泉水冲洗伤口，并找来一条裤子帮他换上。回到帐篷里，他才发现自己的脚瘸了，后来足足有半个多月才痊愈。

但是在这些日子里，让张西南牵挂的还是在禹里走村入户的总医院医疗小分队。6 月 25 日那天，他与总院领导杨传松、李志韧绕道江油、平武，想从茂县进入禹里，结果走到距离平武县城 30 多公里的地方，遇上了山体滑坡，只好扫兴而归。

那些天，远在禹里的医务人员他惦记，而上唐家山的夫人的安全更让他心忧。

唐家山堰塞湖导流槽的战斗即将打响前夕，江宛柳在山下等了两天，终于搭上飞往唐家山的直升机，盘旋掠过峡谷，在大坝上强行着陆。可是当她上去之后，天气骤变，乌云翻滚，冷气流萦绕于山间。两天之内，没有一架直升机飞过来。电话一直联系不上，张西南不知爱人是否身处险境。当整个世界都盯着唐家山时，他也只有在帐篷中默默祝愿爱人平安。两天后，江宛柳安全回来了，她以军人的无畏和新闻职业的优秀素质，成为第一个登上唐家山坝顶的军事记者，出色完成了新闻报道任务，而且还以丰沛的激情和亲身经历，写出了报告文学《英雄唐家山》，发表在《文艺报》上，献给祖国和人民。我国著名文学评论家阅后即致信称赞《英雄唐家山》“是一篇朴实大气的好文章，记述了为人鲜知的两昼夜，以节制精炼的笔墨，平实内敛的深情，把强飞之险寓于人情谈笑，将抗震之志化作饥渴困境，重现了老山界之奇观，浓墨了英难之可敬”。

妻子离开地震灾区的时候，他们没有见上面。江宛柳到了双流机场，给他打电话说，两位老人我都看过了，他们身体还算稳定，你在灾区的时间还长，一定自己多保重吧。

夫妻双双在北川。北川成了他们生命之中一段永不磨灭的记忆。

第5章
一支部队与一座城

22. 汉旺之钟，凝固在2点28分

跟随总政采访小分队进入灾区后，我第一次感到害怕，是在绵竹市的汉旺镇上。尽管此时，我已经走遍震区，见证了许多生与死。

那天是5月22日下午，太阳西斜了，我仍在汉旺镇上采访汉旺中心小学的老师。因为一个小学老师说，一根升起五星红旗的旗杆，救了130名学生的性命，我决定前去探访一番，感受现场。

暮霭沉沉，我们驱车去汉旺镇。此时东汽中学那片万余人的家属区已是震后楼空。主人一去不复返的惨景，让我陡生一种空寂感，一种前有死者后无生者的怆然。

我们下车之地，便是汉旺镇东汽厂广场，广场钟楼上摆放着一口大钟。我仰首远眺，突然发现那一扇大钟就在地震那一瞬间，指针在2点28分停住了。

永远停在2008年5月12日下午2点28分这一刻。

这座钟与废墟上的书包一样，成为当时中国汶川大地震的一道风景，一个无法抹去的地标。

我站在那道风景前给自己留下一张特写照片，以期记住这个时刻。

那天傍晚，汉旺中心小学的刘锋丽老师带着我和油画家窦鸿，去拍救了130名师生的五星红旗的旗杆。我们的车在一片正在拆除的危楼前戛然停下，然后从瓦砾中间走过，穿过一条条房子已经成了危楼的小巷。最后一抹晚霞消失时，我们走入了汉旺中心小学。

站在一条小河边上极目遥望，只见一根旗杆顶部仍然被一件校服和队旗拴在栏杆上。

刘锋丽说，那天上午，她幸好因为女儿闹肚子回家带女儿看病。下午2点多钟，正往学校走的时候地震发生了，她立即调头跑回家，匆匆上楼，见女儿和母亲安然无恙，才放心地往自己的小学跑去。走进校门，看到两边的楼梯全塌了，130名师生被困于五楼之上，于是所有师生都顺着这根旗杆滑下来了。

我站在教学楼前，见这座教学楼只剩一副骨骸，窗子和天花板全都落下来了。

刘锋丽绘声绘色地讲起那天其他孩子们的死，说，三天之后，阴雨霏霏之中，一个个孩子被挖出来，就被放在外边的乒乓球台上，放了四五天都没有家长来认领。也许他们的家长已经罹难了。最后只好由武警的收尸队洗消过后，放进了裹尸袋。

当我们转出学校门口时，刘锋丽指了指仍然横亘于操场上的乒乓球桌说，30多名孩子就是摆放在那上边。在冷雨中、在阳光的暴晒中等了三四天。

离小学不远处，是一幢幢的家属楼，窗子上鲜花仍然怒放，阳台上仍然有一群和平鸽，盘旋着，掠过天空。可是主人却不知到哪里去了，或去了天国，或奔命于逃亡路上。然而却有一群白色、灰色的鸽子，坚守着它们熟悉的天空。

晚霞消失的时候，汉旺镇渐次暗下来了，夜幕四合之时，街灯温暖着这片土地和黎民百姓。点亮这片万家灯火的是第二炮兵工程技术总队的官兵。

23. 震后绵竹市沦为一座“死城”

那是在震后的第三个暮色时分。

刘宗宝大校率领第二炮兵工程技术总队指挥车队挺进绵竹市。穿越城区，展现在车窗外的景象，让这位副总队长不免愕然。以生产唐代宫廷酒剑南春和东方汽轮机著称的绵竹城，因地处龙门山地震带上，震波掠过，蓦然之间，断水、断电、断通信，一座现代化的都市沦为“死城”。冷雨潇潇，大街小巷一片昏暗，苍茫随着阴霾而来，漫漶在城市里，却不见星星点点的灯火。

劫后余生，从13个乡镇相继逃难入城的灾民，此时最希望在长夜之中看到光明。有了光明，心里便升起了新的希望。可是夜幕下的城市一片漆黑。

“二炮技术总队来了,这座死城就会重新活过来。”刘宗宝的手轻拍着副驾驶座上的扶手,不知是说给自己听,还是说给沦落在茫茫长夜中的灾民听的。

指挥车队在绵竹市政府庭院式的办公楼前停下。

跨出车门，刘宗宝对重庆军代表局局长蔡新明说，请带我去见绵竹市长。

绵竹县武装部部长前来接洽。

刘宗宝摇了摇头,说,我要见你们的父母官。

武装部长说,市长很忙,入绵竹部队都由我们接洽。

刘宗宝执拗地说,我们工程技术总队,是全军唯一的一支安装部队,我有话要对市长说。

好！请随我来！

刘宗宝、蔡新明,还有紧随其后的通信专家叶来言大校,步履铿锵地走进了绵竹市长办公室。

见几位大校闯了进来,绵竹市长李友成有些不悦。他忙得分身无术,恨不得一个顶八个用,这群军人不请自到,这不是添乱吗?他的口气有点不客气,说,哪支部队的?

二炮工程技术总队。

来了多少人?

第一个波次300多人,第二个波次500人,已兵临汉中,第三个波次已在营区集聚完毕。

太少啦!

少?刘宗宝脸一沉,说,兵贵精,不在多。我们是技术含量很高的部队,以一当十。

此话怎讲?

你知道今年年初冰凝三湘,郴州黑城的事情吗?

知道。

刘宗宝的神情突然飞扬起来,说,今年2月6日,中央军委派一架专机将我们这支部队空运到郴州,几百名官兵苦战一昼夜,打通了城前岭,在天黑之前,终于让郴州城亮了起来,兑现了总理对郴州百姓的承诺——除夕之夜看上春晚。我们这支部队,是全军唯一一支工程技术安装总队,最擅长的就是打歼灭战,迅速恢复供水、供电、供气、通信和通电视广播。后来,郴州市委、市政府和家属院的供电线路就是我们改造的,全部埋入了地下。

真的啊？市长李友成眼睛遽然一亮，从椅子上一跃而起。

刘宗宝点了点头说，那还有假？

快请坐，请坐。绵竹城的救星来了！李友成市长说，我正在为恢复供水、供电、供气犯愁啊。地震第三天了，绵竹还是一座黑城。

部队一到，保证绵竹城马上亮起来。

好！李友成市长对身边的工作人员说，快，把供电局长、广电局长和自来水公司、移动公司经理，统统都给我找过来。

一会儿，四位局长、经理先后进门向市长报到。

这是二炮工程技术总队的刘宗宝副总队长。李友成市长站起来，指了指刘宗宝，说，他们是来帮助我们恢复通水、通电、通气、通信、通广播的。你们迅速拿出抢救方案，配合部队，明天天黑之前，先让汉旺镇和体育场灾民安置中心亮起来，还得接通抢救中心手术室的电源，那里有多少台手术在等着电啊。然后军民一鼓作气，让绵竹城重新恢复活力！

四位局长和公司经理点了点头。

布置完毕，李友成市长问刘宗宝等吃过晚饭没有。刘宗宝摇了摇头。

李友成市长转身抱来五桶方便面，说，抱歉，对不起亲人解放军啊！整座绵竹城就我这里有点电，是台小电机发的，可以用热得快烧点开水，你们就泡桶方便面吧。唉！绵竹本是剑南春的故乡，若在平时，我当备上美酒，摆上一桌川菜，给部队的同志接风洗尘。可是现在啊，就只能招待你们一碗方便面了，走出指挥部，你们连方便面也吃不上哇。

刘宗宝点了点头，说，非常时期，非常理解。请放心，明天部队一到，我们会让大半个城郭亮起来、活过来。

谢谢二炮官兵，我们等着你们打赢绵竹城里这一仗！

泡方便面时，刘宗宝在绵竹市政府指挥部里找洗手间方便一下，走进一看，便坑里堆满屎尿，因为没有水冲，便坑里溢了出来，臭气熏天。他不愿俯首多看一眼，憋了一口气，捂着鼻子，一泄过后，他突然想到少年时代读过的一首毛主席的诗，“千村薜荔人遗矢，万户萧疏鬼唱歌”。一座市府大楼尚且如此，城郭闾巷里更不堪其苦了。

等着吧，明天凌晨，技总部队一到，这一座死城就会重新活过来。刘宗宝对着窗外的黑城，向绵竹市发出了一个二炮大校军官的誓言。

一支部队与一座城，这是第二炮兵工程技术总队继年初发兵郴州之后的又一次出征，执行的是多样化抗震抢险任务。

转身走出洗手间，刘宗宝没来得及吃李市长招待的那桶方便面，便匆匆告辞出来。他得马上赶到双流机场去接机。此时，总队长廖炳生和政委高海华所率大部队已经在某机场聚集，凌晨时分飞抵成都双流机场。

24. 一座死城活过来了

廖炳生回到宿营地后，召来几位团长，吩咐他们兵分四路，一路去汉旺镇，一路到体育馆四川灾民安置中心，一路抢修高压电路，一路修复城市供水管网。

总队电气高级工程师喻明安和一团团长王洪带着一支抢修队伍，直奔绵竹市的重灾区汉旺镇而去。此时，奉命而来的空降兵某师和乌蒙铁军还在废墟中救人，清理出来的尸体摆在东方汽轮厂宿舍、东汽中学、汉旺中心小学乒乓球桌上，等家长认领，更多的则横躺在街道两旁，未及清理和掩埋。

抵达镇上，喻明安和王洪团长对实地进行了勘察。汉旺镇电力所受到了重创，危楼残存，一个人也找不到。没有地方电力职工的引领，唯有靠部队自己了。他与王洪商量了一下，分成六个作业队，在汉旺镇上进行作业。

喻明安说，那天他和一团的官兵刚踏上汉旺镇，就见尸体遍野。放眼望去，一些未被认领的尸体，或被毛巾被覆盖着，或被棉被一裹，双脚露出来在大街上晃晃荡荡。最令他震撼的还是中国人那种活要见人、死要见尸，领毙命于废墟中的亲人回家的壮举。有一个农民，在汉旺镇一个倒塌的茶馆里找到了已经死了的妻子，硬是将她抱出来，捆在自己的背上，用一件红色的外衣蒙着头，骑在摩托车上，背尸回家。那一刻，他的泪水刷地涌出来了。为了这块土地，为了这里活下来的苍生，无论如何，他和官兵们要在第一时间让汉旺镇的街灯点亮起来，让埋在废墟下的幸存者，在长夜里能看到一丝希望的明亮，让经历一场生命浩劫的生还者，有一种从地狱返回人间的温暖。

清理导线走过一个帐篷时，旁边就摆了三具尸体，横在进入广场的路上。市电力公司陪同来的马工悄悄地问喻总，还进不进去？

当然进去啊！喻明安说，汉旺镇受了重创，已是一座死城了。我们今天天黑之前，一定要将其抢通，让光明照亮黑夜，让死城重新活过来。

喻明安和官兵走进汉旺广场，发现只有一个小发电机，带不动广场和街道上的路灯。他问地方电力局派来的马工，能不能找一下汉旺电力所的职工？

马工摇了摇头，说，都埋在废墟下，已经没有人啦。

喻明安一阵沉默，好长时间不说话。忽地，他仰起头来，问马工，汉旺的情况你熟悉，有何高见？

马工说，我知道前边有一个农网台区，可以将高压线接过来。

喻明安问，离广场有多远？

马工说，一公里吧。

是个好主意。喻明安点了点头，只是不知道广场和街灯的电线布局。只有一个笨办法，一根一根地查街灯的接口。

他和团长王洪一商量，将营长熊剑和几位骨干唐和平、周树威、林旭红叫了过来说，分成六个组，每个领导高工带一个组，剪断不相干的线路，找到路灯盒，查清电源接口，再拉线将那边的高压电路引过来。

明白！几位骨干点了点头。

熊营长，高压台区那边的活归你。

熊剑点了点头。

于是，一团的官兵纷纷爬上电线杆，打开控制箱，找到路灯电源接口。这时镇上只有一个副镇长在指挥抢险，已经没有什么人可以帮他们了。

官兵从满街的尸体间走过，一盏路灯、一根电杆地攀登上去寻找接口，废墟里散发着强烈的尸体异味，蒙上两层口罩仍有一种奇臭在鼻翼之处飘荡，而横七竖八挂在倒塌房梁间的尸体，比比皆是。官兵们顾不得这么多了，哪里的景象最恐怖，团长王洪和高工喻明安就站在哪里指挥。

终于60多盏路灯的接线口都打开了，万事俱备，就差将电源接过来了。这时马工走过来，对喻明安高工说，我带来一个惊喜。经过一番侦察，离这里300多米远的地方是一个铁道隧道，接入农网变压器的线路可以从隧道顶部接过来，进入汉旺镇。

好啊。喻明安高兴极了，说，天佑汉旺。

于是，他们从市电力局申请调来一根300米长的电缆，迅速组织安装，沿着铁路方向接线，穿过铁道隧道穹顶，将电线从山坳上穿越，从隧道的顶部横架而过，接到了广场的照明线路路灯接口上。

暮色苍茫，下了一天的冷雨渐渐停了。

7点50分，一团团长王洪手往下一挥，一个士兵将电闸合上，

汉旺广场和街道上的灯光骤然亮了起来。

来电啦！二炮技术总队的官兵给我们汉旺送来电了！黑暗的广场上突然降临光明，在长夜中生活了三天三夜的灾民们欢呼雀跃，相拥而泣。

有了光明，劫后余生的乡亲和孩子们再不用在长夜中战栗了。

汉旺镇旗开得胜，地处城市中心的体育馆灾民安置中心和市政府周遭的大街小巷的抢修激战犹酣。

三团在市中心遭遇了一场硬仗和苦仗。

那天早晨，团长常建伟带着抢险突击队，攻坚的第一个战场选在了广播电视台附近，一根15米高的电线杆在地震那一刻从根部震断，电线杆砸进一户居民的防盗窗里，将输入市政府、体育馆灾民安置中心、景观大道和整个城区的街道照明全部中断了，成了恢复城区照明的一个要害部位。

常建伟仰望街道两厢，不免瞠目结舌。道路很窄，危楼比比皆是，只要余震一来，随时有倒塌的危险。

危难之时，总队长廖炳生赶来。他徜徉于小街，在危楼之中观察地形，然后将常建伟和团参谋长李吉召至跟前，交代道，我知道这里危险最大，余震一来，危房随时都会塌下来。但这个阵地天黑之前必须拿下来。你们不能蛮干，将突击队分成观察、警戒、施工和指挥几个组，东西南北四个方向，各把一个口，注意观察危险，一旦有余震、有险象，立即叫大家撤，逃生的通道要选择好，往地点宽敞的地方跑。总之要组织好。

布置完了，廖炳生伫立在危楼底下督战，一副大将风度。

常建伟明白，廖总队长站在那里，对战士们来说就是一根定海神针。可是作为一团之长，绝不能将自己的首长置于最危险的地方。他劝道，总队长，这座城里还有很多工作等着你去运筹指挥。放心，天黑之前，我一定让这座城亮起来，打赢这一仗。

一定要打得漂亮。廖炳生临走时最后交代一句，注意余震。楼上掉东西时不要慌张，一定要有序撤离。

常建伟点了点头。

廖炳生刚走不久，余震果然如他所预见的那样发生了。中午12点45分，大地又摇晃起来，危楼上的水泥块噼噼啪啪往下掉。

撤！常建伟大喊一声，四个突击组的官兵迅速撤离到安全地带。

常建伟却丝毫不动地站在原地，等吊车手四级士官赵永祥从车上跃下来后，他才最后一个撤离。

抢险工作暂停了一个半小时。

眼看太阳西斜了，常建伟将参谋长李吉叫过来说，天黑之前，绵竹城大半个城区亮起来，是我们向廖总队长立下的军令状。虽然有余震，在危楼中施工危险，但是从地震的规律上看，白天多发生在12点至下午2点之间，夜间也是如此，而且余震在逐步衰减。我已经下决心恢复施工，尽快将电线杆立起来。

你说吧，团长，该怎么干？

这次是抢险，先让城区亮起来，不是重建。我看这样，先将电线杆拉直了，根部重新焊接住就可以，不必再挖坑换新的。

好！李吉一挥手，跟我上！他第一个站到了最危险的地方进行指挥。

黄昏悄然而至，广播电视台门前的那根电线杆矗立起来了。沿线 64 根杆断了的线头拉起来了。

夜幕初合。黑了三天的绵竹城突然一点、一簇、一片地亮了起来。

市长李友成看到整个办公楼的灯亮了，市府前街道亮了，景观大道亮了，体育馆临时救治中心可以开展手术了，立即给廖炳生总队长打电话，说，技术总队官兵干得漂亮，一天之内便让一座城市活过来了。

其实，这一仗句号画得最漂亮的还是在跳蚤市场。

那是市里领导最挠头的地方。地震过后，一个平时卖杂货的大雨棚内，一下子拥入了两千多灾民。人挤人，背靠背，又互不认识，危机四伏，给防疫、防火、治安带来了重重困难。

那天上午，廖炳生总队长与市委领导工作对接后，便将麾下的得力干将袁德华参谋长叫到跟前，说，这件棘手的事情交给你办，这地方让地方许多领导望而却步，无从下手。我给你一句话，要为群众着想，办妥当了。

袁德华点了点头，与市纪委毛书记、政协一位副主席一起来到了现场。东北镇的书记、镇长也赶来了。袁参谋长站到旁边一看，现场一片狼藉，空气混浊，异味熏天，惨不忍睹。

巡视了一圈出来，毛书记问袁德华有什么高招。

毛书记，高招就是给我腾一块空地出来。

做啥子嘛？

将灾民迁一半出去。

我想想。

啊，有了。袁德华指着马路对面木材公司的空地上搭的几顶帐篷，说，你们做工作，将那几家人迁走。我马上调部队过来，先搭 50 顶帐篷，将跳蚤市场的乡亲迁出一半来。

好！说干就干！毛书记和东北镇上的领导去木材公司的帐篷动员搬迁，袁德华立刻调来一个营的兵力，一半准备在马路对面的木材公司搭 50 顶帐篷，一半在跳蚤市场里重新划区做隔断。

可是，地平好了，没有帐篷。袁德华找到绵竹市许副市长要 50 顶。

许副市长是从北京来这里代职的，他说，我至多能给你30顶。

袁德华问，为什么？

许副市长说，还有70顶棚杆不全、配件不齐。

全给我吧，棚杆、配件不齐，我们自己加工。

好吧，放着也是放着，你们全拿走。许市长说。

袁德华一下子搬运来了100顶帐篷，摆开一看，什么配件也不缺，而是不同型号的帐篷摆放在一起，不熟悉配件的自然看不出来。

再调兵力过来，当天，100多顶帐篷搭好了，电灯接进去，自来水管也接好了。袁德华振臂一呼，叫官兵们将跳蚤市场里一半乡亲们迁过来，住帐篷。

另一半官兵经过一天的奋战，在跳蚤市场用彩条布拉出长方形的隔断，一家人一格，并在上边安了电灯。甬道纵横，互不影响。到了晚上，灯亮了，危机解除了。市里的领导长舒了一口气，感慨道，到底是一支高技术之旅啊，敢于亮剑，出手不凡。

袁德华笑了笑，说，过奖。然后向官兵们手一挥，喊道，登车！

技总官兵登车往宿营地缓缓而去。看着绵竹市大街上的灯火，他们第一次觉得城市的灯火如此灿烂迷人。

第二天吃过早餐，他们便向绵竹市的九个乡镇辐射，力争在一天之内让镇上街道亮起来。

无巧不成书。一团和三团的官兵发现，装运到这九个镇上的大功率发电机，就是年初冰雪肆虐时，他们在郴州城安装过的，型号和机身号都可背出来。他们将发电机纷纷运到东北、遵道、广济、清平、九龙、拱星、兴隆、剑南等镇上，接入镇上的街灯。暮色苍茫，发电机一响，一片片废墟上光明重现。

25. 横刀立马关门山

我的行军床与袁德华参谋长的床并排而放，相距不到一米。

每天晚上，当我蜗居在那张狭小还有点凹陷的行军床上入睡时，偌大一顶帐篷，时常只有政治部主任汪选平在屋里，后勤部部长吴华平和参谋长袁德华总是很晚才回来。因此，要逮住袁德华采访一次，极其不易。经常是我睡熟了，一觉醒来时，还不见他的踪影。再醒来，不是被帐篷外如鼓如雷的蛙声吵醒，便是被袁德华和吴华平的鼾声吵醒。好在在灾区采访太累，很少有数着帐篷顶上的星星一夜不眠的时候。

第二天早晨起床,袁德华总会问我,昨天晚上余震几次?

我说,不多,加上你和老吴的鼾声,大小四次。

哈哈……他笑了,说,那么严重吗?作家总是不乏夸张之词。

我说,你可是不呼则已,一呼惊人。不震则已,一震也惊天动地。

哈哈……一阵爽朗的笑声萦绕在帐篷里。

认识袁德华是在2008年年初。当时,南方冰雪凝冻千山,郴州城黑。大年初四,我奉中国作家协会之命前去采访,恰好在郴州与张余亭副司令员和时任政治部副主任的邓天生将军不期而遇。邓副主任交代我要从全国的视角写一部抗冰灾的书。于是,我在郴州展开了大规模的采访,并走遍了当时受冰雪肆虐的南方四省。而受中央军委之命乘坐军用专机飞赴郴州的技术总队的官兵,自然成了我的重点采访对象。那天上午,等我采访完杨勇等几个普通士兵后,中午吃过午餐后再没有休息,直接采访了技术总队参谋长袁德华。

当时, 陪我采访的中国电力出版社社长助理刘克兴说一定要听一听,领教一下二炮师级高级军官的口才。袁德华侃侃而谈,讲了他带领三团官兵在城前岭上一战定鼎郴州城,使除夕之夜的郴州城终于亮起来的经过。

那天,袁德华只短短地谈了一个中午,但是言简意赅。他知道作家需要什么样的故事和情节,讲得脉络清晰、生动精彩,一如他本人一样的精明强干。

采访结束时,刘克兴喟然长叹,说,我军的高级军官,不仅能干,更会讲。而我们电力战线的领导就逊色多了,只会做,不会说。这方面确实该向解放军学习了。

呵呵! 我笑了,说,所以毛泽东曾经说过,没有文化的军队是愚蠢的军队, 而工程技术总队是我们二炮的一支最有文化的部队, 所以领导素质好啊。

毛主席还说过,全国人民学习解放军。我们电力职工确实要好好地向解放军学习,特别是学习如何接受记者、作家采访,要从容不迫,侃侃而谈。刘克兴打趣地说道。

我说,刘克兴你什么意思?

刘克兴说,没什么意思。第一次接触二炮的官兵,我被他们的魅力和口才征服了。

我也期待这次地震灾区的采访, 袁德华参谋长同样给我们以精彩的表现。

工程技术总队参谋长袁德华给关门山救出来的百姓送东西

但是，要逮着他采访并非易事，他太忙。作为廖炳生总队长麾下的一名得力干将，袁德华对每天各个团在灾区该干什么，每天、每周的工作流程，都了如指掌。对一些重点部位、重要抢险，他都要去亲自督战，还有对二炮抗震救灾指挥部上传下达的事情，也需要他和部属们来做，自然没有闲工夫给我摆龙门阵。

然而，我却盯住了他，每天不忘提醒一次，参座，什么时间有空，咱们坐下来谈谈？

他实在忙，不是在敷衍我，他指了指后勤部部长吴华平和政治部主任汪选平，说先找他们谈吧。

我说，老汪和老吴自然要谈，但你是参座，是落实廖炳生总队长全局意图的。你一谈，总队在灾区抢险的事情就提纲挈领了。

采访一直延后。直至我离开灾区前，袁德华才在帐篷里坐了下来，我们谈了一个多小时。他知道我要的是在灾区最刻骨铭心的一件事，便讲了在关门山中救六位孤寡病残老人的故事。

那天傍晚已是暮色苍茫，袁德华带着一批人在九龙镇上抢修街灯。线路接到休闲山庄时，突然有一个十六七岁的小女孩跑来，说她的老家在关门山清泉村，地震将一个村子摧毁了，活下来的人跟着逃难的队伍，能跑的都逃到了绵竹市。唯有六位老弱病残，怕连累家人不愿出来，困在断壁残垣的村中，请解放军上关门山营救。还说，因为山上没有粮食，时间长了，必有性命之忧。不过今天他们派人上山看了，人还活着。

袁德华点了点头，说，请放心，只要山里还有一名群众，我们都绝不会放弃。

当天晚上回到指挥部，袁德华立即向二炮后勤部副部长刘焕民和总队长廖炳生作了汇报。

救！两位领导几乎是异口同声，说，只要还有一位老乡在山里，我们都要救出来。不管前方是刀山火海，我们都得上。

不过，话虽这么说，刘焕民和廖炳生却非常重视安全问题。因为进入关门山的道路全被倒塌的山体掩埋了，进山无路，唯有从石头上爬过去。余震不断，山巅仍有滚石落下。刘焕民和廖炳生立即召集大家制定了抢险救人方案。要求每个抢救队员都要戴着安全帽行进。他们把大家分成两个突击队，一个突击队救人，另一个突击队运食品和药品。确定由一团团长王洪带队，挑选56名身体素质好、反应灵活、有登山经验的官兵参与突击队，并连夜准备了七副担架，备全了药品和食品。

第二天早晨出发前，廖炳生总队长又将参谋长袁德华叫过来交代道，关门山里救人与年初城前岭的一仗性质是一样的，只许成功，不许有伤亡。所有入山的部队，授权你全权指挥，统一调遣。

刘焕民副部长说，让焦明山副部长也一起去。

好！这可是一个精明强干的指挥班子了。廖炳生感叹道。

坚决完成任务！袁德华、焦明山向两位绵竹地区的指挥长行了一个庄严的军礼。

那天早晨，天空灰蒙蒙的。汽车将他们送到离九龙镇不远的地方便无路可走了，只能徒步而行。望着关门山沉浸在晨雾里，袁德华知道，他们得爬几座大山、走几十公里的山路。才赶到大峡谷入口，就已经无路可循了。询问从山里逃出来的老乡，他们摆摆手说，解放军同志，千万别进关门山。地震了，一旦关起门来，纵是天王老子被关死在里边也出不来。

袁德华摇了摇头说，救人要紧。我们当兵的这时候就没有选择，也不能选择，明知山有虎，也要向虎山行啦。

我带解放军叔叔向虎山行！昨天晚上报告情况的小女孩来了，说，首长，清泉村我还熟，我给你们当向导。

袁德华很感动，连声说谢谢。可是光有你不成，还得找一个刚从山里出来的人。

那个女孩指了指旁边站着的一个男人说，早预备好了。他昨天刚进山看过六位老人。

好！关键时刻，人民是靠山啊。袁德华感慨道，然后挥了挥手下令，出发！

出征之道，竟是危途。原来的山间公路全被滚落而下的石头掩埋了，无路可行，只能从刚滚落不久的乱石上跃过，走一步看一步。山巅仍有余震和落石滚下。袁德华当即命令一团团长王洪先撒出尖兵班探路。很快先遣分队反馈回消息说，前边已经断路，只能从山上翻越而过。

翻山越岭，新劈开的山道特别陡峭。走不到一半的路程，袁德华命令：56 人的队伍减半，留下 28 人在一处空旷处待命，随时增援大部队。

另 28 名勇士继续朝前走，走过一段六七百米的泥石流地段时，那危险处不啻是一条死亡地带。因地震轰然而下的山体，从山头一直埋到了山谷，流石如瀑布一样滚滚而下，横亘于山体之上。人过其中，犹如一只只蚂蚁，只要遇上余震，滚落的石头就像坚硬的钢牙一样会将人啃啮掉。

袁德华站在泥石流的边缘上，突然萌生片刻的犹豫，扭头对走在身边的焦明山副部长说，看起来救他们出来的可能性不大。

焦明山看出了袁参谋长的犹豫，颇有同感。他知道带进来的 56 名官兵都是战友兄弟。救百姓于危难，却不能让自己的部下有任何闪失，这对指挥员的信心、勇气、智慧和情感都是一次考验和挑战。年初冰灾时，两个人都在一个战场上经受了考验，如今又共同承担着一份领导责任。但此时，他不能动摇部队指挥员的信心，只是说了一句，参谋长，你可是一个追求完美的人，做什么事情，都不能给自己留下遗憾。

是啊！袁德华感叹道，不去是遗憾，去了，官兵们就得冒一场生命危险。想想这些出不来的老百姓，其实就等同于我们的父母，救父母于危难，看来是不惜代价了啊。走，一定要看到老人，能救一个是一个。

焦明山会意地点了点头，笑了。

越过这段泥石流，前边的山路更加陡峭，有一个 80 多度的斜坡横在前方，手脚并用也上不去了。

袁德华将王洪团长叫到跟前，说，赶快派人挖几个手脚坑，派几个战士先攀登上去，从上边放绳子下来，攀绳索而上吧。

几个战士迅速用工兵锹和镐劈出几个坑来，然后迅速蹿到了山顶上，将一根绳子抛了下来，28 个官兵就抓着绳子往上爬。袁德华年轻，体力好，爬上去的时候全身都湿透了。而焦明山副部长则几近虚脱，他说，这不是人走的路啊！我们走都困难，返回时还得背老人，怎么走啊？

我们再选一条路，想办法降低坡度。袁德华说。

终于走到了山上，袁德华看了看表，12 公里路，居然走了三个多小时。

他们在第一个村庄的废墟上找到三位老人，再往里边走，又花了将近五个小时的时间，将六位遗留在山里的老人都找齐了。他们最大的 78 岁，最小的也 69 岁了。

78 岁的老太太家房子全被乱石摧毁了，她住在一个临时搭起来的帐篷里。官兵要背她下山。

我不能连累你们。老人摇了摇头说，要死我就死在这里吧。这是我的家。

老人家走吧，解放军来了，一个都不能少。

老人起初还是不肯，说，儿子、女儿都不管我了，我不走。

我们也是你的儿子啊。袁德华在一边做工作。

老人最终被说动了，她说，你们比我儿子、女儿还亲。

准备下山了。

王团长，你过来。袁德华对王洪招了招手吩咐道，将 28 名官兵分成四个人一组，一组负责一个老人。担架抬也好，扶也罢，你们视情况而定。

太阳西斜，他们开始下山。第一道关隘就是那片 80 多度的陡坡。原来想另选出路，但是找来找去，仍然无法通行，只有这唯一一条路了。

个子高、力气大的士兵站出来，把老人背上，下！王洪命令自己的部下。

三期士官刘庆辉第一个挺身而出。他是东北人，个子魁梧，率先将 78 岁的老太太绑在自己背上，再用安全带扎好，一步步地往下滑，成功地背了下去。其他战士纷纷效仿，将六个老人一一背了下来。以后，凡遇陡坡和泥石流地段，他们便不是搀扶老人，而是背在身上，艰难地跃过危险地带。

回到那段最长、最高的泥石流地带了。风一吹，山上的石头仍在不断滚落。袁德华将六个小组分头布局于各个地段上，一次只送一位老人过去，再轮流送后边的人，遇到实在过不去的地方，就先排险，再往前走。

在无路可循之处，就从树林中穿越。

又是雾霭沉沉。袁德华看了看表，他们下山走了将近七个小时。西天渐渐泛起了暮色。

到了开晚饭的时间。在山下等待的廖炳生总队长一直看表，迟迟没有袁德华的消息，他拨了几次手机，仍没有信号。他问作训参谋，对讲机联系上了吗？

廖总，山那边屏蔽太大，联络不上。

走，我们去迎一迎袁参谋长吧。廖炳生有点坐不住了，整整13个小时了，56名官兵进了关门山，一点消息也没有。他叫上司机和一位参谋，说，去关门山！

吉普车走到公路的断绝处，廖炳生下车站在关门山的出口，望穿苍茫。

终于，前方有人影憧憧。

过去看看，是不是袁参谋长他们回来了？

作训参谋一路小跑过去，融入夜色之中。一会儿便传来了喊声，报告总队长，是袁参谋长！营救成功！

袁德华，干得好！廖炳生长舒了一口气，朝着关门山大喊一声。

26. 中国军人的智慧

我与张玉良团长第一次见面是在北京。那时他还是总队的军务科长，跟廖炳生总队长去出差。吃饭时，廖总队长指着他说，这是我们二团新任团长。回去马上去报到。

他嗖地站起来行军礼，身材魁梧，长得一表人才，操着一口浓郁的山东腔，给人一种办事利落、干练之感。举手之间，使人产生一种莫名的亲近感。

我到灾区后，见到政治部主任汪选平，他说，二团团长张玉良，你一定要谈谈。

我当时就笑了，说，汪主任，你是二团的老政委，情感倾斜，对二团有徇私之嫌。

他说，张团长的事迹确实很感人。地震那一刻，他爱人刚好在做手术，他站在手术室门口等。大地晃动过后，他没有等爱人最后的手术结果，而是直奔军营。

我一听此话，有点愕然。从作家良知和情感的判断，我更愿他看到妻子的结果再走。

可是，他是一团之长，容不得他掂量。团队千号人马在营区里，不知发生了什么事情。那一刻，张玉良最后回望了一眼手术室，毫不犹豫地往营区奔去。因为他已经敏锐地意识到，部队即将出征，将前往四川执行救灾任务。他等不及和手术台上的妻子告别，便匆匆忙忙赶回营区。14日出发时，他都没有时间去看一眼手术后的妻子，而且，他把孩子也托给了邻居……

这是部队英雄谱里老套的故事。政工干部向我们推荐典型人选时，常常将执行特殊任务时，父母去世回不了家、爱人生小孩子不在身边这种事作为典型事例，一再重复这个老版本，几乎概莫能外。在江山家园、大家小家这个人生的天平上，孰轻孰重，一目了然。

可以说，那天汪选平的话并没有引起我特别强烈的兴趣。

有一天早晨，我在帐篷中醒来，见参谋长袁德华床上空空如也，直到开饭前才见到他。我问，参座，昨晚干什么去了？

他说，搭沙特阿拉伯王国援建的帐篷去了。

坐在一旁的技术总队总队长廖炳生感叹道，那帐篷质量太好了，搭起来很气派，就像宫殿一样。

我说，哪个团干的？

以二团为主力啊。

好！我采访张玉良团长。

去二团的路上，我一直努力地搜寻着记忆，尽量复原那个仅见过一面的高个子团长的面孔，最终仍是一片模糊。

见到张玉良时，我首先问了他妻子的情况。他一愣，有点意外，似乎觉得个人私事被放大了。他轻描淡写地说，已经出院了，手术比较成功。

我又问，是不是因为自己是一团之长，在这种两难选择前，只能扔下手术台上的妻子不管？你对妻子、孩子是否感到愧疚？

国难当头。他说，徐主任，这是一个民族的大灾难。换了你，也会这样。我这点事不值一提。

“不值一提”这四个字，很轻也很沉重。在当下这个时代，我们确实有许多事情不值一提了。我们总是过度地透支感情，忽略了人与人之间的情怀，纵使是骨肉至亲，对任何事的关注都不会持续太长时间。但此刻听到这几个字，我的心里不禁一惊：地震来了，有许许多多的人突然就从这个世界上消失了，这让我们几近麻木的心里突然有了强烈的痛感。这种痛定思痛，还是让人欣慰的。而在大地震到来的时候，能丢下还在手术室里的亲人说走就走，还是没有几个人能做到。但作为团长的张玉良这么做了，这就非常不容易。

可是那天采访，张玉良没多说他自己做了什么，开口闭口说的都是他的兵，说他们最引以为豪的搭建沙特阿拉伯王国帐篷的故事。

在北川完成七天七夜救援任务后，张玉良带领 86 名官兵转至绵竹，归建总队，执行绵竹市及周边乡镇的援建任务。已经完成并交付使用的几个比较大的项目，有剑南新村安置点、河兴新村、凌法小学和正在援建的东方汽轮机厂职业中学。

部队转到绵竹后，他多日来紧绷的神经才稍稍有些放松。在北川时，他总是担心官兵的安全。余震、危楼、疫情、堰塞湖，这其中哪一种危情发生，他都不希望他们任何一个人出现伤残。为此，他尽量细致地分析那些危情，想出解决办法：为了对付余震和危楼，每到一处救援现场，他都设好观察点、警戒哨；为了对付当时还不知道有没有出现的疫情，他要求战士们一定要落实自我保护措施，一定要戴好口罩、手套和简易的滤毒器，一定要竖起衣领，以防蚊虫叮咬；为了对付堰塞湖可能发生的溃堤，他组织战士在靠近救援现场的山坡上清理出一条小路，并在沿途拴上绳索。因为他们的大部分救援现场都在北川最南边，那儿恰好离县城的出口最远，却离堰塞湖最近，一旦堰塞湖溃堤，从那条小路撤离肯定会更快捷、更安全；同时，为了保证官兵的体力，他要求每人每天必须携带一瓶水、两块压缩饼干。虽然考虑到了各种有可能发生的情况，但变数也会是各种各样的，因此，官兵在那种危险情况下所表现出来的勇于付出、敢于牺牲的精神，让他非常感动。

值得欣慰的是，当 5 月 22 日他们撤离北川时，官兵无一人伤亡，并成功救出三名幸存者、转移受困群众 27 人、搬运废墟 500 多立方、清理遇难者遗体 11 具、抢救出数百万元现金及价值 20 余万元的贵重物品和银行重要资料。

22 日凌晨转至绵竹后，团队大多数官兵只休息了两小时，马上就领受了搭建 208 顶帐篷的任务。这批帐篷是沙特阿拉伯政府援助灾区的，有几个型号。他们搭建的是其中的一种插接、扣件式帐篷。这种型号的帐篷以前他们没有接触过，很大也很重，光是篷布就要八个人才能抬动。帐篷一共六个面，面与面之间的连接处像拉链一样，篷布要从那儿穿过去再扣起来，非常严谨，而难度也就在这里。

当时，沙特阿拉伯的一位政府官员在现场说了一句话，让张玉良记忆深刻，也正是这句话让他知道，搭建这些帐篷并不是一件简单的事。那位官员说，明天我会来看帐篷的使用情况，然后再决定下一步援建的项目。这也就是说，他把物资给了灾区，中国人能不能用好、能不能尽快使用，他心里是没有底的。或者说，他对中国士兵搭建帐篷的速度和质量心存疑虑。张玉良心里默默地说，好吧，我会把这视为对中国军队智慧的一场挑战，我们决不会输掉这支军队的声誉！

考虑到对整个搭建程序完全不熟悉，张玉良带领团里的几个施工组长和工程骨干在现场反复摸索，对插件怎样插，扣件如何扣，篷布怎样穿过去，帐篷怎样立起来，都进行了现场试验。仅就篷布怎样穿过支撑杆一项，就尝试了多种方法，最后确定了一种每一个面由四人同时平均用力的最合理、最快捷的撑拉篷布的方法。那可是真正的“瞎子点灯”、“摸着石头过河”啊！有什么办法呢？这里虽然没有炮声隆隆，但你能说这里不是前沿吗？虽然看不见刀光剑影，但不能说这不是战场，不是在打仗。他不想让他的团队在一座无名高地上被陌生的子弹击溃。

经过反复摸索，他们终于形成了一套自己搭建帐篷的方法。之后张玉良迅速将人员分组，由骨干带队，从 22 日中午 12 点开工至 23 日凌晨 4 点，张玉良便突击完成了 208 顶帐篷的搭建。算了一下，他们每组人员搭建一顶帐篷的时间大概接近一小时。后来廖炳生总队长告诉我，沙特阿拉伯军方要搭建一顶这种型号的帐篷，用时需要两小时。

在搭建之前，他们就对场地作了规划，在地面上画出白线。张玉良对全团官兵说，我们搭建的帐篷决不能东一顶西一顶，要让它们看上去行是行、列是列，就像我的士兵一样，任何时候都整齐划一，严阵以待。

无论是在北川救援，还是在绵竹进行灾后重建，都是对这个团队的一次检验。张玉良原来是在这个团队成长起来的，离开七年后，刚回来任团长。通过年初的冰雪之战和这次地震救援等几次大的任务，他真正了解了这个团队，真的是特别能吃苦、特别能战斗。危险的时候、疲劳的时候，大家都能冲得上去。开赴灾区前，有些战士直接请战要求到一线救灾，但在平时却没有一个人找到团长提任何个人要求；在北川施救时，因为考虑到各种危险，他要求三级以下的士官留在相对安全的地方，战士们却都是争着往前靠；搭建帐篷时，战士们连轴转，看着他们一个个疲倦的面容，张玉良感动得拿出自己的香烟，一个组一个组地发。

23 日凌晨 4 点顺利搭建完 208 顶帐篷，让一个漂亮的临时安置点在一夜之间拔地而起，耸立在原本是满目疮痍的废墟上。第二天一早，沙特阿拉伯政府的官员来到现场一看，不禁瞠目结舌。也许是这样的速度和质量让他完全没有料到吧，他只是耸着肩，一连声对工程技术总队总队长廖炳生说，想不到，想不到……中国军人创造了一个奇迹……

27. 三天三个奇迹

5 月 19 日那天，为了躲避那场预报为 7 级的大地震，震区所有部队的搜救和进村入户全都停下来了。

整个四川震区突然沉寂下来，突然无事可干。廖炳生站在帐篷间，远眺晨风徐徐、麦浪翻滚的田野。玉马村 100 多亩麦子,因地震后无人收割,再下一场大雨就会烂在田间。

走进帐篷,他向二炮绵竹方向总指挥刘焕民副部长请示道,今天部队无事可做,我们给老乡收麦子吧。

两个高级军官皆出身农家,军旅 30 多载,对这片土地和苍生仍有血浓于水的情感。

刘焕民副部长说,好啊！这也是为群众办实事。

说干就干,官兵们整整忙了一天,落日时分,将 120 亩麦子全部收割完毕,用收割机脱粒后,装袋,由技总官兵扛着,一袋袋送给帐篷里的住户时,玉马村的乡亲们感动地流泪了,说,我们这里过去驻军不多,什么叫军民鱼水情,什么叫人民子弟兵,现在在二炮技总官兵的身上,我们亲眼见证了。这绝不是电影里的故事。

收完麦子后,刘焕民和廖炳生思忖着如何真正为灾区人民办点实事。

那天,斜阳中的城郭,炊烟不再。远眺着收割后的麦田和震成废墟的村落,二炮后勤部副部长刘焕民、二炮后勤部卫生部部长应勇江、技术总队总队长廖炳生从景观大道的林阴道上走过,他们把悲悯的目光投向了村舍和旷野。看着无学可上的孩子在树丛中玩耍,廖炳生对二炮绵竹方向总指挥刘焕民说,刘部长,彭政委来视察总队后,一再要求我们要认真落实军委胡主席的指示,发挥二炮优势,主动作为,多为群众办好事、办实事。我想力度再大一点,咱们从中原订货,盖灾区第一所板房小学。

老廖,这个主意好啊！刘焕民感叹道,好事做到底。我给你再加一个码——盖灾区第一座板房新村。钱不够,后勤部给你出。

请刘部长放心,这点钱,技总出得起。我们营区里就有不少流动的迷彩板房,是现成的,比订货快。廖炳生说。

哦?两位领导,好事成双了,已经有两个“一”了,一座板房新村、一座板房小学,我看还缺一个东西。应勇江说。

缺什么?廖炳生问应勇江。

一座板房卫生院吧。二炮后勤部卫生部部长应勇江说,板房钱你出,医疗器械、药品,包括定点帮扶的医生我出。

三个一好啊,一座新村、一所学校、一个卫生院。刘焕民感叹道,老廖,这是一个好建议啊。不过,行动要快,能不能在 6 月 1 日前全部落成,作为给孩子们的最大礼物?

没问题！廖炳生斩钉截铁地答道。

当天晚上，廖炳生和刚从北川抢救归来的政委高海华一起，作了部署。让装备部长王启成、高工丁世英立即赶到中原大地去，先将军营里的活动板房拿出来，然后再订一所卫生院和一所学校的平板房，26 日之前全部到位。

王启成说，请总队长放心，保证按时送到。

好！运输途中一定要注意行车安全。廖炳生转身对政治部主任汪选平说，你负责一个村 50 户人家和小学的搜索遴选。原则上靠公路要近，车子好进去。

政委高海华说，我帮汪主任一起去挑选。

廖炳生点了点头说，有政委出马，那就更有把握了。

第二天，汪选平主任就带着人员出发了。进村入户的时候，他走过东北镇河兴新村，觉得那里比较合适。不过，最吸引他的还是河兴新村的历史。它曾是历史上有名的张家大院。300 年前甘肃大旱，赤地千里，他们在甘南草原上无法生活了，于是祖上张氏一族，便携家带口，千里迁徙，从大西北迤逦而来，到了当年剑南春故乡绵竹东北镇，从此居住下来。千里入蜀，有肥沃的土地接纳和栖息，张家一族建了祠堂之后，特意立了牌坊，并在张氏祠堂里写了一块匾，题上颜体："乐得斯丘"，意寓川人赐给了他们一个安居乐业的土丘。

但是这块富庶的土丘家园，却被一场汶川大地震给彻底摧毁了，整个张家大院所在的河兴新村被夷为平地。老百姓在自家的宅基地上扒出一小块空地，搭起了避难的帐篷，52 户人家的帐篷五颜六色，有用彩条布搭的，有用蔬菜大棚的塑料布搭的，有用尿素口袋搭的，有编织袋口袋搭的，更有甚者是用小孩子的衣服缝在一起搭建的。

汪选平记得，那天傍晚进村时，恰好狂风大作，将帐篷上的塑料纸和尿素口袋刮进了麦田里，一些风烛残年的老太太追着跑，跑得气喘吁吁，还是追不上。汪选平和官兵们一跃而下，在麦地里帮她们按住了吹跑的塑料袋和彩条布。

将帐篷上覆盖的东西递给老太太时，汪选平说，大娘，我给你盖板房好不好？

你说的是真的？老大娘直视汪选平。

真的！汪选平点了点头，说，这种平板房盖起来后，如果家里一时盖不起新房，可以住 20 年。

不会是梦吧。老大娘将信将疑，这可是大白日青天啊。

不是梦。只要村里的人统一了思想,我保证从板材运来到搭起来,三天时间就可以住进去。

然而,汪选平的第一次村民大会,却统一不了思想。有的村民担心,自己的宅基地被推掉,以后就没有了。

一连开了三次会,仍然难以达成共识。

汪选平说,各家多大面积的宅基地我们记下来,交给村里和镇上,等乡亲们有钱了,板房不住了,就按过去的宅基地找村里批地。

最后天齐村德高望重的乔书记站起来,说,我相信,解放军是为我们办好事的,相信解放军的请举手。

52户人家,52个代表纷纷举起手来。

于是第二天,技术总队的官兵进来了,先搭了10顶帐篷,将村里52户人家迁了过去。推土机轰隆隆地进来了,由总队副总工程师王明心和一团团长王洪带队,将整个河兴新村倒塌的瓦砾推进一个大坑里。一块平地很快平整出来了。

随后,装备部长王启成的迷彩板房的材料运到,一团团长王洪立即率领官兵进场施工。

与此同时,汪选平又跟着政委高海华去为板房小学选址。

放眼整个绵竹,汉旺受灾最重,板房小学就选在汉旺镇上吧。高海华政委带着汪选平跑了一个上午,到汉旺镇后,最终确定将板房小学的选址确定在汉旺镇凌法小学。这是德阳和四川省的重点示范学校。紧靠路边,依山傍水,风景宜人。

而乡镇卫生院的选址,则由二炮后勤部卫生部长应勇江带着二炮总医院医务部主任王开平进行。在绵竹市的13个乡镇中,他们沿汉旺、东北、遵道、黑白、清平、龙乡、广济走了一圈。应勇江部长说,我就看中了广济镇这个名字。广播慈航,悬壶济世,多好的寓意啊。于是,广济镇卫生院也定下了。

请各位看表,从现在开始倒计时。廖炳生将麾下的三位主力团长召进指挥部,下达了最后的命令,你们只有三天时间,一团要搭56间板房,布局是四合院风格,二团搭小学校是11间教室,而长缨卫生院则交给三团,1000多平方米。任务都不轻,最后的完成时间是6月1日。谁晚了,就打谁的板子。明白了吗?

明白!三个团长齐声说,站起身来跨出指挥部帐篷,往自己的团队方向疾驶而去。

三天三个奇迹。

创造第一个奇迹的团队是一团官兵。一团一营营长熊剑说,从大本营运来的房子是 26 日下午运到河兴新村的。他们从那天下午开始施工,连续干了 48 个小时,100 多名官兵奋战在工地, 到了 28 日凌晨 1 点 10 分,许多官兵已经坚持不住了。站在营长熊剑后边递板子的士兵,一边往板房屋檐上递板子,一边打盹。

熊剑怜惜大家,说原地休息 20 分钟。战士们将手中的东西一放,坐下来便睡着了。熊剑怕自己也睡过去,耽误明天上午揭幕的事情,连忙将手机定在 20 分钟后叫醒上。

时光一分一秒地走过,20 分钟一瞬即逝。凌晨 1 点半,熊营长的手机响了,他一跃而起,大喊一声,起床,集合!

然而任凭他怎么叫,躺在地上睡着的官兵,大多仍在呼呼大睡。

熊剑的眼眶红了,一边摇晃着身体,一边拍战士的脑袋说,醒醒,快醒醒,起来干活了!

醒来的战士一个摇一个,不一会儿都被叫醒了。熊剑口哨一吹,集合!

一营 31 名官兵站起一排。熊剑下命令道,全体注意,目标井台方向,跑步走!

31 名官兵到了井台边上,熊剑从井里摇上来一桶水,叫战士们洗脸,清醒头脑。有的官兵干脆将头浸到桶里,打湿脑袋,让自己再清醒一点儿。

随后熊剑带着营里的 31 名官兵又搭了两栋平房, 作为河兴新村的活动室、浴室和小卖部、医疗室。

上午 8 时许,河兴新村 52 户平板房搭好了。喷迷彩漆的士兵太困了,手持喷枪,喷着喷着便睡着了,弄得眼睫毛皆是迷彩色。

54 个小时, 一团的官兵搭起了汶川地震灾区第一座平板房村庄——河兴新村。

揭幕那天,著名媒体凤凰卫视向全球作了直播。著名主持人吴小莉兴奋地说,这是二炮技总官兵拆了自己工地上的活动板房,为灾区建的第一个板房新村,可以住 20 年。

第二个奇迹,是广济镇上的长缨卫生院。这是由三团官兵创造的。团长常建伟说,那天在广济镇的一片废墟上,全团官兵群情激昂,1000 多平方米的面积,仅用 72 个小时就将平板房搭起来了。可是铺地板砖来不及了,官兵们便用砖来铺。过去谁都没有干过这样的活,砖一砍便碎成几块。士官张学东的父亲当了一辈子泥水匠。那天早晨 6 点钟,天刚刚亮,张学东便迫不及待地给父亲打电话请教如何砍砖、铺砖，父亲在电话中一一密传绝活。十几分钟，张学东便学会了，然后现炒现卖，新师带徒，一一教会了大家。

只剩下最后一个房间了，由班长姚鹏荣带着一个班的士兵在干。战士小李实在太困了，他已经整整两天两夜没有合眼。他以前挺讨厌班长，觉得他晚上打呼噜，影响自己休息。然而就在他打盹的一刹那间，班长过来将小李的活干完了。

小李正在做梦，只听营长赵太均问最后还剩多少活？他一个激灵醒来，说自己的活还没干完。

班长张鹏荣说，我已经替你干完了。

小李俯身一看，果真如此。这一瞬间，他开始用一种全新的目光看着班长。

而另外两个骨干王波、杜桓则各带一个班比着干。

奋战72个小时，长缨卫生院作为汶川灾区的第二个奇迹，于河兴新村之后屹立于绵竹广济镇上。落成之时，二炮后勤部卫生部长应勇江派人采购的近百万元的医疗器械也到位了。开张典礼，蔚然成一道风景。

第二天早晨，便有一个广济镇上的产妇在这里接受了剖腹产，孩子取名为黄雨辰。

随着二团团长张玉良率领二团官兵在汉旺镇凌法小学修建的板房小学的最后落成，三天三个奇迹，这是工程技术总队官兵在灾区为群众办好

537医院情系灾区学生，创办了爱心帐篷学校，为学生体检、做心理疏导

事的一个缩影。

28. 示范工程惊蜀天

绵竹市市长李友成的目光投向了兴隆。

地震那一瞬间,绵竹市的电话网全部瘫痪了。

二炮工程技术总队入城后,经通信工程团奋力抢修,大部分市话网恢复。但是兴隆以西,剑南、兴隆、汉旺、武都、拱星等镇仍然是一片盲区,数万户群众与外边的联络全部中断。

关键卡在了兴隆镇上,李友成市长给电信公司老总下了死命令,6 月中旬之前,务必恢复。

电信公司老总摇了摇头,说,市长,打死我也完不成。

通信工程团团长杨大公主动请缨,说,市长,这个任务就交我们吧。

电信公司老总说,杨团长,这是细活,得让地方公司来干。

非常时期,非常任务。交给技总通信工程团吧。李市长一锤定音,说,我看二炮的官兵干得了,他们已经在我们绵竹市和老百姓中树起了优质品牌。

果如市长所云,通信工程团随大部队抵达绵竹后,先与一团合作,抢修了横穿马尾河的自来水网,使整个南区八万多户群众恢复了供水,随后,立即投入了城市电话网的恢复战斗。首先接通市抗震救灾指挥部到中心机房 3.5 公里的光纤线,使市里的指示能够迅速下达到各部委、局办,随后,他们又接通了老中心机房到新电讯大楼的线路,恢复了市区五万多家用户与外界的联络。

谢谢市长。通信工程团团长说,我们一定向绵竹人民再交上一份满意的答卷。

通信公司老总将信将疑,吩咐公司的一位总工程师说,你去督战,一旦二炮官兵揽不了这个瓷器活,立即换人马。

那位总工点了点头,说,老板放心,我会视情况而为的。不过,你对二炮这支部队了解不深。

不是我了解不深。他伸出一个大拇指说,论突击抢险,他们是这个。但是做精细活,未必是老大吧?

恕我直言,凭着我这段与他们的合作,这个活他们拿得下来。总工说道。

但愿吧。老总叮咛着,总之,要留一手,以防万一。

总工点了点头。沉吟片刻，他又问道，地方的施工队伍物色好了吗？

地震了，找不到人啊！正在挑选。

哦！总工程师说，我深信二炮工程技术总队确是支一流的通信施工队伍。

我拭目以待。电信公司老总的话说得非常有余地。

通信工程团进场之前，廖炳生总队长和高海华政委来作战前动员。

站在队伍前方，廖炳生说，三个工程安装团在绵竹市打出名牌来了，为二炮部队赢得了荣光。通过凤凰卫视一直播，三天的奇迹，一座死城活过来，地球人都知道了。下边就要看你们的了，干一个标牌工程出来，给绵竹市、德阳市，乃至给四川省电信公司的同行看看，我们是当年干两弹一星安装的部队。大家有信心吗？

有！那自信的呼声直冲云霄。

轮到政委高海华动员了。他站到正中央，看着队前的每个官兵笑着说，该说的总队长都说了，我只说一句话，我相信通信工程团的官兵不会辱没自己的光荣历史，不会辱没工程技术总队的光荣历史。

困难面前有通信工程团，通信工程团面前无困难。

领导战前动员完了，廖炳生手一挥，出发！

车轮滚滚，朝着兴隆镇疾驰而去。

第一个战役就是将武都镇上的程控交换机拆出来。派谁带兵去最合适呢？杨大公团长正在犹豫之时，副参谋长林仁平少校站出来说，团长，让我上。

杨团长点了点头说，好，注意安全。拆除程控机时，一定要多布几个安全哨，一旦余震，遇有风吹草动，立刻撤离！

明白！林仁平向团长行了一个军礼，带上胡海洋等几位高级士官，向武都镇疾驶而去。

望着这辆车的背影渐行渐远，凝成一个黑点，杨大公眼睛突然一酸。林仁平家就在江油新兴乡，也是灾区啊。地震那一瞬间，他家的房子也震成了危楼，90岁的老爷爷当时就住在他当年结婚的房子里，好在吊了两层顶，落下来的瓦块被吊顶的竹篱棚接住了，老人家逃过一劫。震后，家里的电话打不通，他打电话到乡政府，通过一个同学，查证家里并无一个人伤亡，只是房子不能住人了。

没有死人便是万幸。听到这个消息后，林仁平唏嘘感叹不已。

到了灾区之后，林仁平有一天带着一辆斯泰尔车去绵阳火车站接后续队伍，军列晚点，只好睡在车上，那些绵阳城里的灾民一拨又一拨，将矿泉水、茶鸡蛋、牛奶、包子递上来，不要便泪水涟涟，让子弟兵无法拒绝。而带车进入北川，亦是如此。

其实从绵阳到江油的老家只有 30 公里路，林仁平有好几次路过家门口，最近的时候，离家不到两公里，村子一绕，十分钟就能到家。不少官兵说，林副参谋长，回去看看吧。

林仁平摇了摇头说，灾民的家与我的家都一样，看到他们的家沦为废墟，如同看到我的家。我们唯有加油干，帮助老乡们做点实事，才能心安啊。

车子在武都镇上停了下来。

林仁平跳下车，通信团总工程师倪玉峰也赶来坐镇指挥。他们分成几个组，林仁平率胡海洋、刘鑫、张晓雨等骨干相继进入机房，一个组观察，一个组拆这一套价值 380 万的程控交换机。当时余震不断，余震袭来时，房子晃得咯吱响。风起灰飞，危楼上的瓦砾、水泥块纷纷落下。安全员喊撤，每次都是林仁平最后一个撤下来。

整整干了两天，所有的线路和螺丝都拧下来，然后他们从窗口伸进一个吊臂，硬将几台程控交换机吊了出来。

工程展开时，二炮抗震救灾指挥部总指挥于际训副司令员来了，听完总队的汇报，他专门到现场视察，说，等你们真正做成了榜样示范工程，挂牌之时，我一定来揭牌。

在兴隆新机房安装时，团长杨大公一直站在一线指挥。短短半个月时间，全团官兵以一流的技术和作风，将数万条光缆接头一一排好、捋齐、点焊在一起，每个接头焊点都没有毛刺，电线排得整整齐齐，无可挑剔。一直在现场督战的电信公司总工程师啧啧称赞，他没想到部队的官兵竟然能做这样精细的活，而且做得这样完美无缺，让不少有一级资质的电信安装企业也自叹不如。

半个多月的战斗，兴隆镇中心机房正式运行了。汉旺、拱星、剑南、武都和兴隆镇 3780 个用户开通了电话，通信工程团的官兵一一打电话核对，受到灾区群众的热情欢迎。

兴隆中心机房被德阳市电信公司命名为榜样示范工程。挂牌那天，二炮抗震救灾总指挥于际训中将专程从安县赶过来，刘焕民副部长、廖炳生总队长、绵竹市市长李友成都参加了。中央军委委员、第二炮兵司令员靖志远上将、政委彭小枫上将专门给技术总队发来贺电，祝贺技总官兵在绵竹市做出了一个榜样示范工程。

其实，技总官兵在绵竹市震区的功绩，远远不止是一个兴隆镇中心机房。他们在城市自来水网的恢复中，200 至 500 毫米的供水主网管道，24 公里长度、780 多节高压焊管，无一个气泡、无一个瑕疵，而煤气管道焊接也是一次试压成功。以后，绵竹市自来水公司和煤气公司连试压都不做了，免检，直接通气、通水。

提及第二炮兵工程技术总队在绵竹市的抗震救灾中打出了品牌，廖炳生自豪地说，得益于我们在国防施工的第一战场培养了军地兼通的能工巧匠，仅高压焊工这个工种，工程技术总队就有 130 人之多，培养一个高压焊工，在地方至少要 10 万元钱，而技总在这方面却不惜血本。

一支部队与一座城，构成了汶川大地震中一段中国军人的故事和传奇。

29. 经历唐山和汶川大地震的将军

刘焕民是这座城里二炮救灾部队的最高指挥官，可是他一直很低调。

我第一次到灾区采访时，张西南副主任就交代我要采访刘焕民副部长，说他是经历了唐山和汶川两次大地震救险的人，这在全军也寥寥无几。我还知道刘焕民 2008 年百日之内，经历了冰灾和地震两次大救援，这在全军的将领中，似乎也不多。

然而，我第一次到震区采访，在技术总队帐篷里睡了一周多时间，也没

二炮后勤部副部长刘焕民少将在一线指导抗震救灾工作

跟他谈成。因他重任在肩，穿梭于几支部队之间，一直没有机会。

其实，我与刘副部长擦肩而过，已经不是第一次了。今年正月初六，我踏入郴州城中，在冰雪前线采访，写《冰冷血热》。那天晚上，我采访过王治民副参谋长，想第二天采访刘焕民副部长，他当时是二炮抗冰灾部队的副总指挥，协助王治民总指挥搞好后勤保障。他与某基地负责保障的后勤部长马晓明一起保障冰雪救灾的工程技术部队的官兵。从此，他与技术总队结下不解之缘。但是，我与刘焕民副部长恰是有缘无机，始终未能进行一番长谈。

再度返回灾区，我从北川县来到工程技术总队的帐篷区里。那天傍晚，听说我来了，刘焕民副部长特意交代技总领导让食堂加几个菜，说为我接风。可我却被一帮地方作家拉了出去，让他空忙了一场，事后，他也不愠不嗔，未露不悦之色。

几天后的一个傍晚，他在国防大学的同班同学夫妇特意从成都驱车来绵竹看他。恰逢他身体不舒服，仍抱病请对方吃饭，邀我作陪。席间，他在国防大学的同窗一说到他的古道热肠和燕赵风骨，便露出一种由衷的敬意和亲近感，似乎都以能成为他的朋友为荣。

第二天上午 8 点，我按约定的采访时间走进他住的板房。见他躺在床上，担心他体力不支，我说是不是延后再谈。

他从床上爬起来，手抚刚输过液的针眼，说，没事，我得配合你完成任务啊。

可是，真正进入采访，他又说，我有什么好谈的？

我说，二炮部队这次的灾区保障有目共睹，让全军不少部队都艳羡不已啊。部队到的当天淋浴车便展开了，晚上回来就能洗上热水澡。二炮总医院进汶川，堵在了都江堰紫坪铺大坝上，热腾腾的盒饭马上送到现场，这可是让全军医疗队员们都惊叹不已啊，还得到了总后领导的一致好评。

这些你都知道啊。刘焕民感叹道，其实这是三年军事斗争准备的结果。二炮的后勤保障，经过冰灾和这次抗震救灾的检验，说明我们是一支过硬的队伍，是能够在战时做得到、连得上，供应保障到位的。

我说，我最感动的是，在安县帐篷区，某基地训练团一位副参谋长带着两位老士官，开着一台淋浴车来为工程部队做保障，从下午 3 点就开始洗澡，一直守着烧水到第二天凌晨 3 点，整整 12 小时。天天如此。少校当“堂倌”，全军独此一家啊。

刘焕民欣慰地笑了。话锋一转，他说，这些天，我思考最多的一个问题，就是想给总后写一个调研报告，专题谈谈为赴灾区抢险的官兵设立风险补助金的问题。想从政策和法规层面上提一些建议。执行多样化非军事任务也是一种牺牲啊，绝不亚于战场上的牺牲，应该给官兵们设立风险特殊补助金。

我说，你这是在给灾区部队的官兵做一件功德无量的事情。

刘焕民说，我今年到灾区两次抢险，执行多样化的非军事任务，对一线官兵的酸甜苦辣有了深切的感受和体验。别人不愿说，不敢说，我们领导得说啊。这是为广大官兵负责，尤其是基层一线官兵并不富裕，许多人家属随军之后，都没有工作，而上有老下有小，一旦在抢险中出现伤亡，就会塌了半边天。

因为他自己曾是一名基层军官，一步一步跃入将星闪烁的将军方阵，却永远保持着一个普通军官的心态和姿势。

1976 年 7 月 28 日，唐山大地震发生时，刘焕民当时是二炮某导弹团无线连的一名排长，这支部队是在亚洲第一个战略导弹营发展起来的，当时正好驻防于唐山丰润县，护翼于京畿之地。

参与唐山大地震抢援，给刘焕民一生留下了不可磨灭的印象。尽管当时部队组织有序，指挥有方，官兵奋不顾身救人，可是当时毕竟是一个物资匮乏的时代，救灾中的后勤供给和保障之难，让他感受到切肤之痛。因此，时隔 32 年后，作为二炮后勤部副部长，带领部队到冰灾和抗震一线抢险时，刘焕民对于后勤保障的重要性和超前性的认识，早已经提升到了战争层面上。因此，所有一切后勤保障，他都是从应急作战全要素保障的层级来要求和准备的。

二炮总医院第一批出发时，当时有关部门要求什么都不要带，由前方准备。

刘焕民眉头顿时蹙了起来，说，前方去的都是各大战区和军兵种的医疗队，各路兵马齐聚汶川震中，哪有这么多设备给你准备？还是立足我们二炮，自己保障好自己，野战医院的手术车和仪器都得带去，生活保障的各个要素一点也不能减。

报告呈到后勤部朱法臣部长和郭庆生政委那里，两位军政主官非常赞同，让二炮开一个专列，将总医院的手术车和设备及部队所需的生活物资一并押运过去。

二炮总医院的分队到灾区后，完全印证了当时刘焕民向后勤部首长所提建议的预见性。当二炮总医院政委杨传松押着一个专列，带着医疗设备、药品和后勤物资到了灾区后，才发现后勤部首长对保障工作的预见性、前瞻性，令人惊叹。

医疗分队在紫坪铺等待时，当许多医院分队连方便面都吃不上时，二炮总医院却吃上了盒饭，成为紫坪铺的一个话题。

刘焕民副部长感慨地说，二炮部队这次在灾区的后勤保障，受到了总后有关领导的高度称赞，得益于二炮首长、后勤部领导对应急救援保障和持续性的高度重视，特事特办。朱法臣部长和郭庆生政委对前线提出来的问题和各种需求，全力以赴，以最快的时间和速度给予解决。主食加工车、淋浴车和炊事车，都是在第一时间从全二炮范围内抽调，以最快时间赶到现场，使前线官兵在到了灾区的两三天就洗上了热水澡，没有出现皮肤病、传染病和烂裆现象，发病率控制在了千分之三以内。

我感慨地说，在全军采访的日子里，我一周之内中午都没吃上过一盒热饭，而二炮官兵幸福啊，来到灾区的当天便吃上了热饭。

刘焕民副部长露出自豪的微笑，说，这都因为我们经过了三年应急作战的准备，将所有后勤保障的标准都提升到了战争准备的高度，一个环节一个环节地抓落实，并经过一次近似实战的演习，逐渐完善，在抗冰雪和抗震救灾一线经历了严峻的考验，才有今天这个结果。

我看了看表，快到中午吃饭时间了，可是刘焕民副部长谈自己的内容甚少，就说，再谈点你的故事吧？

我有啥故事。刘焕民说，只是履行了自己的职责，都是一个领导同志应该做的啊。我建议还是多写技术总队的官兵吧。这支部队是一支高科技之旅，更是一支能打恶仗、硬仗的雄师劲旅。上次抗冰灾，廖炳生总队长亲自带队，五名常委在一线督战，三个主力团长带队上阵。这次抗震救灾，仍由廖总队长和高海华政委带队，十四名常委来了十一名，四个团长和参谋长全部到位。阵容强大，完全是一个打仗的超强配置。一支部队与一座城，这一仗，工程技术总队的官兵又向祖国人民交出了一份合格的答卷。

第6章
死亡谷里

30. 勇闯老虎嘴

我在安县永昌镇帐篷里见到王治民副参谋长时，他刚率队勘察死亡谷出来。走了整整两天，可说起这段历险，他却轻描淡写。

但有一句话，我却印象深刻。他在与绵阳市主管交通的女市长共同召集的协调会上曾经说过，我当这么多年的老工兵，从来没见过这么危险的道路。

张西南副主任第一次见到我时说，修这条路比修川藏路还难，比上二郎山还险。

将军如是说，我不敢小觑了。

还有一段话，是与我同住一个帐篷的杨青副总工对我说的，更加深了我的印象。

杨青说，这条墩秀路，从睢水至高川，全长24公里。大地震过后，乱石穿空，死尸遍地，地方上连一位乡长都没有进去过。是我们的一位将军王副参谋长拖着病痛之躯，带领35人的小分队，其中大校、上校居多，年逾五旬的也不乏其人，硬是用11个小时，徒步穿越死亡地带，拿到了第一手资料。那勘察过程，可以说险象环生，惊心动魄。

说说惊心动魄的故事吧。那天晚上，在王治民副参谋长的帐篷里，我使出浑身解数，想让他讲一点危险地带的历险和传奇。可是王治民一副笑傲死神的淡定，对自己的故事一掠而过，任凭我变换角度，也难掏出几个精彩的细节。其实，这也是采访首长时经常面对的。他们往往站得高，看得远，只琢磨大格局，容易忽略细节。

这时，二炮总院李志韧副院长进来了，身后跟着一群娘子军，有医生、护士。他们手提一台崭新的理疗器，殷勤之致。我站到帐篷一隅，耐心地等待着结束。当王治民脱下鞋子，露出脚上的20多个血泡时，我惊叹不已。

我极力想象这条路的艰难，却无法勾勒出一个完整的形象。毕竟自己没有亲身经历。

但是在后来采访中，随王副参谋长进睢水至高川勘察的某指挥部主任陈强、工程部副部长焦明山和副总工杨青，却从各自的叙述视角，帮我还原了当时他们走进这条死亡谷的惊险之旅。

这是一条非同寻常的公路。地震发生后，便引起了中央高层的高度关注。甚至连一些西方大国，也将目光投向了这里。

5月23日上午8时，由王治民少将带领的35人勘察小分队出发了。

陈强主任告诉我，走进睢水灌汤村，横在前方的就是一片死亡地带。峡谷前耸立着一座山，几乎整座山头都在地震那一瞬间被削平。盘旋于山腰的公路全被乱石掩埋了，百米之内，停泊着两台车，一辆被砸入峡谷底部，成了一团废铁；一辆匍匐在公路乱石中，也只是一具残骸。往上是数百米绝壁，一旦余震发生，或有风吹草动，便乱石滚下。远远看去，就像一只卧虎展开饕餮之口，准备将穿越者吞噬。

王治民站在峡谷口朝里眺望，说，我给这地方取个名吧，就叫老虎嘴。

从此，“老虎嘴”这三个字第一次出现在媒体的报道之中。

于际训副司令员、王治民副参谋长在老虎嘴听刘建明汇报施工进展

老虎嘴令人望而却步。如何穿越死亡地带，成了一个问题。

先拉一条绳子，从原来倒塌的公路上走过去。王治民道。

两位士兵立即朝前爬了过去，在无法通过的乱石上拉起了一根绳索。王治民大步往前走去，走在队伍的前头，从一个石头棱上朝另一个石头棱跳了过去，陈强主任、马力政委、焦明山副部长紧随其后。

陈强后来说，睢水至高川 24 公里道上，大小塌方 34 处，其中大塌方 8 处，都在 40 万立方米以上，最大一处有 80 万立方米之多。而王治民副参谋长带着大家通过老虎嘴时，不是匆匆走过，而是边察看边确定抢修方案。对于老虎嘴一公里多的整治方案就是，从老路垫起四米。但这一段路险象环生，安全隐患太多，被列为观察重点。王副参谋长交代做方案时说，一定要将观测路基上的危石作为路基施工的重中之重。

转过一道弯，江心有一座小水电站，老旧的水泥桥被滚石砸开一个个大洞。水电站顶部，早已被对岸涌入的落石砸成了一个个天窗。而岸上的公路，全部被巨石掩埋，人只能从石缝间走过。

一公里多的路程，走了将近一个小时，有些地方几乎是手脚并用，才能爬过去。

走到堰塞湖旁边，见石缝里埋了一台车。湖水中，有一台中巴车被乱石砸入水中，37 名乡亲遇难，尸臭味弥漫于天空，令人窒息。

陈强伫立于湖边，目测了一下，湖长约 2.7 公里，宽度有 300 多米，而塌下来的石方则有 450 万立方米。天然形成的堰塞湖面，只有一个出口，五六米宽，河道中歪七竖八地横躺着几辆汽车。

走过堰塞湖，便是刘家村。当年沙汀曾住在这里创作，写一部影响超越了四川的大书。可是此时这座美丽的小乡村已面目全非，再没有如诗如画的宁静和美丽。极目之处，尽是残垣断壁。好在公路还在，有两公里的路基还可以行车、行人。

前边月儿门在望，那是一座一夫当关万夫莫开的雄关。两山中间开了一道门，呈月牙状，仿佛走过这道月亮门，便是一个世外桃源。但此时已是一片哀鸿遍野的劫难之地。

月儿门将近，人近心怯。前方是一道流沙波，整个山体斜坡成了流沙飞石混杂的滑坡体，绝壁之下则是深渊，稍一失足，就会葬身江中。而这个地带，则有 300 多米宽。

地方交通部向导不敢往前走了，站在那里不动。整支队伍停下来了。

为什么不走了？王治民朝前挤了过去，问道。

首长,太危险了。地方向导说。

王治民呵呵一笑说,怕啥?我们老工兵浩气正大,有我在,能镇住山神。你们尽管朝前闯,它不敢砸我们,石头也不会滚、不会塌。大胆朝前走吧!

首长给大家壮胆,杨青和宋希安朝前走过去了。

拉绳子吧!焦明山副部长走过来叫两位士兵先拿绳子,大家手扶绳子,快步如飞,小跑着冲过流沙坡。

终于抵达月儿门。焦明山看到王治民副参谋长的双脚打了很多血泡,正坐下来脱下鞋让卫生员给他挑水泡。焦明山劝道,首长,你已经看了半截了,主要的都看了,余下的路程,我带着人去勘察吧,你还是沿路返回。

王治民执意不肯,说,我要看全程,每个点都走到心里才有底,好向司令、政委汇报。

挑完血泡,缠了纱布,王治民站起身来蹒跚前行。看着他胖胖的身躯步履艰辛,焦明山蓦地涌起一种感动。一位将军身先士卒,亲自趟过死亡地带步行24公里勘察,这已经难能可贵了,而王治民副参谋长可是将近60岁的人了,腰椎有旧伤,坐直都很困难,这是在国防施工中一次塌方留下来的。这次在北川救援时,他又划伤了腿,伤口已化脓。

每到一个塌方点,王治民就坐下来与大家一起研究处置方案。对于塌方狭长地带,他还总结出了逃生口诀教给大家:左边有情况右边跑,上边有情况下边跑,对面有情况上山跑,四周有情况沿路跑。其工作之细致,考虑之周到,令人惊叹。

到了吃午饭时间,王治民与普通官兵一起席地而坐,摘下口罩,鼻尖上仍挂着尸臭的异味。他们用面包、火腿肠就着矿泉水,匆匆凑合一顿了。

走了整整12个小时。暮色时分,王治民勘察小分队一行步履沉重地走进了高川乡,到了某研究院某所住地。

31. 雎水之殇

那天下午,本来透亮的天空黯淡下来,巡游在雎水里的灿烂太阳,也不知什么时候躲进了云罅。是不忍俯瞰震后这条死亡谷100多辆车上的苍生被巨石吞噬、被衍生的蛆虫蚌食、被堰塞湖渐涨的湖水淹没,还是恐慌另一场余震的袭来?

在汶川震区的日子里,人们已渐渐摸准了天象。震前,往往是明丽的天空陡然黑暗,天幕垂得很低,风起云卷,然后大地高强度颤抖,地啸山崩,楼房摇曳。地震过后，仅仅过了几分钟，便巨雷惊天，天地接壤之处，蓝光如群蛇狂舞，飙升天幕，随后大雨滂沱……

苍天已露不祥之兆。阴风过耳，溯两岸崩坍的睢水而上，呜咽着，在死亡谷里弹奏一曲十面埋伏。可是此刻，我却驻足于生与死的冥门前，准备跟随打通安县睢水至高川24公里塌方的四名军队的指挥长、道桥专家、总工一起，穿越老虎嘴，再探堰塞湖。

仰首远眺，江崖万仞壁立，原来开凿的一条半开放公路，穹顶全部震塌，落满了巨石流沙。一辆红色卡车被砸下江边，支离破碎，只剩一个空壳，毫不遮蔽地亮着肚子，恸问苍穹。而车主王安全，就在山崩地裂的瞬间，随着黄尘飞扬魂飞天国。

再往前看，仅露一点轮廓和残迹的公路上，伏着一辆蓝色的卡车，周遭掩埋着巨石，卡车驾驶棚完好无损，车厢却被砸成了一包废铁。那天车主杨国权紧随在红色卡车之后，却劫后余生，幸运地站在我面前。

杨国权说，王安全之死，在地震前的一个多小时就预示着他气数将尽。王安全是睢水上游道谢村人，今年32岁。母亲生他时恰好是1976年唐山大地震，全家人出来躲地震。唐山地震的惨烈竟将年轻产妇吓死了，担心这孩子长大会遭受同样厄运，特意请高人赐他一个永保平安的名字——王安全。

汶川大地震前的那天中午，王安全与杨国权从石灰岩的矿山上各装了一车造水泥的矿石，往水泥厂运去。两辆重车一前一后，王在前，杨在后，车后还跟了一队重卡，沿睢水而下。行至一座小变电站旁边时，突然有一辆上行的空车飞驰而来，眼看着朝行驶在前边的王安全驾驶的卡车迎面撞来。一场车祸即将发生，幸好那天王安全是重车，行驶速度慢，他眼疾手快一脚踩了急刹车，并朝悬崖边打了半把方向。汽车戛然停下，但是左侧倒车镜还是被上行卡车刮了一下。两个对头车顿时挤在了一起。

锤子！王安全一阵虚惊过后，手心还捏了一把冷汗，他厉声斥道，都是乡里乡亲的，有你这样开霸王车的吗？

对方司机姓杨，睢水镇上人。镇上的人总有优越感，瞧不起山里来的。他伸出头来，骂道，你的车开得像赶牛车，还占着道！会不会开啊？不会开唦给滚出这条路去。

于是，你来我往，两人在车上吵起来了。下行的车被拦于道上，纷纷鸣笛，希望两个吵架的司机让出道来。

然而，两个司机僵持着，谁也不肯让对方半步。便有一些司机下车，走过来劝他们各自相让一点，都朝后退一个车位，好叫大家通行。

我不退。占道的是这个龟儿子。王安全开始骂娘了，错不在我。让他后退。不然就等警察！

等就等，你吓谁啊？那个姓杨的也不肯倒退半步。

看谁耗得过谁。王安全熄了火，一把拧下汽车钥匙，从左边的副驾驶位子上打开车门跃身下车，说，我还没吃饭呢，喂脖子去喽！

路边不远处有个小卖铺，专给司机提供方便和卖小食品之类的东西。见王安全走向小卖铺的时候，蓝色卡车司机杨国权也很无奈，等吧！他也随着跳下车，随王安全到小卖铺解决肚子问题。当他朝小店走去时，睢水左岸的灌滩村里一户人家的一只灰色土狗钻出庭院，冲出树林，跃然山崖之上，朝着渐渐偏西的太阳、朝着公路上汪汪狂叫。

狗吠太阳，在民间乃不祥之兆。

事后，杨国权回忆起来，觉得那天这条土狗的叫声有点邪，近乎疯狂，近似一条天狗秉天地灵性的预警信号。它先是汪汪地乱叫，后来却是长啸般地狂嗥。那声音携着节律，一长一短，一高一低，咆哮时如虎啸，愤怒时如狮吼，啜泣时如羌笛，望天啸叫，似哭又不像哭，似吠又不像吠。呜呜的哭声，似乎是地狱之门骤然向人类打开时的哭丧。

王安全坐在彩色编织布搭起的雨檐下泡方便面，偶尔抬头眺望上边的公路。后边长长的车龙越聚越长，已经塞了100多辆车。他暗自发笑，反正今天他已拉了两车矿石，够本了。看谁熬过谁！

堵车将近一个小时了，下行的卡车司机窝了一肚子火。有认识那个姓杨的，上来劝道，后退一步天宽地阔。本来是你没理嘛，开的又是空车。向后倒几步，给大家一个方便吧。

那个姓杨的司机也觉理亏，经不住大家劝，打着发动机往后退了几米，让出车道。

这时，有人到小卖铺来找王安全，说，路通了，你就别再生闷气，赶快去开车走人吧。

这还差不多。王安全觉得自己胜利了，他站起身来去开车。杨国权也紧随其后，他看了看表，此时已经是下午2点20分了。这场吵架使公路上的塞车足足有一公里长，堵了100多辆车，形成了一条卡车长龙。

对面石崖上的那条狗吠声更狂了。

杨国权被叫得心烦意乱，心脏怦怦乱跳。

冥冥之中，杨国权觉得像有什么事情要发生，催促王安全赶快走人。可是王安全钻进驾驶棚打着车，缓缓与那个驾驶员擦身而过时，横眉冷对地不忘损对方说,你忙着上去找死啊?

那个司机也回敬了他一句,你下去才是找死呢!

杨国权紧随王安全车后,从水电站行驶到老虎嘴不过三四百米远。可王安全的车超载太多,像一只蜗牛缓缓地驶过。两车车距保持在 20 米之间。倒车镜里,一队队被堵的车队长龙,也缓缓而下。

离老虎嘴出口不到 15 米了。

可是就在此刻,天劫地难开始了。刹那间,天昏地暗。一记巨雷从地心轰鸣而起,撼天动地,山谷颤动,死亡谷里顿时狂飙四起,灰土飞扬,烟柱腾空,巨石随着地动山摇滚滚而下。

地震了!杨国权一声惊呼,吓得面如土色。他连忙一脚踩住刹车,只听咣当一声,一块巨石砸在车厢上,车厢被砸了一个稀巴烂。他连忙拉开车门,一跃而下,本能地朝驾驶室左边伸出的一块岩石凹陷处藏身,脊背紧贴着岩体。只见山崩地裂,黄土肆掠,江心两边的山崖轰然倒下,泥沙流石如飞瀑从山峦上纷纷滚落。他全身战栗,以为自己的末日到了。就在距他 20 米处,王安全离老虎嘴出口不到一个车位了。可是他被突如其来的浩劫惊呆了,稍缓过神来,便一跃下车钻到车底下,想躲过此劫。谁知一块块巨石,接二连三地朝他的车子滚落,将他那辆重载卡车连人带车一起击落于江中。只听王安全一声惨叫,人与车被利石切割,肢解成了碎片。

杨国权闭上了眼睛,胆战心惊,任周遭灰尘四起,巨石落入水中,溅起千重浊浪。峡谷里,一片喊爹叫娘的呼救声。

整整 10 分钟。漫长辽远的 10 分钟啊。杨国权觉得自己沦落地狱经历千年。终于,狗吠之声沉寂下来了,呼救之声沉寂下来了,地裂天啸停歇下来了。杨国权身后 100 多辆车全被滚成乱石堆的巨石埋葬,200 多人被砸死于车中。两个吵架堵车的司机未能幸免,唯有四个年轻司机身手轻捷,像杨国权一样躲避及时,逃过此劫。他们浑身是血地跑了出来,与杨国权一起匆匆逃离了死亡谷。

杨国权伫立在死亡谷前,讲述着 15 天前发生的那一幕人间浩劫,仍然不寒而栗……

32. 一条狗与六名军人

我叩响了死亡谷的门环。

站在江边一个隆起的土丘上,朝杨国权手指的方向,鸟瞰江边王安全那辆红色卡车。而杨国权那辆蓝颜色重卡，仍蜗居在不见了公路形骸的悬崖上。我转身问从北京来的道桥专家宋希安，进入死亡谷里的安全系数到底有多大？

宋希安前几天随二炮副参谋长王治民少将徒步在死亡谷走了两天，实地踏勘。他神情严峻，脱口而出，看你的命了！

我默默地点了点头。

别吓着我们的作家。杨青是二炮司令部工程部的总工，过去我们同在一个工程团当兵。他拍了拍我的肩膀说，作家，我陪你进去看看。

你还要进去？

杨青点了点头，指了指指挥长刘建明大校、副参谋长张定虎上校和刚才吓我的道桥专家宋希安，说，我们马上要去再勘堰塞湖。你敢不敢跟我们进去？

敢！有你们四位工程专家保驾护航，我怕什么？

有种。杨青微笑着点头，说，像个军人！

徐某人本就是军人嘛！

哈哈……四个人仰天而笑。

这时路上三三两两走着从死亡谷里逃难出来的灾民。他们告诉指挥长刘建明，别从大塌方阻断的原公路右岸进去，应该过睢水，沿河左岸而行，可避开老虎嘴的险要地段。

成！刘建明接受了老百姓的建议，拧开对讲机，吩咐部下说，派一辆巨型胶皮轮子的美国卡特牌的装载机过来待命河边，随时送我们渡河。

天色黯然了，云层垂到了江面上。我们登上军用吉普车，从半山腰下至河谷。一辆米黄色巨轮装载机早已停在河边。

指挥长刘建明和副参谋长张定虎先期过河。

随后，我和杨青总工、道桥专家宋希安、油画家窦鸿攀上装载机高高的扶梯，爬到驾驶棚两侧的平台上，抓紧扶手，驱车涉过江流湍急的睢水。上了左岸，在一片河滩下车。几丛野茅和芦苇风中摇曳。

沿着一条乡间小道缓缓而上，穿过绿树簇簇，半山坡上，田畴阡陌，小径纵横。刚刚经历了一场地震之劫的灌滩村，整个村庄的房屋被夷为平地，土墙半掩，房梁木椽纵横，瓦砾遍地。偶尔有几块横亘其上的水泥预制板断裂两节，中间居然不见一根钢筋。唯有贴着大红门神的钢制铁门矗立着，于荒云冷风之中，守望着废墟上的家园。

我戴了双层口罩。走进灾区村落，到处弥漫着一种特殊的异味，尽管埋在断垣残壁下的尸体多数挖出来掩埋了,但臭味仍充斥于空中。嗅过之后,便有作呕之感。

穿过倒塌的村子,绿树相拥的野地旁边,是一个崩塌的巨石阵。我们手扶巨石,跳跃其上,犹如穿过龙门虎口。偶尔停下来往高处仰望,只见地震将一座山峰震塌了,一条沟壑被填得满满的,形成了一个高七八百米、宽三四百米巨大的塌方带,万千巨石悬于头上,大如房子,中似巨象,小如卧虎,正虎视眈眈,张开饕餮之口。一阵狂风掠过,或余震袭来,便会排山倒海地坍塌下来,让人猝不及防。我心生惶遽,不敢再朝上张望,连忙紧随杨青之后,迅速通过这片死亡地带。

走出大塌方地段,江边的小路又被泥石流覆盖了,无法通行。只能走紧依绝壁一侧的槽渡。我们无法选择,步履悠悠,行走其上。我刚走至中间,便觉腿软,脚下是万丈深渊,险滩处乱石穿空,惊涛拍岸。我不敢俯看,硬着头皮朝前走。那不足30厘米宽的槽渡,穿行于绝壁悬崖之间,竟有百米之长。越往前走,我越觉得寒从心中起,手心冷汗溢出,好像地震劫难将要发生,这槽渡顷刻之间便会从中断裂,头顶上的巨石倾覆而下,将我们打落山崖。终于,颤颤悠悠、战战兢兢地走了过去。

长舒了一口气,再眺右岸山腰,落石已将公路彻底掩埋。乱石丛中,一辆辆汽车或葬身乱石,或坠落河床。

走出百米,小路分出一个岔道,朝下是几级水泥台阶,可下至江边一个小水电站。然往下看去,一幢两层平顶楼,被滚落的石头将屋顶砸成了天井,将床铺碾成碎片。横跨江上的水泥桥面也砸了一个洞,成了危桥。

指挥长刘建明停下来说,老乡告诉我,还是沿左岸走好。穿过村子,有条小路,可以直抵堰塞湖。

好啊!杨青说,这样就可以避开右岸乱石累积的险要地段。

刘指挥长在前,我在第二,后边依次是副参谋长张定虎、总工杨青和道桥专家宋希安、画家窦鸿。六个军人依次排成一支小队,彼此拉开距离,沿一条弯弯的山道攀登而上。爬上一个台地,上边有一户人家,可是地震已将水泥浇筑的平顶楼房整体沉陷,落成了一个不足一米二三高的小平台了。一块木板斜横放上,我们踩着木板上到屋顶,往废墟凝眸,只见有从瓦砾里捡出的几件衣物和几块腊肉放在一只破柜子上。

我们下去吧!刘建明一个箭步跃下倒塌的家园。我也紧随其后,脚步声划破了废墟的沉静。

汪汪汪!一只灰黑色的土狗突然蹿出来对着刘建明狂吠,一步一步地进逼过来。

老乡，有人吗？刘指挥长想叫出主人唤住看门狗。

不会有人了。幸存下来的人都撤到镇上去了。我感慨道，唯有这只狗，忠实地守在这里，守着几件破烂，守在这片瓦砾，等着它幸存的主人回来。好一条忠实的狗啊。

那条狗依然不依不饶，朝着刘指挥长扑了过来，张开利齿。刘建明后退两步，顺手拾起一根木椽子朝它杵过去。可是这条灰狗毫不顾忌，拼死相扑，咬住木椽不放，弄得刘建明很无奈。

一条疯狗！打死它。副参谋长张定虎上校一身虎气，想以虎伏狗，他抡起一根铁管朝狗砸去。结果那条狗根本不怕死，它放开刘指挥长，竟然朝着张定虎扑了过来。他抡了几棒，皆无济于事。

这条狗一定饿疯了。杨青身上突然一个激灵，身体抖动了一下，说，它这么疯狂地咬人，必有原因！

一条狗与一片废墟。主人不回，生死不离。我更多想到的是文学。我回头喊同来的油画家窦鸿，说，快拍下来，我出书时要把这条狗放在书中。

张定虎对疯狗拦道多少有点耿耿于怀，他狠狠地说，打死它。在震区，都是见了流浪狗就打，不然会引发疫情。

杨青、宋希安与作者走进死亡谷

我喟然长叹，说，放它一条生路吧。一条小狗守着一片倒塌的废墟，还逼退了六名军人，它已经是这条死亡谷里的英雄了。

撤！刘指挥长非常利落，说，从危桥上过去，上右岸，从旧公路的大塌方地段进入堰塞湖。

呵呵！我边走边笑，说，有意思，六名军人、六条汉子，就这样被一条小狗逼退了。

大家觉得无趣，悻然退出废墟，有一种失败感。只好沿路折返，走到岔道口，下至被地震摧毁的水电站。我仍紧随指挥长之后，从桥上匆匆而过。桥面是水泥板，已被地震滚下的岩石砸坏。尽管我们分开走，一个一个地过桥，可步行其上，仍一摇一晃的。我真担心它会突然塌陷，坠落水中。

越过危桥，从峡谷底上山，前方横亘着一条二三百米高的斜坡，几乎无路可走，唯留下几行勘测人员走过的脚印。我们踏着松软塌陷的泥沙，一路小跑冲过去，才不致使自己深陷下去。然后伸手攥住一根野藤，向上攀附十多米，再抓住一根拴住倒塌电线杆上的电线，一步一步艰难地往上爬去。越往上爬，我越紧张，担心那根水泥电线杆根部已经拧弯的钢筋断裂，电线杆倒下，将我一起推入江心。可是刘建明在前边这样过去了，我只能照着他的样子，沿着他走过的脚印，手脚并用，攀登而上。

到了原公路残迹处，是一公里多长的大塌方地带。站立此处，仿佛人类又重新回到造山运动的史前时代。天漏了一般，遗下巨石无数，参差不齐。犹如冰川飞瀑，巨石从山巅往峡谷底部泻去。我们要想穿越其间，走到堰塞湖，唯一途径，就是踩着巨石棱，从一个巨石跳到另一个巨石。行进的队伍不变，依然是指挥长在前，我第二。也许因为有每周在北京香山攀登的锻炼，我还可以跟上刘建明的轻捷步履。可是在乱石之中我们这六个人宛如六只蚂蚁一样渺小，一旦余震袭来，塌方乱石从四五十度的陡坡上滚落，乱石一定像绞肉机一样，将我们碾成肉末。

乱石中掩埋了许多汽车，尸横遍野，异味从石缝中散发出来，我不得不重又戴上口罩。走过一个大的乱石滩，见两辆汽车居然车头相对而停，排列整齐，俨然是练兵场上的排练一样。起初我以为是地震前司机所为，后来交通局的人告诉我，这是上苍以神奇之手，巧夺天工地将其排列在一起。两辆车的车头相距不到50厘米，且完好无损。确实是一个天造的奇迹。

翻过一道乱石堆积的山脊，一个堰塞湖惊现于前。湖水水深超过百米，碧波如镜，幽深如潭。半山坡的电线杆被陡涨的湖水淹没了，只露出一个头。几十辆汽车中被乱石砸死的司机沉溺水中。

刘建明指挥长说，咱们出去找一个安全的地方，这里不宜久留。

刘指挥长转身离去，我也紧随其后。后撤时我们分成两拨人马。刘建明、宋希安和我在前，杨青和张定虎、窦鸿在后。我们匆匆走过时，便有落石滚下，吓得我们只好暂时止步。当我们走到堰塞湖决口处，流水淙淙，飞瀑如玉，似乎在为那葬身水底的死难者弹奏一曲挽歌。油画家窦鸿颇为激动，他频频朝我招手，说，主任，快下来，这里风景很美，我给你拍照！

我心中泛起一阵莫名的惊惶，急了，第一次朝着窦鸿吼道，照个球！不要命了？快跟上来。撤！

刘建明瞅了我一眼，心想，一个文雅书生，此时怎么变得这般匪气？

然而，说时迟那时快，窦鸿一行人刚从一堆乱石里爬上来与我们会合，突然对面大山上黄尘飞扬，大面积山石裹挟泥土，如千军万马从江边扑了下来。巨石倾泻而下，嘭嘭砸入水中。我顿时吓出了一身冷汗——如果不是那条土狗堵住我们六人的去路，此时我们恰好站在对面塌方地带！乱石飞下，泥土掩没，小命休矣。

天狗啊！我突然缓过神来，惊呼道。死亡谷里的一条狗，如此灵性如此疯狂地狂啸，救了我们一命！

那天黄昏时分，走出死亡谷，余震过后，雷雨大作，大雨下了一个多小时。但是我们已经撤离到安全地带，从暴雨中渡过江心。

一条灰狗守住了一片废墟。这条失去了主人的狗，一度曾被军人视为疯狗，欲置于死地而后快。而它却不弃不离，面露凶相，挡于道上，却救了我们六名军人的性命。

那天晚上，天黑下来了，暴雨初歇。对着睢水江天，我像患了震区综合症，像祥林嫂一样，唠唠叨叨说着死亡谷里的故事，诉说这条土狗，说着它的神性灵性，无与伦比。听者都面露讶异之色，却又心存怀疑，连连称奇后，都在叩问，天底下，真有这样一条灵性的天狗吗？

33. 每天走进死亡谷，却说没故事

我和杨青同住一座班用帐篷。他睡南边，我睡北边。

午睡前，我跟他约好下午3点起床，正式采访他。那天上午，成都军代表室前总代表赵光辉和夫人赵戎送我到安县。他们的女儿在英国伦敦留学，回国时恰好遇上汶川大地震。她与深圳的同学通话，那个同学特意从深圳寄来了医用手套。赵戎说要亲自送到灾区。我对他们说，就送到技术总队

驻地吧，那里有二炮总医院的医生、护士。于是，那天上午，他们一则送我，一则送女儿同学捐赠的防护手套。

早晨，赵总夫妇驾车赶来。我背上迷彩行囊与他们一同朝绵竹方向疾驶而去。

上午10点钟，我们到了绵竹市景观大道的技术总队帐篷区。政治部主任汪选平恰好在。看到我再次返回灾区，他很高兴，说，你在帐篷里的床还留着呢。

我说，这次我得先去安县睢水某工程团采访，完了再来你们这里。

作家情感点和关心点转移了？

没有啊，那是我欠官兵的账。上次来，在那里还没住一夜，就被张西南副主任调回北京写英模团演讲稿了。

原来如此。那里采访完了一定要回总队啊。这里才是你的采访和生活基地。

呵呵，谢谢！我笑了。

这时，二炮总医院的医生来了。赵光辉夫妇将防护手套搬了一箱，赠给他们。

我们登车直奔睢水而去。

11点钟，到了睢水镇某工程团帐篷，现场指挥长刘建明和副总工杨青都在帐篷里。一见我来，杨青欣喜地说，作家，我们可是等你多日。上次你走时，许了我们的还以为你兑现不了。这回真的回来了，够哥们儿！

我本来就是你们的哥们儿，曾经有过生死之交啊。

刘建明笑了，说，杨青一直盼着你来啊，作家与我们在一起，开心啊。

好，我这次就与你们待一个星期。什么也不谈，只跟着你们看。到睢水沟里去看修路，听老百姓的故事。

杨青说，我们的路已经修好了，作家不想一睹为快？

当然想去看了。我在车上已经与赵总和嫂子说过你俩的故事，还有我们一起遇到的那只黑狗。

对啊！赵光辉夫人赵戎也是军人子弟，她说，徐主任说的死亡谷里的一只狗，让我们觉得很神秘啊。现在还在吗？

在啊！杨青说，前些天，我们还看到它呢。

带我们去看看。赵戎恳请道。

走吧，作家。进里边的路已经打通了！平时沉默寡言的刘建明很自豪地说。

我们登车而去。

到了老虎嘴前，车戛然停下。跨出车门，只见一条宽敞的大道展现在视野里。

一张铁板上写的“老虎嘴”三个字横空出世。

我步履匆匆朝老虎嘴走过去，惊叹道，奇迹啊，不到一个月时间，这条满目疮痍的路，这条埋尸石块之下的路，居然修通了！

此时也有清风掠过，可我却不再害怕了，因为山巅的飞石都清理过了。

拍张照片吧。

赵总带着一台高级尼康单反相机站在那里，给我和刘建明、杨青拍合影。当照相定格那一刻，我说，杨青，我一定要将这张合影收入书中。历史应该记住你们，记住那些被忘却的无名英雄。

刘建明眼睛一热，说，有作家这句话就够了。

我们从老虎嘴驱车返回的时候，已经是午饭时间了。

那天中午，也许因为公路大功告成，刘建明破例让公务员抬来一箱白酒，说要庆贺一下，一则为我接风，一则欢迎赵光辉夫妇。

杨青那天喝得有点高，我们约好下午的起床时间，好正式展开采访。

送走赵光辉夫妇后，我和杨青回到帐篷里午睡。走进帐篷，轰的一阵热浪袭来。在这里午睡，对人的意志和耐力都是一场考验。躺在床上，不啻是在蒸桑那浴，汗水顺着脊梁便流淌下来。杨青颇会照顾人，特意将电扇的方向对准我吹，而他则脱了上衣，露出略略有些发胖的白肚皮，侧身向我而卧，一会儿便入定而眠。

我辗转反侧，身子一直都在冒汗，脊背、肚皮，汗水如暴雨滂沱。杨青睡了一会儿，翻身时一个激灵醒了过来，说，作家，心静自然凉。只要你心静了，便能睡着了。

翻了一个身，他又睡过去了。

也许心静自然凉这句话启发了我，也许是酒精发挥了作用，我终于从酒后极度的兴奋中沉静、抑制下来，酣然入睡。

一个晌午梦周公，周公没有入梦来，但是死亡谷的那条黑狗，还有葬身巨石之下和堰塞湖汽车里的冤魂，却从一辆辆压扁了的汽车里走了出来、从水里浮了起来。他们头发已经全部脱落，一个个神情像泥雕一样朝着我走来。我愕然，站于路中央，他们没有一个人理会我，纷纷从我的两侧擦肩而过，朝着自己的村庄走去。回家，每个孤魂野鬼，都走在回家的路上。

我被这一幕幕惊醒了。

一跃而起,发现自己身穿的纯棉T恤已经被汗水湿透,深色的床单上,留下了我的湿漉漉的人体印痕。

坐在床沿上,头还在痛。酒精仍在血管里作祟,我静坐了一阵,听着杨青的鼾声在帐篷里回荡。我抬腕看了看表,时钟刚指向了2点整。离与杨青约定的时间尚早。他太累了,成天奔走在睢水至高川的这条死亡谷里,终于将公路打通了,到了交工的日子,没有事了,喝口小酒,将要补的觉补回来,也是顺理成章的事。

没敢惊扰他,我重又躺在床上,企图再睡一阵,却已经再无睡意。

终于熬到下午3点了,帐篷顶上的太阳正浓。我用清水洗了脸,觉得舒服多了。已经是3点20分,便喊道,杨青,起床了,该我采访你了。

杨青睡得很死,我连喊了三次,他翻了一个轱辘,脸朝床边,又睡着了。

他太疲惫了,毕竟到灾区后就没有休息过一天,今天难得,就让他睡吧。我打开电脑,坐下来写东西。

太阳西斜,已经下午4点钟了。帐篷里温度降了一些。我又喊道,杨青,老伙计,我已经候了你一个半小时,你该起来了!

杨青嗯哼了两句,仍然泛着白肚子,对着我又睡过去了。

我有足够的耐心等他醒来。

到了傍晚5点钟,我敲击电脑键盘的声音将杨青吵醒了。他坐了起来,问道,作家,几点了?

下午5点!

我睡了三个小时啊?

当然!我喊了两次,你老兄可是照睡不误啊!你也够耍大牌了,让一个作家候你三个小时,自己却呼呼大睡。环顾二炮,独杨青一人啊。

哈哈哈……杨青仰天大笑,说,作家,对不起啊,瞧我多喝了几口猫尿,就没天没地了。

我也跟着他笑了,说,我喜欢你这种性格。牛!作家就候在床前,等着采访,自己光着膀子睡大觉,无动于衷。

谁让我们是一个团的呢,彼此了解,知根知底。

杨青站起来,洗了一把脸,穿上迷彩圆领衫,坐在我对面的椅子上说,作家,你到底让我谈点什么啊?

你来地震灾区最刻骨铭心的一个故事。

我没有故事啊。

妈的,杨青,我真的服你了!趁着酒精味未消,我也浑起来,我说,天天走进死亡谷，竟然说自己没有故事？

道桥专家宋希安告诉我，5 月 23 日上午 7 点，王治民副参谋长率队踏勘老虎嘴，站在虎口前，里边塌得太厉害，山顶上还有落石而下，许多人站着不敢过去，也不知怎么进去。有的说拉绳子，有的说下河床趟水过去。杨青向宋希安使了一个眼色说，走！

于是，已经 50 出头的宋希安一马当先，冯利居中，杨青紧随其后，那个高度近视的王然江断后，四个工程专家一点也不示弱，别人还在拉绳子时，他们已经过去了。摄像记者李建明、徐明见状，连忙跟了上来，为首长探路拍片赢得了时间和角度。

杨青和老宋他们不光勘路，还要记录和描述。塌方体的长宽高，岩石状况，是泥石流还是巨石堆，边走边描述边记录。

走进堰塞湖，塌得更厉害。余震不断，上边的滚石不断，而且无路可走。杨青后来说，他当老工兵多年，勘测过无数个导弹阵地，没见过这样难走的路。他也佩服自己的顶头上司王治民副参谋长，岁数那么大了，体重也不轻，照样跟着年轻人一起走。

一路风尘，一路险情，到了傍晚 6 点钟，他们走进了高川乡某研究所。被地震围困了 11 天、全靠直升机空运度日的专家和工人，吃的基本告罄了，官兵们连忙将行囊里背的方便面、火腿肠、矿泉水，全都给了他们。

一位姓唐的副所长说，见到二炮官兵，就像见了自己的亲人一样啊。

那天晚上，虽然走了一天险路，但是他们必须在最短的时间内拿出这条路的抢修方案，好给彭政委汇报。王治民副参谋长将焦明山、杨青、田东江、宋希安、冯利叫去，谈了自己的想法，老虎嘴怎么修、堰塞湖怎么过、月儿门的流沙河如何整治、地质情况怎么描述、塌方地段的土石方如何计算，一一作了交代。

焦明山副部长找到姓唐的副所长，让他们用小发电机发电，保证一个晚上的供电。杨青、田东江、宋希安、冯利、王然江五个人来到招待所二楼会议室，进屋一看，房间已被震成危房。刚坐下，余震便来了。部队跟着来的军官没有见过这种场面，一个箭步往外跑。

杨青却坐在那里，一派镇静，说，没事，加班。

跑的人重又返回来，有点不好意思。

写至半夜 1 点钟左右，第二次余震袭来。一阵地动山摇，本已经裂开了的招待所的二楼会议室哗哗地掉东西，桌子在不停地摇。高度近视的王然江钻到了床底下。

到了第三次余震时，楼房咯吱咯吱地响，大有倒塌之势。

一向平静的道桥专家宋希安问杨青，怎么办，总不能担惊受怕地在这里搞一夜专题报告吧？

杨青说，撤！

他们撤到一个帐篷里。到了子夜时分，天气出奇地冷。杨青叫郑军林副团长找大衣和被子，结果只找来了两件大衣。于是两个人穿大衣、三个人披被子，继续鏖战，直到拂晓时分，才将勘察的材料和抢修方案整理出来。

打通老虎嘴前，王治民陪于际训副司令员来视察。临走前，王治民副参谋长指着一块长得半人高的玉米地说，与村里协调一下，把这块玉米地征了，平整出一块场地，在上边搭一顶指挥部帐篷。帐篷里每天都要有值班的人员。杨青，你留下来，协助刘建明一起干，把握好安全和质量。

杨青知道，就从这一刻起，他的命运再也无法与墩秀路分开了。

每天早晨吃过早餐后，他和道桥专家宋希安一起，坐上指挥长刘建明那辆墨绿色的速跑吉普车，从某工程团住的高地上下来。转过几道，约莫行驶一公里路，便来到灌滩村前的老虎嘴。三个人戴上安全帽，徒步进去。刘建明每天从走进老虎嘴那一刻起，就变得沉默，一句话也不愿多说。举目四望，静听八面来风。杨青和宋希安这时也一句话不说，步履匆匆地跟着刘建明走，因为此时刘建明在用耳朵听落石下来的声音，以眼睛观察塌方段上裂缝是否拉大了……

走过老虎嘴，有六台挖掘机在施工段面上作业。安排了所有的活，对操作手、指挥员和安全员交代完了，三个人就都往里边走。经过疏宽河道，堰塞湖淹没的中巴车露出来了，石缝中的汽车残骸也刨出来了。亲属围在一旁，在装殓尸体。这时候，一直害怕看见死人的刘建明躲得远远的，而杨青则站在一旁观望。

修路的故事都大同小异，我们已经习惯了。杨青说，我想给你谈谈在这条死亡谷里，每天碰到的老百姓的事情吧。那才是你说的铭心刻骨，终生难忘。

好！其实我最想要的就是这些故事。

杨青说他忘不了的一幕是在道喜三村。有一个叫嫦娥的新媳妇，是到外地打工的老公将她从浙江领回来的，结婚刚 15 天。地震那天中午，她穿着红色的新嫁衣到矿山上给丈夫送饭菜。丈夫吃过后，她就搭别人的大卡车往回走。谁知半路上地震了，山崩地裂。司机停下车，她跳下驾驶室往后跑，司机往前跑。结果，她被一块滚落的大石头砸入睢水。下游形成了堰塞湖，抬高水位，淹没了她的头。她沉于水中，只露出一只手，红嫁衣依稀可见。水一流动，她的手就一招一招的。杨青每天从那里经过，只见这个异乡人葬身水底，死不瞑目，伸手在召唤。她是向丈夫招手，还是向故乡招手？杨青就对道喜村的人说，你们将她打捞出来，埋了。然而半个月过去，那新娘还在水中。杨青有点恼了，对道喜村的乡亲说，你们不将嫦娥埋了，是不是因为她是从外乡买来的媳妇？

然而，村里人却说已无力掩埋她了。

杨青无奈。部队修路路过此地，杨青叫挖掘机手将她埋了。可是刚埋了几天，因为水大，又被冲出来，露着狰狞的头，又在水中招手呢。

杨青最后只好找来二炮某基地防化分队的官兵，进行了消洗，然后请地方民政的有关人员将她收尸，使她不再沦为孤魂野鬼。

那天中午，堰塞湖疏通了。埋葬了36具尸体的中巴车露出来了，杨青就一直站在岸边，看防化分队与地方民政的同志在一起装尸处理。看着一个个从泥水里拖出的妇幼童叟，头发全脱落了，脸上糊了一层泥沙，杨青觉得他们很美，像一群模特儿一样，手拉手地走向了天国。

说到这里，杨青潸然泪下。

这时候，我突然看到了另一个陌生的杨青。

34. 不敢看死尸的指挥长

第一次见刘建明时，我们并未搭讪。

那天下午，在安县二炮抗震救灾指挥部帐篷前，王治民副参谋长与绵阳市李亚莲副市长开过协调会后，特意叫刘建明留下，坐在椅子上，面授机宜。

我不认识他，默默站在一旁观察。末了，只听王副参谋长说，你是这个团的老团长，将你从指挥部召来，坐镇老虎嘴当现场指挥，我放心。

这时，我才知道他原来是某工程团团长，现任某工程指挥部的总经济师。

三天后，我们一同进堰塞湖，经历黑狗挡道，逃过山崩一劫，又被滂沱大雨淋个透湿，我们已是患难之交。

可惜那天，我在睢水镇上刚待了一天。天黑时，突然接到张西南副主任电话，让我赶回北京参加英模代表团演讲团的撰稿，我便连夜赶回了绵竹，并未与刘建明深谈。

重返灾区后，我第一时间就是直奔睢水的某工程团，仍与杨青同住一个帐篷。这次我已经做了不正式采访，就与刘建明、杨青、宋希安、冯利一起聊天，上班就跟着他们一起转，观察他们是如何指挥施工的。

可是死亡谷已全部打通，除偶然放一台装备在那里保障之外，已无大的工程。

不到20天，打通了一个死亡之谷，这堪称是一个中国军人的奇迹。而创造奇迹的几位现场工程指挥长和道桥专家却很低调，我几乎没有在媒体上见过他们的报道和镜头。

我说，我为你们树碑立传，一定要好好谈！

刘建明摇了摇头，说，看到死亡谷里那些人，生死就在一瞬间，什么名啊利啊都是烟尘浮云。活着才是美丽的。

杨青则冒了一句，你知道我们这20多天是怎么过来的？以老虎嘴为界，外边热热闹闹，我们在里边沉沉寂寂。

我知道这句话的潜台词。

天空真的沉寂下来了。傍晚，山风徐徐，晚霞熔金，天穹一片蔚然。随着山风掠过，中午帐篷里的燠热一扫而光。刘建明叫通信员在帐篷外摆了一张小木桌，搬来几把椅子，特意切了一个西瓜。在这晚霞消失的时候，刘建明、杨青、宋希安和我围桌漫无边际地聊开了。

刘建明说，徐作家，还记得你第一次进老虎嘴前，宋希安说过的一句话吗？

当然！我指着老宋说，这家伙当时吓我，说进到沟里，是死是活，就看你的命了。

刘建明说，老宋说的是真话啊。每天早晨，我和杨青、老宋，还有装备处的方中军副处长走到老虎嘴前，也都有同感。真的不知道晚上能不能活着出来，就只能看自己命大不大了。所以这个时候，我从不敢给家人打一个电话，让她们惦记着，心会悬在天上。傍晚走出老虎嘴，我们四个人一定要在树底下坐一会儿，抽一支烟压压惊。说，今天又活着出来了。然后再给老婆、孩子报个平安，说今天平安无事。

5月24日，刘建明接到马力政委的电话，他说，刘总，王副参谋长点了你的将，让你带着老部队，去当抢修睢水至高川这条路的指挥长，马上赶过来受领任务。

二炮指挥部关于抢修墩秀路的方案出来，刘建明与副参谋长张定虎进去细化，制定了具体的落实方案。到了睢水走马上任，宋希安、冯利和王然江等工程专家则成了他的左右手。每天到里边一趟，他最担心就是安全问题，毕竟连中央首长都很关注啊，二炮首长更是心牵此地。靖志远司令员先由指挥部的领导陪着来视察，最后自己又单独来了一次，也是担心老虎嘴等地段出现大塌方。回到北京后，特意让工程设计所花了几百万元，买了排险机器人和塌方报警仪送到现场，就是关心官兵的生命安全。

刘建明说，首长越重视，自己越如履薄冰，每天晚上做梦都在喊“撤”！

第一天到睢水上任，吃晚饭前，刘建明说，我今天要请客，让炊事班准备一下。

孙乐政委问他，老团长，请谁？

地方的挖掘机手和排险人员。

那天晚上，重庆建工集团的挖掘机操作手和安县灌滩村排险人员都来了。刚落座，刘建明就说，各位兄弟、各位同乡，我是重庆人。今天请你们来，想送给你们一件最珍贵的礼物。

那几位地方操作手面面相觑，瞪大了眼睛看着。刘建明挥了挥手，通信员立即将准备好的迷彩服拿来了。

看到了吗？刘建明对地方的人员说，这是我送给你们的，这是最珍贵的行头，无价。穿上这身迷彩服，你们就是我们军队中的一员，我们是墩秀路施工大家庭，都是为了进高川的路而来。现在我敬大家一杯。

地方的几个操作手和排险员叹道，刘总真是大气量啊！

喝了这杯酒，就是一家人了。

干！

刘建明与地方兄弟干杯。

干过之后，那几位地方的操作手说，刘总，从喝酒上看，就知道你是一个很直爽的人。说吧，要我们做什么？

那是因为我也是川人，巴蜀男人。刘建明笑了，说，我今天已经将进去修路的地址看好了，明天早晨，你们先进去三台挖掘机。

从哪里进去啊，莫非是让直升机吊装进去？

不！自己走，从睢川的河床里开进去，一台上堰塞湖，两台进到老虎嘴里边，从半山腰挖掘爬上去，中间开花，一台往外、一台往里边打。

老虎嘴危石高悬，余震一来、风一吹就掉下来了。我们只有一个脑袋啊！

明天排险的两个本地兄弟，我不是请来了吗？再说，一台挖掘机进去，我派一个班的士兵保护你们，两个安全哨、一个指挥员，可以了吗？干累了，我们部队的操作手轮换你们。

好！一切听刘总的。

谢谢！我再干一杯。

杯酒布奇兵。这就是一个看似儒雅的老团长的智慧和喝酒魅力。

精彩！这个故事讲得很精彩。说话之间，天色渐黑了，翱翔在半空中的蚊子趁着夜色向我们扑来。

休息吧，作家也累了一天了。刘建明说道。

我点了点头，又对刘建明说，明天上午，我想进高川看看你们打通路的情况，感受一下。毕竟上次我只走到堰塞湖，不及四分之一的路段啊。

明天上午我陪你进去。刘建明非常爽快地答应了。

杨青说，我们也陪你进去。

翌日，太阳照常升起。吃过早餐后，刘建明让司机将车准备好，他自己安排了部队全天的工作，然后就登车陪我进沟。杨青与我们同行。

一进老虎嘴，坐在前副驾驶位置上的刘建明突然一句话不说了，眼睛总往窗外仰望。我有点纳闷，刚才还滔滔不绝的刘建明突然三缄其口。

我捅了一下坐在一旁的杨青指了一下刘建明问道，他怎么不说话了？

嘘！杨青制止了我，说，他正在听山上落石的声音。

原来如此，难怪第一次跟刘建明进死亡谷，他也一句话不对我说。跟着他这样的细心人工作，在危机四伏、险象环生的生命绝境中，可以放宽心。

死亡谷展现出一条宽阔的大道，但是前方，却有一辆挖掘机在装块石。我们在离他们百米之处停了下来。

刘建明跨出车门，站在挖掘机旁边的地方人员走过来与他打招呼。我和杨青也纷纷下车。

他们在干什么？我问道。

挖石英岩啊，附带降坡。

石英岩是做什么的？

烧水泥。

这条沟就是因为过分地挖石英岩，才造成如此大塌方的。我感叹道。

没办法，经济利益驱动啊。刘建明说，我们先步行过去。车子放在这里，等路通了再过去。

于是，我和杨青跟随刘建明越过了挖石英岩的地方，翻过一道坡，朝堰塞湖走了下去。湖中的汽车已经露出水面，车中的尸体全都掩埋了。

刘建明说，杨青这家伙胆大。那天在这里挖出来中巴车里的 37 具尸体，我远远地跑到很高的地方待着，不敢看。可是杨青却一直守着，等一具具尸体装殓进裹尸袋后才离开。

你害怕见死尸？我问道。

有点心理障碍，不敢看。

杨青笑了，说，刘总可胆小了。每天路过道喜三村的一辆卡车车前有一具女尸，长发飘飘，从车窗玻璃抛了出来，面庞狰狞。刘建明路过，总是将头扭过去，不敢正面看一眼。杨青说，我每次从旁边走过去，不时仰起头看看。纵使尸臭已经非常浓烈了，还说，好好睡吧。

我有点怅然，说，建明兄，你当过工程团长，见证过多少大塌方，经历多少生死伤残，为何还怕死尸？

那是因为我当团长几年，就没有让一个战士无谓地伤亡啊。

两天后，刘建明要去陈家坝，再探那条陈家坝至北川的道路，将其中一小段打通。于是，又是我和杨青坐了他的车，绕道绵阳、江油，然后沿山道往陈家坝方向驶去，进入北川地界。

一向话语不多的刘建明，突然健谈起来，说起了改变自己命运的一段往事。他说当年在青藏高原一个工兵连队当兵，那一年连里来了一个报考军校和教导队的名额，他想考教导队，另一个同乡报军校。为了争得这个机会，他还给指导员买了两条烟，结果一点动静也没有。有一天中午上厕所，与连长不期而遇，他大着胆子说，连长，我想报考教导大队。

好啊！连长系起了裤子，说，我们连队已经三年没有一个考上大学的了，希望你“和”一把，替连队挣回面子。

连长一句话，彻底改变了刘建明的命运。

他报考了教导大队的工程专业，后来包括导弹号手在内的许多专业都撤了，唯剩下了工程专业，他提了干。也许正是老连长一身正气，给后来当了排长、连长、营长和团长的刘建明立了一个标杆。他一直以老连长为榜样，关心每个官兵的前途和命运，成了他一生的追求和至上的目标。

刘建明说，国家交通部一位副部长曾经问我，多少天能将这条路抢出来，工期是多少？我说一个月，那位部长点了点头，说刘指挥，我给你一个半月。结果我们几乎是一天一公里的速度向前推进，只用 20 天，就攻克了老虎嘴、突破了堰塞湖、跨过了大滑坡，完成了这一艰巨的抢通任务。

6 月 12 日，国务院副秘书长汪永清同志在抢通仪式结束后，驱车检查了路况，并现场向中央首长报告了这一喜讯。军委郭副主席在某研究院给二炮的感谢信上批示：及时抢通这条道路，是党中央、国务院、中央军委领导关心的一个问题，也是关系到安全的一个问题，因此意义重要，堪称一条生命线工程，谨向二炮领导和参建的全体官兵表示祝贺！

6月13日，陈炳德总参谋长批示：某研究院二所陆路打通实属不易，是二炮领导高度重视、严密组织的结果，抢通此路绝不是一般的生命线，具有战略意义，为重大安全做出了巨大贡献。

我对刘建明在死亡谷的英雄之举充满了敬佩之情。

在睢水待了一周时间，等我告别他们前往绵竹市技术总队采访时，刘建明和杨青亲自送我。我最后回望经历过一场生死的峡谷，睢水将永远流淌在我生命的记忆中。

生死之地，岂能忘记！

第 7 章
天使之翼

35. 几个熟人的故事

应勇江部长是我的老朋友，因为熟，说话也就很随便。也因为熟，写起他的故事，就显得驾轻就熟。

不过，这毕竟是一场大灾难的救援，许多信息都是分散的，纵使是熟人，也得坐下来认真采访。

绵竹市的技术总队帐篷区，我曾两度去了那里，每次都与应勇江部长不期而遇。这说明他自从进入灾区之后，就没有离开过。

有一天傍晚吃过晚饭，正好有时间与他和廖炳生总队长沿着景观大道查看帐篷的情况。我说，应部长，我要采访你。

他说，我有什么好采访的？

我说你带着这么大一支医疗队伍来灾区，工作做得风生水起，有声有色，受到总后领导和二炮首长多次表彰啊。

他说，兄弟，你千万别将我抬到火炉上烤。二炮医疗队伍和防疫分队出征，从大的格局看，都是二炮党委、首长和后勤部领导亲自决策和指挥的。从具体侧面上，是总院和两个队属医院、防疫大队、防化分队医务工作者和一线官兵不辞辛劳、努力实践的。应该写他们。

一篇官话。我笑着说，应部长什么时候学得滴水不漏了？于公于私，我都得写你。

应勇江笑了，说，徐老弟看来是一个难缠的人，不达目的不罢休。

然而在技术总队的帐篷区，我还是没有缠住应勇江。直到指挥部撤回北京了，我才于一个周日下午，在他办公室里堵住了他。可他谈的仍然是二炮医疗战线在灾区的故事，一点也不谈及自己。任凭我怎么变着角度地问，他说，我是机关二级部长，就是一个协调和组织，无非是有一种职业的敏感而已。

这种敏感不论是在震区，还是京畿，抑或外地，都会情系苍生。

“5·12”汶川大地震发生时，应勇江正好在北戴河参加读书班。当天下午看到电视画面的惨烈镜头，他就预感到二炮的医疗分队会被最早征召入灾区。他马上给在家的副部长打电话，立即启动医疗应急机制，确定出征的队伍和人员，仓库里医疗设备及时启封，人员物资器材全部到位。24 小时值班，随时准备出发。

在他当卫生部长任内，已经经历 2003 年春天的“非典”，还有部队的一些施工救援，都出色完成了任务，积累了丰富的大灾大难救治的经验。

果然，5 月 14 日凌晨 2 点，应勇江已经入睡了，总后勤部卫生部值班室的电话直接打到他的手机上，应部长，总后首长要你们二炮出三支医疗队伍，明天乘专机飞成都，进汶川。

明白！当天晚上，他就分别给已经待命的二炮总院、537、538 医院打电话，通知他们，一旦接到预令，30 分钟出发。同时通知 535、533 医院做好准备。

5 月 14 日下午，二炮总院医疗分队从南苑机场坐专机飞四川，而大型的医疗设备和防疫大队的防疫器材，则由总院杨传松政委乘专列送往灾区。

一场生命救援在北川重灾区展开了。尤其是总院的医生抢救被埋 138 个小时的唐雄医生时，轰动了全国。走村串户进入北川县禹里送医送药更是感天动地。

应勇江部长一直对我说，我个人你不要写，但是像防疫大队的邓志荣、537 医院的高院长，还有总院的杨政委以及普通的医生，要浓墨重彩地多写几笔。

我点了点头，说，你也不能不写啊。从 5 月 21 日进入北川后，你就没有离开过。

他说那几天，他正盯在技术总队抓长缨卫生院的筹建。总队官兵将板房搭起来，每家 30 万的医疗设备都得配起来啊。司令政委和后勤部首长对这件事情十分重视和支持，彭政委离开灾区后，到了基地检查工作，还专门让秘书打电话来询问进展情况。

5 月 30 日后三天时间，二炮部队一村、一校、一院在绵竹率先崛起，二炮靖司令员专程来参加了进住和开学、开业仪式。在长缨卫生院，首长本来已经走了，最后又返回来看了一遍，说卫生院的设施准备得完备周到，连住院病房的床头柜都准备了，说明你们想到很周到，体现了真情。

这都得益于总医院护士长刘娜。两座板房医院，30万的设备，就是她一个人在成都置办好的。你一定要写写她。应勇江说。

说说你吧。我提醒他。

我没什么好说了。他说。

围剿了一个下午，我终于没有掏出应勇江自己的一个故事，算是一个失败的采访吧。

熟人好写，熟人不配合的时候其实也挺难写。应勇江部长便是例证。

其实在灾区，我还有许多熟人。

那天我在睢水的帐篷里突然接到一个陌生的电话。电话那边说，首长，我是曾蛟啊。

哦，曾副部长，早知道你带着基地防化连过来了。张西南副主任交代要写你呢，我叫顾保孜和辛茹过去了，她们采访过你吗？

曾蛟说，谈了。

我说，过几天，我有时间再来看你。

我与曾蛟相识于90年代初，那时他还是一个志愿兵，出任导弹第一号手——发控师。凭着一股顽强的毅力，打出某型号导弹的最佳精度。当时我恰好陪总政组织部工作组去他们旅，于是，这个典型被发现了。我也参加他的事迹和报告文学的写作，后来他以英模之姿进入二炮工程学院学习。我一直在追踪着他的成长轨迹，将其故事写入了《大国长剑》一书。也算是缘分。

几天后，我跟刘建明的车去了大康地区，二炮两支防化分队就住在这里。下车伊始，我就先找曾蛟。转了一圈，人家说他不在。

曾蛟未见到，但是在陈家坝志愿者办的帐篷小学里，十多位从上海、广州来的女志愿者，怀着一种仰慕之情，向我讲起了曾蛟对她们的帮助支持。她们说这顶大军用帐篷就是曾部长送给她们的。她们到灾区后，一个月没洗澡了。曾蛟将淋浴车开过来，不仅让她们洗上澡，就连陈家坝村的乡亲们也沾了光，连着烧水洗了好几天。

最让这些志愿者感动的是，端午节那天，曾蛟将她们接到大康帐篷区，一起过节、联欢，与官兵互动座谈。

这些颇具性格的白领丽人，被一个质朴厚道的解放军大校所折服。

晚上，我回到了安县睢水。曾蛟的电话打过来，说，首长，对不起啊，我去青川慰问几位在这里救灾的四川籍老兵的家庭，回来后听说你来过了。

我说，没关系。你的故事我都听说了，与15年前一样朴实精彩，让地方上那些“白骨精”都纷纷倾倒了。

呵呵，首长过奖了。

我听到了他爽朗的笑声。

曾蛟说，本来这次轮不上他带队伍上来的，他主动向基地党委请缨，摆出了两个条件，一个是他是重庆人，川渝本一家，熟悉当地风俗和语言；二是他当过老工兵，懂得工程救援。于是基地司令员、政委就授命他带队伍过来了。

在陈家坝，他的老工兵经历还真管用，有一家人的房子震得倾斜了，问曾蛟有什么法子没有。曾蛟围着房子转了一圈，说有办法，找一个粗麻绳来。他将麻绳往房子上一拴，叫战士拽，让老百姓推，果然房子正了。一时成为传奇。

曾蛟说，最感动的还是基地郭俊波政委来看望部队，看到老百姓家里很苦，首长当场落泪，并将自己兜里的4000多元人民币全部掏出来，给一个小女孩做生活和学习之用。

另一个熟人是某基地于瑞田副政委，他也是带着防化部队来的。他儿子于飞是二炮作战部的参谋。父子两个同在灾区，相隔只有百余公里，老子与儿子的相见竟然是在开会的帐篷里，挥了挥手，便算是团聚了。

还有装备部副部长莫俊鹏少将，我提出来采访地。他说，我来得晚，还是写第一批到的首长们吧。那天下午，我们谈了一个多小时，他思考的层面全都是如何提高装备在执行多样化军事斗争中的效能和质量。他尤其对技术总队和通信方式称赞有加，而对自己的故事却只字未提。多写普通的官兵吧，这就是他对一个老朋友的要求。

这样的故事，在北川很多很多……

36. 忠孝可以两全

忙碌的日子突然沉寂下来了。

睢水的帐篷里很热。环顾左右，该采访的人我都采访了。我觉得无所事事，便对杨青说，某基地的防化大队就在旁边，我想去指挥所找他们谈谈。

杨青说，好啊，我陪你过去。

于是，我们走出帐篷。虽然此时已经是下午3点，太阳开始西斜，但是

某基地副司令员李晓宏指挥防化分队在疫区洗消

紫外线照得厉害。我穿着迷彩短袖衫，仍然晒得汗流浃背。

两支部队的帐篷相隔不过百米，我们朝指挥所的帐篷走去。一经介绍，某基地李晓宏副司令员、副参谋长刘振岩和后勤部长都在帐篷中。一见我坐下来采访，当时穿着超薄汗衫的李晓宏开始换上迷彩作战服，佩着大校军衔。

我说，天太热，你可以随便穿啊。

他边换迷彩服边说，那就对作家不尊敬了。

显然他是一个非常注意细节的人。

坐下来谈的时候我得知，入川一个多月，他已经写了七万多字的灾区日记。

开始李晓宏一直谈的是工作，后来，谈到前几天他老父亲去世，他犹豫再三，最终向于际训副司令员请假，回家去了一天，给90岁乘鹤而去的父亲送上最后一程时，我突然眼睛一亮，说，我对你感兴趣了。你可以成为我书中的一个角色。一个孝敬父母的人，才可能忠诚于自己的领导和国家。

他一愣，眼睛忽地湿润了。在他承受的极大矛盾和痛苦之中，终于找到了理解自己的知音和读懂自己心情的人。

以后，随着他的话题讲得越人性、越平凡，我觉得他的故事愈加精彩。辉煌的空壳剥落了，人性的光辉闪现。

李晓宏说自己出任灾区基地抗震救灾部队的总指挥，完全是在一刹那间决定的。

5月20日，李晓宏接到基地司令员的电话，上级要求防化分队出动，到北川参加防疫洗消。考虑到长途行军的安全，派他带队，将队伍送去交给二炮指挥所。留在那里的队伍，由基地副参谋长刘振岩负责，那时他就可以返回来。

此前基地所属的537医院在高宗科院长的率领下，已于5月14日进入北川救人。

而防化分队的出征，则几经折腾，部队出发了40公里，又因情况不明，叫撤回了。直至22日晚上11点半，才正式开拔。23日在绵阳市环城路上待命一天，正式进入安县睢水，为死亡谷进行洗消。24日，彭小枫政委接见二炮在灾区的团以上干部。听完首长讲话后，李晓宏来向于副司令员辞别。

于副司令员说，你们的任务很重，要严密组织。

是，首长！李晓宏点头道，我要返回了，部队交给刘振岩副参谋长。

此话一出，他发现，一向儒雅温和的于副司令员脸色刷地变了。李晓宏灵机一动，说，首长，我不走了。

这就对了！于副司令员神情严峻说，老虎嘴200多具尸体还埋在石头下，正是你们派得上用场的时候。要主动作为，多做贡献。

李晓宏当时便给基地司令员打电话，说明情况，决定不回去了。

于是，他就在那一刻成了基地部队的总指挥。

李晓宏率领的抢险救灾部队的主战场是怪石林立、山顶全部震塌、巨石流沙掩埋了100多辆重型卡车和几辆客车的墩秀公路。目光所及，不少车辆如玩童摔坏的玩具车，车头、轮胎四分五裂、千疮百孔。山风吹过，黄尘漫天，如遇雨天，突兀的悬崖峭壁阴森恐怖，这里被当地百姓称做“死亡之路”。

这是“5·12”汶川大地震四川省境内损毁最严重的一条道路。地震之后，这条路根本没人敢走。高川乡村民崔胜利站在墩秀公路老虎嘴段路口，忧伤地对李晓宏说，我翻对面的天台山，四天四夜才走出来，至今再也没人敢回去过……

入川之后，防化兵就在这条夺命谷里展开了战斗。

第一次携带洗消装备作业，几台功能先进的大型洗消车辆开不进去，迫使李晓宏命令全体官兵，背着简易喷雾器，手脚并用，从利如剑、尖如针的羊肠石阵中，走钢丝般，快速、艰难通过。

长眠于斯的遇难者躺在乱石堆中，或坐在挤扁了的驾驶室里，或静静地睡在浑黄的雎河里，还有不少埋在人们看不见的角落。他们未来得及向亲人告别，就以一种袭人灵魂的味道，昭示自己的存在。

防化官兵心如刀绞，生怕惊扰他们不醒的梦，以一颗虔诚的心，将消毒药粉撒向他们雕像般的身体。

临出发前，李晓宏一再叮嘱战友们，要让这些灵魂干干净净地走向天堂之路。消毒液如丝质般的白纱，喷洒到他们沉睡的地方。每喷完一处，大校带头脱帽，低头默哀。他们的举动，令不少旁观者动容。让逝者安息，生者安慰，这是抢险官兵的使命。

每一天，每一刻，李晓宏的心情都沉甸甸的。在狰狞的老虎嘴路口，守望丈夫回归的妻子们、盼着妻儿奇迹出现的男人们、等待父辈消息的儿女们，用泪水迎接防止疫情发生的官兵，同样用敞怀的痛哭表达他们对亲人的哀思。

6月8日中午，忙碌了一上午的防化官兵刚回到宿营地，还没扒上两口饭，就被一个紧急电话召走了。在距老虎嘴路口500多米的河道里，发现了一辆中巴车，里面有老人、壮男、妇女、孩子……

李晓宏带着一队防化兵风驰电掣，再入“虎口”。

37具遗体，原本是37个活生生的人。他有些难以想象，那该是怎样一种惨烈、怎样一种悲壮。战士们好像预感到什么，没有一个人吭声，只是加快了脚步。指挥官李晓宏打破了僵局，他说，同志们，待会儿的场面可能很血腥，情景很残酷，但大家不要恐惧。因为死去的是我们的同胞、兄弟姐妹。我们防化兵的职责就是处理这些亲人，以免发生瘟疫，给雪上加霜的人民群众带来更大的灾难。我再重申一遍，动作要轻，不能踩踏遗体，拍摄资料的同志绝不允许拍特写和近景，只能拍大场面。尊重死者，就是尊重我们自己。

在一处十余米的悬崖峭壁下，上游的堰塞湖已逐渐被排险，露出一辆没有顶的蓝色中巴客车。围观的群众和抢险施工人员站在不远处看着已经严重变形的车体。有的失声痛哭，有的蒙上了眼睛，有的捂住口鼻。一团团酱紫色麻袋样的东西，有竖有横地斜靠着，叠加在一起。

李晓宏下达命令，立即疏散四周群众，分两路下到谷底。堰塞湖已被兄弟部队用挖掘机分流形成两条分支，受损车辆仍浸泡在浅水湖里。车体一侧是湍急下泻的堰塞湖泄洪槽，湖水荡漾，深不见底。另一侧离岸约五米，中间被一潭积水阻隔无法靠近。从车里渗出的机油掺杂着泥土把水搅成黑色。车头和车尾斜架在水中的两块巨石上，要想下去只能选择翻越乱石堆，分别从车辆头部和尾部登车后实施消毒作业。

官兵们在李晓宏的镇定指挥下，提着消毒药粉，几乎像蜗牛般往下移。还没走几步，他就看见几个战士戴的防毒面具起了一层雾。山谷寂静得出奇，除了哗哗的流水声，几乎可以听见八个肩负特殊使命的洗消员急促的心跳声。难以言说的紧张之情像空气一样笼罩着在场的每一个人。

同志们，别紧张，不要有顾虑。我们是来送亲人的，要让他们走好……

指挥员一句暖心的话，使勇士们的精神为之一振。

“亲人”们越来越近。他们有的斜倚在座位上，有的低着头，有的扶着靠背站立着互相依靠在过道里，他们的脸上似乎有一丝痛苦、一丝哀怨，更多的似对人间的不舍。他们的躯体已成为一尊尊不朽的雕像。也许因为一直被流水冲刷着，现场一点也闻不到前些日子在作业时穿心入肺的腐烂味道。

他们的形态基本没有太大变化，只是将衣服撑得鼓鼓的，不少人头发已脱落，但面目依稀可辨。整个车厢包括逝者皮肤和衣物在内，一切看上去都是淡淡的灰色，像一具具灰色大理石雕塑般凝固。洒消毒粉、喷药，官兵们以极其虔诚的态度，洗消杀毒，像对待自己的父兄姐妹……

处理完现场，官兵们从老虎嘴里撤离出来时，已经是下午2点多钟。

根据洗消规定，每一名消毒员作业完毕后，必须进行严格的自我洗消，确保不带出任何疫情隐患。解除防护后，八名同志刚掀起手套外侧的袖套，汗水就从手套里面哗地流了出来。由于天太热，作业时间长，防护服密不透气，每个人的手套和靴子里都被汗水灌满了。

李晓宏心疼地一一检查他的爱将。四川震区高温高湿，每一名官兵在执行洗消任务时，汗水浸透衣裤，干了湿，湿了干，不少人因此身上长了湿疹，浑身奇痒无比。但每接到命令，他们就会精神抖擞地出现在现场。

而此时，他们的指挥官远在千里外的90高龄的老父亲，气若游丝，用眼睛扫视了一圈至亲至爱，唯独不见最孝顺，最懂事的小儿子。他心里清楚，儿子在地震灾区率兵“打仗”已多日。老人有太多的话，想再叮嘱儿子几句……最终，父亲只留下一句话，别影响他的情绪，灾区人民更需要他！

当李晓宏得知父亲去世的消息，一种揪心的疼痛袭遍全身。

我得回去见见他老人家，送他最后一程。这个念头刚刚升起，就被他否定了。不行，驻守的震区还有那么多处于水深火热中的群众等待援助，老虎嘴里还有那么多孤魂没有“回家”；死去的牲畜已高度腐烂变质，这些都成为威胁刚刚摆脱死神纠缠的群众健康的“头号杀手”。这时候，自己怎么能提出回家，怎么能不在岗位上呢？

他陷入了痛苦的抉择。

他把对父亲的思念和缅怀，强压在心底。

父亲在家里停了一周，再有两天，就是父亲下葬的日子。无论怎样，得见他老人家最后一面，得送一送他。否则，作为人子，我将会遗憾终生。

次日凌晨 4 时，李晓宏实在躺不住了，他坐在床上点燃一支香烟，思想在激烈斗争着。抽完第二支烟后，他穿上衣服，在黎明前静静的宿营地来回漫步。抢险救灾部队已接到上级通知，由应急状态向规范化状态转变，部队可以每周休息一天，明天就是周末，也是父亲下葬的日子。

太阳渐渐升起来了，他一看表，已经是早晨 7 点了。他终于鼓起了勇气，向第四责任区总指挥、第二炮兵副司令员于际训中将报告了父亲病故的情况。中将得知情况后，宽慰了他几句，最后下了一道命令，马上回家，送上父亲最后一程！

越巴山、趟蜀水、翻秦岭，他一刻不曾停顿、一刻不曾合眼，终于回到了八百里秦川腹地。

父亲静静地躺着，很安详地等待，好似睡着了一般。巨大的“奠”字下素色的纸花摆满了灵堂，青烟缭绕，哀乐阵阵，坚强的汉子泪流满面。

爸爸，我回来了！他在父亲面前骤然下跪。

37. 红十字之旗猎猎飘北川

应勇江部长向我推荐第一个医疗防疫战线上的人物就是邓致荣，他说这是一个无名英雄。

我知道邓致荣是二炮后勤部防疫防护大队大队长，大校军衔，技术六级。在北川县城，他所率领的一支 18 人的防疫分队被震区医界公认为是学术最专业、装备最先进、防疫效果最好的队伍之一。他们承担了灾情最重、最有可能发生疫情的北川城区的防疫工作，北川“大灾之后无大疫”，他们功不可没。

找邓致荣很容易。在安县二炮抗震救灾前指，一面红十字旗在风中猎猎而舞，我循着这面旗帜而去，掀开门帘，只见一位穿迷彩服的大校站在一张大比例的军事地图前，就像打仗的将军在寻找自己的战场和兵力部署。

他显然没想到我会到得这么快，连说抱歉，说我本该到大门口迎接一下的。一下子便将一个医务人员的风雅、和蔼凸现出来。

我说，你们太忙了，不用那么客气。

他说，现在正是进村入户阶段，我们二炮负责的片区内，好多偏远乡村都要一一走到。任务是挺重的，关键是人员太少。人家称我们是“防疫精兵”，我觉得并非恭维，咱的装备和前期的“战果”在那里摆着呢。可是进村入户，走更多的地方，人少了还是不行啊。

18个人的精兵在北川大显神威，将依附于尸体里的疫情堵在了这座死城门里，这是何等气派的事情啊。

说起这段北川往事，邓致荣显得格外激动。

5月16日中午，他带领首批10名队员与全军另外四支防疫队飞抵成都双流机场时，成都军区给每支防疫队配一台东风卡车，作为连人带装备的运输工具。邓致荣当场就对军区的同志说，我们得两台车。

对方不明白，以为这位大校想搞“特殊化”。但是看到他们从飞机上卸下的大批装备时他就明白了，当即又调来一台车。别的医疗队都没这么多装备，顶多也就装半车，另一半坐人。而二炮光是装备一车就装不下，还都是些国内很少见到的“新玩艺儿”：像高效烟雾机，是把消杀药物混入汽油燃烧形成的烟雾里面，专门用来对废墟深处的虫媒进行消杀的，也能用于人员集中居住的帐篷区的大面积消杀；水质检验箱，不仅可以对水质污染做定性分析，还能对里面的含氟量等等做定量分析。这在国内防疫队伍中是很少有的，都是专门从美国进口的设备。还有跟这些设备配套的药品和试剂等等，十几个大箱子，没两台车根本装不下。

成都战区的人一看，二炮防疫力量这么强，就将这支队伍安排到了灾情最重、疫情威胁也最重的北川。这样也好，可以向二炮指挥部靠拢了，生活保障上便有了依托。可是他们刚到北川，原先配在这里的另外两支防疫队马上就调走了，一家是成都军区自己的，一家是三医大的，都调到别处去了。本来邓致荣率二炮防疫大队到的那天，说好晚上要一起开个会，研究怎么分工合作，把北川的防疫做好。没想到会还没开，他们就接到通知撤往别处了。要是三支专业防疫队伍在这里，工作起来当然就更有把握，也会轻松一些。他们这一走，所有的事情就得由二炮防疫队顶着。地方倒是有少量的防疫人员在这里，也有些志愿者，但军队的专业防疫队只二炮一家。

进入北川，邓致荣才发现这里的防疫形势十分严峻。就在部队临时营区的边上，老乡家里那些被地震砸死的家畜和家禽的尸体，没人管没人问，路边上、水沟里，到处都有。消杀灭科的宋世佩主任就带了几个人，马上展开环境消杀，处理这些动物尸体。就在他们对这些禽畜腐尸挖坑深埋时，有的老乡还很不理解，说，解放军同志，你们不去救人，摆弄这些死东西干啥？

宋主任和队员们就向老乡解释,也是作宣传,说,这些东西不消毒深埋,就会让人闹病,可能会死更多人啊,所以防疫跟救人都很重要。同样的事,别的队员在不同的地方也多次遇到。他们想到,光是这种随机地和一对一地当面讲防疫还远远不够,必须在加强防疫消杀工作的同时,让官兵和群众都提高防疫意识,掌握防疫知识。于是当晚就赶制了一批防疫宣传单发到部队和群众手中。对救灾部队要求是每个帐篷必须张贴,让大家对一些最基本的防疫工作要点不仅要知道,还得牢记。

当时部队在北川城里救人。邓致荣便带着一部分队员进入北川城区,随工程部队到抢险救灾现场跟班作业,主要任务是在挖掘过程当中对地震遇难者遗体及其周边环境的消毒处理。

他记得刚转过一个大下坡,经过北川县计生委大楼时,看到那成堆成片的残垣断壁,真是受到震撼,心里非常难过。以前也到过一些特殊场合参加防疫,像2006年因山洪暴发造成许多人死亡的那种场合,可是从来还没见过这么惨的场景!一些年轻队员更不用说了。城区里面更是到处是瓦砾,只有极少几幢楼房还没有全倒,勉强站着,却也都严重倾斜,摇摇欲坠。那种惨状只有身临其境才能感受,无法言表。进去时已经是地震过后第五天了,表面上的尸体能处理的都处理了,但是压在废墟里的没法处理,早已开始腐烂。空气中尸臭味道非常浓烈,脚边污水横流,防疫形势极其严峻。

第一批尸体处理,是武警救援队来找他们帮忙的。当时邓致荣正在二炮救灾部队的挖掘点,一个武警战士急匆匆地跑过来,报告说,我们那里发现三具尸体,已经开始腐烂,请你们帮忙消毒。他立即安排了两名队员,让他们注意做好个人防护,去对停尸地点和尸体进行消毒。其他人继续前进,很快就来到了需要重点进行防疫保障的两个挖掘点——县农行和县农村信用社金库。也就刚过十几分钟,正当他们按程序对挖掘物进行消毒时,那边挖掘机手突然停下来,报告说发现了两具尸体。他就亲自带人翻过三层楼高的一片废墟,进入挖掘点里面,对尸体展开消毒。

按照防疫消杀的程序,对新发现的尸体是这样要求的:挖掘机发现尸体,必须先停机,对尸体及周边消毒;尸体取出后,再进行一次消毒,然后装进尸袋;等尸袋运离后,还要再对周围地面和挖出尸体的位置进行一次消毒。也就是说严格地进行三重消毒。对估计埋有一些尸体、人员又无法进入的那些废墟,他们带来的高效烟雾机就用上了,可以向里面强力喷入含有消杀剂的浓烟。主要是把那些可能传播疫病的苍蝇、蚊虫杀除掉,因为许多疫病实际是通过虫媒传播的。防疫队员在那里操作时,一些地方救援队的同志一边看一边感慨。江苏消防救援队的领队对邓致荣说,早就知道你们二炮是高科技部队,连防疫防护也这么专业!还半开玩笑地说,有你们“保驾”,我们在这里进行搜救就更安全,更放心了!

光是这进城的第一天上午,他们就对搜寻部队发现的11具尸体进行了消毒处理。邓致荣估算了一下,防疫队员每人已经喷洒了四桶消毒药液,总重100多公斤。穿的是密不透气的防护服,每个人衣服已经被汗水浸透了,有的都快要虚脱了。因为人和装备都需要补充“养料”,他们中午就返回任家坪营区了。

下午,邓致荣又带领四名队员去北川县城。这时许多幸存群众已经撤离了,搜救部队大部分也已经撤离,只有几个重要部位还在挖掘抢救。下午5点钟左右,正在信用社金库的挖掘点工作,发生了一次强余震。当时觉得脚底下都站不住了,离他们10米远的一栋危楼剧烈地摇晃了一下,落下几块碎玻璃。这时管晓飞正钻到三米多深的挖掘作业面内进行尸体消毒,外面的人急得哇哇大叫。因为如果发生二次坍塌,他肯定就被埋在里面了,后果不堪设想。幸好余震很快过去,没造成新的险情。同志们是冒着生命危险在开展工作。

这次地震虽然被称为汶川大地震,其实震得最厉害、损毁最严重的是北川,尤其是北川县城,正在那条断裂带的核心位置上,房子倒得最惨,人死得最多,埋在废墟里没法挖出来的尸体也最多。在这么重的核心灾区,这么炎热的季节,北川没有发生大的疫情,跟我们防疫队全体同志的不畏牺牲、全力以赴的高标准、高质量的防疫消杀工作是分不开的。

后来在进村入户阶段,二炮防疫大队又分成了几个小分队,马不停蹄地在北川、安县、绵竹三地数十个乡进行环境防疫和防疫知识宣传,并且为地方培训防疫人员200多人次,对这一带灾区的防疫也尽到了我们的一份力量,收到较好的效果。像进入高川乡那次,队员光去就走了一整天,翻山越岭,好几次遇到塌方滑坡,去了之后连夜展开消杀防疫工作。在他们进入高川乡以前,那里从未到过专业防疫队。

也许因为邓致荣所带的队伍专业水准高,凤凰卫视曾经在全球联线中采访过他,他谈了对灾区防疫的普及知识,颇受观众好评。

然而邓致荣最自豪的是二炮救灾部队的防疫保障,传染病发病率仅为不足千分之三,比全军的平均水平低一半。这是个硬指标。后期更降至千分之一点五,基本没有发生传染类疾病。但是他却没有将这些看作是防疫防护队的功劳,说这是二炮首长和前指首长对卫生防疫工作高度重视、参加抗震救灾的二炮各单位共同努力的结果。像二炮的炊事车、淋浴方舱，都是在第一时间就到达救灾前线，这就在饮食卫生和人员个人卫生这块有了基本保障。其他单位很少有这样的条件。防疫防护队作为第二炮兵的唯一一支专业防疫队伍，也是在二炮和后勤部首长的直接关注和亲切关怀下，不断发展、不断壮大的。包括人员编制、添置的这些新设备，都得到了首长和业务部门的大力支持。尤其这几年加快进行军事斗争准备，使他们练就了一支召之即来、来之能战、战之能胜的防疫精兵，在这次抗震救灾的特殊战场上，通过了检验。

红十字之旗在北川猎猎飘扬。

38. 一生中最难忘的野山花

早听说安江燕是震区五朵金花之冠，可是我没想到，她年近不惑，却依然保持着一个女军官的美丽和风韵。

那天晚上，朱伟陪她来到我住的帐篷。她似乎已经知道我想要什么内容，话题始终围绕着灾区普通老百姓的故事展开，尤其让人难以忘怀的是，一束野山花和一个小女孩的故事。

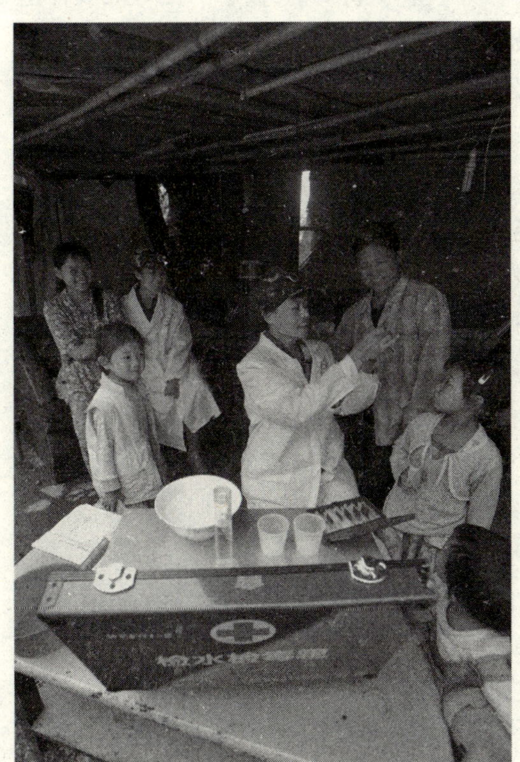

五朵金花之一的安江燕在为群众检验水质

安江燕记得，那是一个早晨，她刚走出帐篷，迎面就碰上一个 60 多岁的老太太。只见她满头大汗，身背一个大背篓，怀抱一个六个月大的婴儿，焦急地说，解放军同志，听说你们这里可以化验水质，能不能帮我化验一下小孩子喝的水？她嗓音很大，还没讲完，婴儿就哇哇大哭起来。

安江燕急忙领她坐到院子里的长凳上让她哄孩子，并告诉她，我马上就化验。

这时，537 医院外科安源

护士长听到孩子的哭声，匆忙从治疗帐篷中出来问，孩子有病吗？

没有，可能是饿的。护士长伸手摸了摸孩子的额头说，等一下，我给孩子热瓶奶去。

谢谢喽！谢谢喽！宝宝不哭，不哭，解放军阿姨给宝宝热奶喽！老太太双腿不断颠着孩子，腾出一只手擦脸上的汗，双眼直愣愣地望着安江燕笑。

奶来了！安护士长手里拿着奶瓶跑过来，将奶嘴放到婴儿的嘴边。婴儿立即停止了哭泣，非常熟练地吮吸起来。安护士长坐到长凳上，双手接过婴儿，抱着孩子说，大妈，你休息一下，我帮你抱抱孩子。

要得！要得！解放军太好喽！大妈边说边起身放下背篓，从里边取出一瓶水说，这是我们村上的井水，地震后水没有从前清亮了，再也不敢给娃儿冲奶，就送来化验一下。

安江燕接过瓶子看了一眼问，你是哪个村的？远不远啊？

大妈是睢水镇青云村人，全村有14个组，900多户人家，近3000多人，各家共有水井800多口。由于镇子边上有一个比较大的铬盐化工厂，距离村子只有一公里左右，地震后村民们都担心水井被化工厂污染。

她抱的婴儿是她唯一的孙子。为了这一老一小，孩子的父母双双外出打工，自然带孩子的事就落在了她老人家的身上。她不敢有半点闪失，所以今天一大早就背着孩子，步行七公里来到医疗队。

安江燕像平时一样，非常认真地做了这个水样的所有理化毒理指标，尤其是对六价铬、氰化物、氯化物、亚硝酸盐几个重要指标反复做了三遍，为的就是让自己和老人放心。经过仔细检测，确定这水没有被化工污染。

安江燕看她有些不太明白，就用最通俗的语言给她详细解释了每个指标的意义。做完这些工作，已近中午时分。看着汗流浃背的安江燕，老人家眼睛潮潮地说，解放军说这个没问题，我放心了。我要告诉乡亲们，这水能吃，并且替村民感谢你们……

送走了这个饱经沧桑、善良负责的老太太，安江燕立即向抢险救灾医疗队队长高宗科汇报了此事。高宗科非常重视，作出指示：明天就组成防疫小分队进入该村巡诊检测。

随后的几天内，在高队长的带领下，他们头顶烈日，携带近200斤重的消毒器、水检箱和消毒药品等，走遍了睢水镇周边大大小小的村庄，对这一地区800多口吃水井进行了逐一检测，并就怎样监测水质、消毒进行了系统宣讲和指导。

每到一处，村里的干部和村民都分外热情，十分支持。遇到阴雨天，村民们会主动为他们打伞;遇到狗叫,百姓先上前将狗拉住……

一天,防疫小分队一行八人计划去白河村消毒,正往前赶路时,身后传来一个柔弱的声音,解放军阿姨、叔叔们,你们是去白河村吗?那边有一条好走的小路,我可以带你们过去。

安江燕回头看去,只见三个头上插着野花的小姑娘跟在他们身后。

大家停下脚步。安江燕一眼就认出了其中一个小姑娘。

邱莉,是你吗?安江燕惊喜地问道。

小姑娘立即低下了头,下意识地用左手捂住了嘴角,害羞地低声说道,是我,阿姨。我家在山里的高川乡,地震时山塌了,房子也倒了,学校也没了。现在,我们就住在那边的帐篷里。

朝着她手指的方向望去,绿油油的稻田边上,一排长长的蓝色救灾帐篷在青青的山体和翠绿的竹林映衬下,显得分外耀眼。

为了让因地震辍学的孩子们有学上、有书读,537 医院在转战睢水后,在宿营地开办了一个爱心帐篷学校。防疫洗消员王敦国家在四川,考虑到他文化程度高,没有语言障碍,就让他担任了小学部的班主任。孩子们都特别喜欢这位"老乡班主任"。每次进村入户,他都身兼翻译和洗消员等数职。

刚到睢水的第三天上午,安江燕正带着几名防疫队员在高川乡驻睢水镇灾民安置点进行健康教育和消毒、杀虫。几个好心的村民将一名三天前被疯狗咬裂上唇的女孩,送到了 537 医院捐建的高川乡长缨卫生院紧急救治。

听说是被疯狗咬伤,防疫职业的本能促使安江燕立即赶到治疗帐篷里。

眼前的一幕让安江燕惊呆了,小女孩脸上的鲜血和眼泪模糊成一团,撕裂的长衫也被血泪浸透了。

可能是受惊吓和疼痛过度,小女孩在不停地颤抖,牙关紧咬,双眼紧闭,呼吸急促,意识恍惚。

止血、清理伤口、建立静脉通道、测量血压、脉搏……医生、护士们紧张地行动起来。

好可怜的女娃呀!老天爷对我们太不公平了。一个满脸沧桑的老头说,解放军来了,她就有救了。

嘀呜!嘀呜……医疗队的野战救护车也及时赶到了。

医生们迅速跳下车,将小姑娘抬到车上后,车很快消失在一片尘烟中。

围观的群众逐渐散去,卫生院也恢复了平静。

小女孩叫邱莉,今年 14 岁。

当安江燕带着邱莉的奶奶赶到部队宿营地时，高院长刚刚给邱莉做完手术从方舱走出来。他对身边的护士长说，立即注射狂犬疫苗，多给她输些消炎液。留观一段时间，对病人和家属要交代清楚注意事项，要耐心地进行心理疏导。

高院长看到安江燕搀扶着的老太太就问，这是……

安江燕赶忙回答，这是那个小女孩的奶奶。

看着老人焦急的面容，高院长微笑着说，大妈，手术很成功，您不必担心。然后又交代给老人家准备些饭菜，安排休息一下。

听完高院长的话，老人家当时就热泪盈眶，用骨瘦如柴的手抓住高院长的手泣不成声地说，救命恩人哪！解放军是救星呀！说着双腿一软就跪倒在地上。

高院长赶紧扶起老人安慰说，大妈，不要这样，我们是人民的子弟兵，这些都是我们应该做的！

一天，换完药的邱莉突然问安江燕，校长阿姨，我们能到你们帐篷学校上学吗？

可以，可以，当然可以。你怎么知道我是校长呢？安江燕停下惊讶地问。

我知道你是校长。在我看病的时候，我去过你们帐篷学校，有好多解放军叔叔、阿姨讲课。一个解放军阿姨教的《感恩的心》，我在窗户外都快学会了。还有你讲的童话故事我在帐篷外边也听到了，可好听了，就像鞠萍姐姐讲的一样。你们还上军体课，还用电脑当课本讲作文辅导、地震后的防病知识。这些都是我从来没有听到过的。

小邱莉短暂的兴奋之后又转入了悲观和忧郁，她小声问道，我还有两个小伙伴也特别想来，你们教室都坐满了人，我们什么都没有，能去吗？

邱莉所言一点不假，帐篷学校里已有60多个孩子，真可谓“人满为患”。但是看到邱莉渴求的目光，实在无法拒绝，安江燕就说，放心吧，书包和文具去了就会发给你们的，明天早上8点，我在帐篷学校等你们。

第二天一大早，安江燕就看到邱莉她们三个小姑娘来了，每个人手里捧着一束平时鲜见的野花。她们兴奋地跑过来，将三束散发着浓郁芳香的山野花同时举到她面前。又惊又喜的安江燕不知说什么才好！

你们这么早就来了？哪来的这么些漂亮的花呀？安江燕情不自禁地接过一束深深地闻了又闻。

没想到，在抗震前线艰苦落寞的环境里，还能见到如此美丽、芬芳的鲜花。

从那天起，帐篷学校的不少孩子们学着邱莉的样子，也给他们喜欢的老师送花了。有香气扑鼻的栀子花，有金黄灿烂的向日葵，有大红色的美人蕉，有淡紫色的野菊花。

孩子们的一束束山野小花，使战友们在繁忙的抢险救灾之余，感到了丝丝温馨，也让高院长，一个40多岁的钢铁汉子感动得几次热泪盈眶。

就这样，一所由60多名不同年龄、不同班级、彼此不太熟悉的学生，同在一所帐篷学校里学习了。挽救生命的医生同时肩负起教师的职责，担当起灵魂工程师的重任。

邱莉的勤奋好学与坚韧不拔，使总指挥李晓宏倍感欣慰。而她悲惨的遭遇，又深深刺痛了这个三秦汉子坚强的心。在一天放学后，他将1000元现金硬塞给了她，让她给奶奶买些营养品、自己留些零花钱。

……

三个小女孩一直在引路。当天下午，医疗队跑遍了白河村八组的56户村民家，为灾民检测水质、讲解防病知识。直到傍晚，他们才依依不舍地道别。

高院长带领应急野战医疗队在重灾区北川县一干就是八个日日夜夜。转战睢水后，每天进村入户，救治伤员，检测消毒水源，帮助“三孤”人员，组织防疫，开展健康教育及心理疏导。战友们都说高院长有四特：精力特旺、点子特多、技术特高、爱心特重。但是繁重的任务使他体力严重透支，他病倒了。

护士长安源说，刚把液体给他输上，就听到院长的呼噜声。他太累了。

院长病倒的事，被细心的小邱莉发现了。当天下午，她将一束紫色小花悄悄地放在了院长床头，下面还压了一张小纸条：“院长伯伯，您太累了。这花可以驱蚊虫，希望您能睡个好觉。”

当高院长醒来后，发现这束也许是他所见过的最绝美的山花时，一股暖流瞬时袭遍全身，感动得一句话也说不出来。

一天下午，小邱莉又带了一束淡蓝色球形山野花。在安江燕的帐篷里，她满含泪水地说，校长阿姨，我们山里的大人都喜欢男娃，不喜欢我们这些“背时的女娃”，我从小就感到低人一等。这些天和你们在一起，我看到了平等。虽然是地震期间，但我还是度过了最最快乐的日子。这次有幸认识你们，听你们上课，心里特别高兴！你们比我最亲的人还要亲，我长大了也要当解放军。可是听说当解放军条件很严格，尤其是当女兵，都要长得漂亮。我现在被狗咬伤了，没有原来好看了。

安江燕没有想到，解放军在邱莉纯洁的心灵里留下了这么美好而神往的印记！安江燕停顿了好久才对她说，长得漂亮不漂亮不是当解放军的标准，关键是要学习好、身体好、品行好，爱祖国、爱人民、坚强、自信，你只要是这样，长大后就有可能当上解放军。

一席话，使邱莉忧伤的脸庞逐渐露出了笑容。

过了一会儿，邱莉依依不舍地说，明天，我就要和奶奶一起搬到另一个灾民安置点。那里有你们解放军帮助搭建的活动板房。我再也不能来咱们帐篷学校上学了。

安江燕手里捧着这束淡蓝色球形的山野花，思绪万千，感慨不已，它已不再单纯是一束花，它分明是灾区孩子们那一颗颗滚烫的感恩心呀！

从那天以后，小邱莉再也没有来上学。那束用她心灵编成的小花，却被安江燕摆在了帐篷里最醒目的位置，虽然渐渐干枯了，可是她仍舍不得丢弃它。

39. 禹里的日子

采访应勇江部长时他告诉我，二炮总医院本来是要进汶川的，结果在都江堰紫坪铺大坝上等了两天，最后二炮指挥部与成都军区联系，将他们撤下来，随二炮部队进北川。这一步棋妙啊，不然供应保障都会成大问题。

我说，15 日我随总政采访分队上了紫坪铺，见几个军医大学的医疗队都候在大坝上，进退维谷。

应部长笑了，说，人家一直在吃方便面，看到我们二炮总院医护人员吃上热腾腾的盒饭，羡慕得不得了！

这多亏重庆军代表局啊，给你们做了坚强的后勤后盾。

是啊！应勇江部长点了点头，说，总院在北川结束第一阶段的搜救治疗后，最艰苦的要数杨传松政委带队进禹里了。医疗小分队在那里最长待了 23 天，为乡亲们办了不少好事情，值得大书一笔。

我说，在绵竹市技总的帐篷区里，我见到了王开平主任，采访了刘永飞、余继锋、刘慧娟等医生护士，他们讲了北川的故事，也谈了进禹里的经历。

时间虽然模糊了，但是在禹里的日子仍在杨传松政委心中记忆犹新。

5 月 29 日，二炮抗震救灾指挥部下达命令，要二炮总院前往禹里、白坭乡执行医疗保障任务。杨传松政委点了 23 位医护人员的名，随自己进去。凌晨 2 时，天空突然下起暴雨，出发的时间一再推迟。

早晨8时，北川天空的雨渐渐小了，终于等到了出发命令。队伍集合完毕后，李志韧副院长与进山的每一名队员紧紧拥抱，然后，有人将煮熟的鸡蛋塞进大家的口袋，留下来的同志也自发地站在道路两旁送行。许多人都流下了眼泪，气氛一片悲怆。因为大家心里都知道，此行的确是吉凶未卜。禹里和白坭乡，自从地震发生后，几乎与外界完全隔绝，没有传出任何信息。路途上更有余震、山体滑坡、塌方、暴雨、泥石流等各种危险。每个人的心情都非常沉重，但每个人都知道肩上的责任，他们不仅要把药品和医疗救助带到山里，更要把党的关怀和温暖送去，让那里的人民知道尽管他们地处偏远山区，党和人民没有抛弃他们，解放军会和他们一起抗震救灾，重建家园。

千山我独行，一支孤旅朝着莽莽的崇山走去。那一路上，他们不记得自己在泥泞的山路上摔倒了多少次，也不记得究竟翻过了几座山。每次有人摔倒时，身边的战友总会伸出手来扶起。走在队伍最后的杨传松政委——一位年龄足够做年轻医生、护士父亲的军人——与大家一起跋山涉水，风餐露宿。他腰间挎着水壶，手中拄着拐杖，每当有人掉队，他总会关切地鼓励两句。从他那坚毅的脸庞上，队员看到了坚持；从他那亲切的言语中，他们获得了动力；从他那深一脚浅一脚的步态中，大家的心灵受到了极大的鼓舞。最难忘的是，他们坐着简易的木筏，成功地穿越了横亘在路途上的唐家山堰塞湖。

骨科医生王烈明记得，那天，他和马玉恒、孙博、王祺和宋庆背着两天的干粮以及睡袋和卫生背囊——为了能带去更多的药和器械，每个人的背囊都塞得满满的，足有30公斤重。他们拄着自制的竹拐杖才能勉强保证不摔倒。没走出多远，鞋子已经粘满稀泥，抬脚时需要使出很大的力气才能将脚从泥里拔出。每到特别滑的地方，先下去的队员总会伸出自己的竹竿给后面的人做支点。大家不断变换着顺序，为了节省时间还是尽可能地加快步伐。就这样，平时40分钟的山路，用了一个多小时才走完。

山下就是唐家山堰塞湖了，那儿有一个渡口，是为了方便老百姓进出临时搭建的。这个渡口同往常一样，挤满了排队等船过河的群众。看到戴着医疗队的袖标、举着红旗的队伍过来，老乡们立即自发地给他们让路。他们登上停靠岸边的橡皮艇，回望渡口处的群众，看到他们每个人眼里都充满了期望。那是一种最淳朴、最信任的期望。队员们不约而同地向他们挥了挥手，心里暗暗地说，请相信我们，放心吧！

禹里乡地处唐家山堰塞湖的上游，水位以较快的速度持续上涨。他们刚来时还能看见较多的房顶，现在放眼望去只有很少的建筑物露在水面。湖面上到处都是漂浮的木板和杂物,还有横七竖八的电线。为了避让这些障碍物,橡皮艇在不断地改变航向,扭来扭去地让人悬着心。队员中有四个人不会游泳,橡皮艇一旦不小心被木板上的钉子扎破,后果将不堪设想。其实,这已不是第一次摆渡堰塞湖,大家都明白这些危险。可是每次有巡诊任务大家都主动要求,生怕失去一次救援的机会。驾驶橡皮艇的是两位武警四川总队的战士,他们每天要在河道里往返数十次。因为水位每天持续上涨,他们的航程也就每天都在延伸,临时渡口每天都在改地。他们基本不穿救生衣,不是因为水性好,而是都让给了乘船的老乡。

半小时后,平安抵达另一处临时渡口。为了使橡皮艇靠岸,一名武警兄弟越过一米宽的水面跳上岸,将船拉过去,然后他们才一一上岸。那种时刻,内心的感激是没有语言表述的,一个军礼也许成了最好的告别方式。

接下来还有近十公里的山路等着他们。整理好行囊后,继续前进。所谓的公路早已被水淹没,只有拾级而上,翻山而行。因为是震中,这里余震频繁,沿途都是滑坡,根本就没有路,都是沿半山腰踩出仅能容下一脚的羊肠小道慢慢攀爬。头顶是摇摇欲坠的石头,脚下是深不见底的山谷,如果发生余震,他们必然陷入进退不能的险境。因为此前都已有过这种经历,也摸索到一点应对这样的危险的办法。重新编队,宋庆在前开路,马玉恒断后,其余三人在中间,每人间隔 50 米,按顺序快速通过。此时还需要竖起双耳,因为眼睛要看着脚下的窄道,只有靠听力来判断是否有石头滚落。刚通过一段滑坡时,只听得身后隆隆作响。回头一看,几个大石头就在他们身后滚入山下,刚走过的路又一次被砸得无影无踪。不知是谁小声说,再慢一步咱们就交代了。稍微定了定神,又继续前进。每经过一段塌方路段,他们就像顺利趟过雷区一样庆幸。

就这样深一脚、浅一脚行进了两个多小时才到达目的地。举目望去,村落里的唯一通道已堆满石块、瓦砾,木质的房屋通体都是很大的裂缝。到达后五分钟他们就设立了临时医疗点，并派出两名同志招呼乡亲们来医治。复位、抢救、固定、输液,一直忙到天色黑暗才不得不停下来。其间余震发生两次,房屋后的山上不断听到山石滑落的声音。吃过晚饭,大家决定帮着老乡清理街道。两小时后,原来瓦砾遍地的街道已有了基本的模样。他们尽量做着他们能做的一切,期望能让灾民们燃起重建家园的信心。

夜里 11 点,大家累了一天,都很疲惫,在简易帐篷里刚躺下就听见有人在帐篷外喊,医生,医生,来救人啊!他们立刻起来,看到几个村民用门板抬着一个人。经村民介绍,伤员叫叶建军,是禹里乡双义村灾民,在骑摩托车回家的路上摔倒受伤。他们通过检查发现,伤者左膝部重度软组织挫裂伤,面积约 5×8cm,伤口污染严重,不断有鲜血从中涌出。经过紧急清创、探查,他们判定伤者是左膝关节开放性损伤、左髌韧带部分断裂。这种伤情必须紧急进行清创、冲洗缝合、韧带吻合手术,术后还需要下肢固定。延迟或耽误手术所引发的伤口感染、膝关节感染、膝关节功能损伤等后果将对伤员以后的生活带来极大的危害。怎么办? 医疗队队员们都知道,带来的一次性缝合包只剩下最后一个。这里没有消毒的环境,没有无菌区域,甚至没有电。怎么办?不能等,立即创造环境组织手术。王烈明同几名队员通过简单的商议后作出决定。队员们立刻展开了术前准备。短短半小时后,一顶帐篷已经腾空,地上喷洒了消毒水,手术器械包、辅料已准备就绪,术后固定需要的夹板已经用竹子做好,四把手电筒已备好,手术台是一张破旧的书桌。就这样,一台急诊手术在没有电、完全不符合手术标准的条件下展开了。

手术由王烈明和王祺主刀,宋庆担任器械护士,马玉恒、孙博、向导小唐和村书记从四个方向打着手电筒组成了一个"急诊无影灯"。创面消毒、局部麻醉、清创、关节冲洗、缝合关节腔、肌腱剥离、肌腱吻合、石膏固定,他们严格地按正常手术的步骤操作。一小时后,手术顺利完成,队员们都长吁了一口气。当他们走出帐篷时,当地的灾民们投来了信任和赞许的目光。

凌晨 5 时,刚刚睡下,又听到向导在和一位村民说话,便赶紧起身询问。这位村民叫李加友,是距离医疗点三公里外的双义村村民。他听说来了一支二炮总院的医疗队,便赶来为村里一位 82 岁的老人王兴东求救。这位王兴东老人已三天不能进食进水,神志也不太清醒了。病情就是命令,王烈明立刻安排一人在医疗点留守,其他四人背上救护背囊立刻赶往双义村灾民聚集点。在村民李加友和向导小唐的带领下,经过一小时的艰难行军到达双义村,直奔王兴东老人栖身的简陋帐篷。经过检查,发现老人面色焦黄,意识不清,血压 90/50mmHg,心率 98 次/分,呼吸 20 次/分,口唇干裂,心律不齐,伴早搏,上腹部压痛+++,反跳痛阴性。他们考虑老人大概合并多种病情:中暑,脱水,休克早期;心肌缺血;水、电解质紊乱。针对这几种情况,他们立刻展开治疗。随着时间的推移,老人慢慢地清醒了。考虑到医疗点天亮后病人会很多,留守的一个人忙不过来,他们决定将老人带到医疗点进一步治疗。6 点 55 分,他们带着输着液体的老人往医疗点返回。由于山路崎岖湿滑,他们几人只能轮换着背老人,双义村村长负责开路,宋庆负责夜路通畅，王祺负责观察生命体征，其余人员轮换着背，差不多用了两个小时才返回到医疗点。后来对王兴东老人进行了多种有效的治疗，离开禹里时，终于看到了老人脸上露出的笑容。

在禹里乡及周边村镇，二炮总院共救治2952人、健康宣教5549人、抢救危重病人6人、手术11例。6月19日通往禹里的道路打通后，医院又派另一批队员进驻禹里替换他们。至此，他们在禹里已奋战了22天。

禹里的日子，很艰苦，也很快乐。

40. 谁说“80后”无好汉

周斌是某基地警防营少校营长，刚过而立之年，学防化科班出身，这次他随老工兵出身的基地于瑞田副政委率队而来。那天我在大康的帐篷区里，没有见到老朋友于副政委，却见到了这位刚当营长才两个月的年轻少校周斌。

当时，他正在队列前布置工作，声音有点沙哑，却仍然带着老陕的口音。他身后是一片用石子码成的地形图，重灾区陈家坝及周边的地形一目了然地标在地形图上。

队伍解散后，周斌带着我到营区转了一圈，厨房、洗消车、淋浴间等等。

防化分队在废墟上洗消

虽然驻地是临时的，但仍然像在军营里那般整洁。在食堂的一面墙壁上，整齐地张贴着战士们的请战书、家信、灾区纪律、防疫注意事项等等，还有战士们自己写的诗歌、感想。尽管五花八门，却杂花生树，自成体系，格外引人注意。联想进入营区时看到的那个用石子码成的地形图，能清晰地体会到这支部队拥有浓厚的文化气息。而访问一个有浓厚文化气息的部队，是件快乐的事情。

跟着周斌进了他的帐篷。帐篷里的小环境和整个营区一样，简单而整洁。那天帐篷里很热，我们都不停地出汗，周斌就是从汗水讲起的。他说他们每次在任务区完成洗消作业之后，脱下厚重的防化服，穿在里面的迷彩服都能拧出半碗水来。他又说，通过这次抗震救灾，让他对“80后”有了一个重新的认识。

5月20日接到任务后，周斌随基地于副政委等领导带领20台指挥车、防化装备车及81名官兵，于当天晚上离开营区，一路西行，去地震的另一个重灾区江油。和当下部队一样，他带领的这支防化队伍，绝大多数是80年代出生的，被称为“80后”士兵。

这些年，在社会生活的各个领域，对“80后”有许多讨论和争议，比如“80后”艺术、“80后”情感、“80后”性格、“80后”文学等等，社会上对这一代人存在很大失望。大概也受到一些影响，周斌平时总觉得这些人身上有不少毛病，过于自我、不与人合作、脆弱等等。但这次在执行救灾任务的过程中，他却真实地见证了“80后”的成长，从心里感谢他们付出的努力。这么多天下来，虽然他也深入第一线，但主要还是布置工作和指挥行动，更多的是这些“80后”士兵在现场突击。灾区至今没有出现疫情，他们功不可没。

到达江油后，他们简单搭建了宿营帐篷就开始了解疫情，制定防疫方案，第二天便开进陈家坝乡实施洗消作业。那些天，当地的气温高达35摄氏度以上，加之陈家坝受灾严重，无法挖掘的遇难者遗体和家畜已经散发出浓重而刺鼻的气味。战士们每天都要进入任务区进行洗消作业。主要是以专业的消毒液，利用喷洒车和手动喷雾器对废墟、道路进行压制性消杀灭菌。每个战士仅身上的防化服重量就在7公斤以上，这还不算防毒面具的重量。

有一次，一个记者在现场看到我们的战士在穿上防化服之前一口气喝下好几瓶矿泉水，有些疑惑地问周斌，战士们一次喝下这么多水，进入任务区后，怎么解决排泄问题？

周斌对他说，进去之后根本就不存在这个问题。因为防化服主要是用塑料、橡胶合成的，完全与外界隔离，穿上之后，里面的温度高达40摄氏度以上。呼吸完全靠防毒面具，面具内过滤空气的活性炭阻力很大，如果没有经过专业训练就戴上面具，连三分钟都很难坚持。而战士每次的作业时间都在三小时左右，其工作强度可想而知。在执行任务的过程中，每个人都会大量出汗，甚至导致虚脱。当他们完成任务脱下防化服时，每个人的内衣都能拧出半碗水来。这也就是说，他们喝下去的水，基本上都通过汗排出去了，因此正常排泄在官兵身上竟不成问题。即使有人内急，那也只好忍着。对了，为防止战士们虚脱，他们在水里加入了一些食盐，以保证战士们身体内电解质的平衡。

战士们不但要穿着厚重的防化服和防毒面具，还要手持消毒水枪，在废墟里对每一个死角上上下下地消毒。由于身体笨重，行动迟缓，听觉又比较迟钝，加上消毒面具的可视范围极其有限，所以余震、危楼随时都有可能对我们的战士造成伤害。在那种情况下，哪个战士在自己目力所及的范围发现危险，都会尽力排除或用手势相互提醒，这种为他人着想的团队合作精神常常让我感动。

战士们每天执行完任务后都筋疲力尽，脱去防化服，再喝一些水，坐在返回临时营地的车上，许多人连说话的力气都没有了，一个一个地靠在一起，很快就睡过去了。这样的作业，在灾区每天都在进行。其间我找过几个战士谈心，问他们是否还能坚持，压力大不大。特别是有个别战士的家乡就在灾区，家里也不同程度地受灾，心里有些包袱。可战士们的回答却出人意料地相同，他们说，灾区人民在这次地震中受了那么大的伤害，不能再让他们受到疫情的袭击，只要抗震救灾斗争全面结束时没有爆发疫情，没有让灾区人民受到第二次伤害，我们再辛苦都是值得的。看着战士们一天天疲惫、消瘦的样子，我除了心疼就是感动，这就是我见证“80后”士兵成长和成熟的过程。

除了执行陈家坝洗消任务外，防化分队还把淋浴车开进了陈家坝受灾群众的临时安置点，让他们也能洗上一个热水澡，同时印发了几千份有关防疫知识传单，让战士们逐一送到群众的手中。现在，为了让灾区群众在精神上早日恢复，战士们还为他们定期播放电影。这些工作基本上都是战士们在完成一天的工作后额外承担的。有时候淋浴车一出去，要到晚上12点多才能回来，但是第二天，战士们又出现在了洗消现场。

其实，他们的成绩不是马上就能看到的，它既不像工程部队打通道路，建立起一条抢救生命的通道那样快速有效，也不像第一时间奔赴灾区，在废墟下搜救生命那样感天动地，更不像堰塞湖排险、老鹰嘴鏖战那样惊心动魄。他们的工作就像是一场隐形的战争，不能在第一时间看到成效，但他们必须耐得住各种考验，必须每天重复作业，这样才能真正确保大灾之后无大疫。我想，灾区人民在感谢人民子弟兵为抗震救灾做出的贡献时，也包括对我们这些防化兵的承认。而这一切，都是以“80后”为主体的一代士兵完成的。因此，你认识了“80后”士兵，也就认识了这一代士兵。他们确实是好样的。

周斌说，那天基地唐国庆政委专程来灾区慰问他们，对防化营和“80后”官兵的英勇悲壮的事迹，给予了高度评价。

遍地英雄战汶川，谁说“80后”无好汉？！

“有人吗？”

第8章
老鹰岩下

41. 再探老鹰岩

王治民副参谋长再次徒步走进高川。

这一回,他不是为修睢水至高川的路而来,而是为了高川里边的堰塞湖老鹰岩而来。

6月2日,成都军区联指下达任务,将老鹰岩堰塞湖的排险任务交给了第二炮兵抗震救灾部队。这是继唐家山堰塞湖之后,又一个引起党中央、国务院、中央军委高度关注的地方。

正在灾区视察的二炮司令员靖志远上将要听取实地勘察的汇报。王治民向于际训副司令员请示,我再走一趟吧。到现场看了,心里才会有底。

于副司令说,辛苦了。路上一定要注意安全。

王治民带着原班人马溯睢水而上。不过令他欣慰的是,经过一周多的施工,墩秀路已初见雏形。他们走起来,没有前些天那样艰难了。但还得一步一步地走进高川,然后再爬上老鹰岩。

那一天,王治民副参谋长一行走了整整13个小时,天黑了才从老鹰岩上摸回高川乡住进某所的招待所,连夜加班研究堰塞湖的抢险方案。

这时,二炮抗震救灾指挥部通信部副部长赵和钦接到首长电话,要他想办法联系上王治民副参谋长。靖司令员亲自协调直升机,明天早晨8点,接他出来听方案汇报。

这时,已经是夜里10点钟了。赵和钦知道应急分队派的是报务连士官潘建军背着海事卫星电话和TBV跟着首长进山保障的,然而此刻却处于停机状态。

潘建军是怎么搞的?关键时刻掉链子。因为打不通海事卫星电话,赵和钦交代通信保障应急分队队长曾选明给北斗发信息，一开机就能收到。

于是，曾选明立即给潘建军发了一条短信。

潘建军那天晚上只有一块电池了，海事卫星电话在房间里开机没有信息，只能架到阳台才能得到信号，而一架起来又嗞嗞响，影响首长休息，只好定时开机。谁知关机时间，赵副部长在满天下找他们。

曾选明的海事卫星短信发出去了，但是通信部副部长赵和钦仍一夜难眠，必须设法找跟随王治民副参谋长去的工程部副部长焦明山。

此时，是通信兵大显神通的时候了。赵和钦通过多方打听，得知地震后，国家信息部曾经专门给那里的单位安装一个移动固定电话。他通过二炮一号台、成都战区一号台联系，于凌晨 1 点，接通某研究所值班室的电话。

赵和钦焦急却又兴奋的声音出现在电话中。他说，我有非常急的事情，要将军委和二炮首长的指示传达给王副参谋长，请叫醒焦明山副部长，让他连夜与我通话，直升机明天早晨 8 点来接他们。

凌晨 3 点半，研究所的人找到了焦明山副部长，可是北斗海事卫星的电话却有死角，听不到。只好换中国移动的固定电话，终于与焦明山接上话了。赵和钦告诉他说，今天早晨 8 点直升机来接你们，下午 2 点，靖司令员要听老鹰岩抢险方案汇报。

明白！

赵和钦将这一切都处理完了，一看表，已经是凌晨 4 点半了。

拂晓将至。他突然想到王治民副参谋长的一句话，一顿饭不吃可以，一个小时电话不通万万不行。

5 月 14 日，二炮抗震救险指挥部从北京出发前，有关部门只给通信部两个军官、四个士官的名额。

赵和钦一看，说，不行，这六个人的力量势单力薄，根本保障不过来。果然进了北川，除了海事卫星电话可以通话外，文电传真、传输都很困难。

5 月 18 日，魏凤和参谋长将赵和钦召到办公室，交代道，老赵，你立即带上应急通信分队过去。前方通信手段要带全，保障方案要考虑好，在确保人员、车辆安全的前提下，尽量往前赶，两个小时一报行军情况。

是，首长！赵和钦受领任务回来后，在最短的时间内便调集由 36 人组成的应急分队，携带卫星车、电台车、有线房仓车、机动指挥车和保障台车等六台装备车，陆路向灾区开进。

还在通信站当主任的时候，赵和钦似乎就在等这一天，等待信息化战争的检验和多样化非军事任务的抢险考验，并多次组织过长距离的拉动学习。

应急分队19日晚上7点30分出发，车过石家庄，次日中午到达太原。电话传来消息说有7级地震，晚上不能走，拐道三门峡。但是第二天凌晨4点30分，赵和钦便叫司机起床出发。晚上8点抵达绵阳，恰好24小时。然后挺进北川，分成四个组，第一个组保障首长，第二个组保障某工程指挥部，另一个组保障技术总队和总医院，第四组作为机动力量留在手中。一下子便将二炮的抗震部队在灾区的通信保障局面大大改观了。

随后，睢水至全军的直拨电话接通了。接着，老鹰岩上多部海事卫星电话和北斗TBV也连接起来了。

第二天早晨8点，王治民副参谋长登上成都军区陆航团的直升机飞回安县，向靖司令员汇报勘察情况。

这一次，赵和钦打了一个漂亮仗。

42. 见证老鹰岩

骨科专家王长江第一次坐直升机，去的就是老鹰岩。

那天正好是端午节，到灾区快一个月了。杨传松政委说，今天是中国人的传统节日，人在异乡，难得大家聚在了一起。我让食堂加几个菜，上点酒，大家放松放松。

也许因为见证过了太多的死难者，也许因为好几次与死神擦肩而过，感受到了活着的美好，那天晚上，大家都放开喝。王长江喝得有点高。

回到帐篷刚倒在床上想美美地睡一觉——这在灾区，已经是一件奢侈的事情——这时，突然听杨政委在喊，王长江！

王长江心里一惊，酒顿时醒了，连忙往杨传松政委的帐篷里跑。一会儿，丁建华、高国杰、田雷、孙丽华、方靓几名同志也到了。杨政委很严肃地说，长江，刚刚接到上级命令，要总院派一支医疗小分队上老鹰岩堰塞湖，保障抢险部队。老鹰岩地势险峻，堰塞湖周围百分之八十以上都是刚震落的石头，在那里施工随时有危险。我和李副院长考虑再三，决定派你们几个上去。你带队，今天晚上就准备装备，明天乘直升机进去，物资一定要准备充分。

末了，杨政委又郑重地交代，堰塞湖几百名官兵的生命安全，就全靠你们了。

王长江的酒此时已完全醒了。受领任务后，他做了简单分工，便分头准备需要携带的物资。考虑到施工现场可能出现的外伤、感染、中暑等情况，他们有针对性地备好了药物、器械。因为空中运力有限，物资分为必须携带的和补充携带的、现场救援用的和个人生活用的。做好两手准备，如果运力不允许，就只带必须携带的。

那天晚上，李志韧副院长、王磊科长带领医疗队的六名同志，一直帮着准备到凌晨2点多，其他同志也都默默地在帮忙。当时，王长江对堰塞湖的情况没有什么概念，只知道那儿很危险。前几天失事的直升机就消失在堰塞湖周围，至今还没找到。成都军区出动了几万人，连失事飞机的影子还没找到，这足以说明当地的环境有多么恶劣了。大家嘴上不说，心里都沉甸甸的。

6月9日凌晨5点多，六个队员都早早地起床了。吃过特意为他们准备的早餐，发现大本营的人都起来为他们送行。留守的同志已经把物资都搬到了车上，自动站成两列。自从来到四川地震灾区后，王长江记不得有过多少次这样的分别场面了。战友们没有话语，唯有紧紧地拥抱。而这次分别却显得分外地沉重，留守队员看上去是在故作轻松，可是有的人眼泪已在眼窝里转。他们强装微笑，不停地向坐上车的人挥手。直到看不见送行的同志了，王长江强忍的泪水才夺眶而出。

7点40分抵达，直升机坪其实就是一块临时平整出来的菜地。前来送行的杨政委、李副院长、高科长一起帮他们把携带的物资搬下来，李副院长握住王长江的手说，长江，只有一句话：执行好任务，把队员们都安全地带出来。

王长江点头说，放心吧，李副院长，我带去多少人，回来还你多少人。

已经过了约定时间，却不见天空中有飞机轰鸣的声音传来。放眼眺望，远处山峰被一片片大雾浓浓缠绕着，山顶上则是成堆成堆的白云，像凝固的波浪，又像堆积的雪。王长江知道，老鹰岩就隐没在那一片山谷里。

直到10点多，执行运送任务的直升机才穿云破雾，盘旋而下。降落时搅起黄尘滚滚，顷刻间，遮蔽了人的视线。未等尘埃落定，王长江手一挥，就开始往直升机上装载携带的物资。直升机很快拔地而起，载着他们向老鹰岩堰塞湖方向飞掠而去。飞机一进入航程便忽高忽低，在剑刃般的山峰间左右摇摆，上下颠簸。有几次，他都觉着飞机差不多贴近谷底，屁股底下的舱板似乎触到了地面。甚至有那么一刻，他心里暗暗发出惊叫，以为自己就要葬身谷底了。还好，经过30多分钟的飞行，飞机像一片风中的落叶一样，飘飘荡荡地在两座山峰间着陆了。跳下机舱，两岸壁立的山峰中出现一大片雾蒙蒙的区域。

时近中午，老鹰岩下静悄悄的，官兵们都去老鹰岩执行抢险任务了。停机坪离老鹰岩还有7.4公里的路程。队员分成了两组，丁建华、田雷、方靓留在驻地平整场地，搭建帐篷；王长江和高国杰、孙丽华背着药品，上老鹰岩去为抢险的官兵巡诊，同时向抢险指挥部首长报到。临行前，驻地的同志告诫他们，出去的时候一定要结伴而行，人手一棒。因为这里疯狗成灾，一些家猪的耳朵、尾巴都被咬掉，甚至有五名战士也被疯狗咬伤了。

通往老鹰岩堰塞湖的山间公路曲曲弯弯，路面扭曲变形后的模样和一条条大张着口的裂缝，让人无法想象它原来的样子。周围都是高耸的山峰，山坡上到处是滑坡后裸露出来的山体，从山上滚落下来的石块掩埋了大半个路面。有些路段的滑坡还在继续，不时有石块轰隆隆地滚落下来。他们只能拉开距离，一个一个快速通过。山谷里的房屋基本上都倒塌了，看见的只是一片又一片的废墟，房子的主人或被压死，或被转移到山外安全的地方。在一片废墟旁，有几株山花静静地开着，迎风摇曳。残留的花池，还能看出主人曾经对它们百般呵护，而现在山花虽艳，却是“寂寞开无主”了。还有一些主人在逃生时来不及安顿的家畜，恹恹地在废墟上嗅来嗅去。也许感觉到了人的气息，几头牛颠颠地向他们走来，眼神中满是依恋。这种凄凉的景象，让王长江忽然想起一首古诗：“水自潺潺日自斜，尽无鸡犬有鸣鸦。千村万落如寒食，不见炊烟只见花。”

转过几个山谷，老鹰岩堰塞湖的坝底出现在眼前。如果不是亲眼所见，王长江怎么也想象不出这种危如累卵般的惊险。堰塞湖地处峡谷间，左边上千米的高山被大地震削掉了一多半，余震不断造成滑坡，说不定什么时候半座山就会塌下。堤坝右边的山略矮一些，也有数百米高，山体完全裸露，山顶兀自突出，像鹰嘴一样横在山谷上方。沿着大坝往上走，不停地有石块从坝顶滚落，如果不幸碰上一次较大的余震，头顶那座酷似鹰嘴的山峰，随时可能轰隆一声垮塌。

看见这般危情，王长江快速地往上爬，想尽快缩短在危险地段停留的时间。终于爬到坝顶，看到了堰塞湖大坝的全貌：400多万方巨石从山顶倾泻而下，将河水拦腰截断，山下原有的一座水电站被埋得无影无踪。水电站未逃脱的职工和设备都没办法挖了，将永远留在山体下等待亿万年之后变成化石。坍塌的山体堆起一道100多米高的石坝，大坝上乱石林立，大的石头有两三层楼高，小的也有三四吨重。抢险官兵要在坝顶开出一条长160米、上宽20米、下宽12米、深5米的导流渠，工程的难度可想而知。更难的是，由于地形复杂，直升机无法在坝上起降，本来制定的从空中吊运大型机械的计划只好取消。但抢险时间刻不容缓，面前这些在国防工程建设中能够熟练地驾驶现代化装备的工兵们，只能拿起了“传统武器”，如手风钻、钢钎、大锤、铁锹、雷管、炸药等等，回到几十年前原始作业方式——肩扛、手抱、背驮。放眼望去，到处都是在重负下拱起的脊背。

这时候王长江才明白，上级为什么需要派出医疗队来执行保障任务，又为什么要指定他这个骨科医生带队。这种特殊的施工环境和作业强度，人员的安全存在着巨大隐患。一旦有抢险官兵受伤，在交通不便的情况下，若得不到有效的紧急救治，后果不堪设想。在现场指挥抢险的王治民将军看到总院的医疗小分队上来，说，你们医疗队上来，我们抢险官兵就有了安全感，同时，也增强了领导进行决策的意志。

那几天，医疗队始终同工程部队一起坚守在大坝上，一刻不停地穿梭在施工现场，送医送药，巡诊问诊。在这支抢险大军中，王长江最佩服又最心痛的，是那些每天十几趟甚至几十趟往坝顶背机械和背炸药的官兵。他们中有许多是刚入伍不到半年的新兵，还是细皮嫩肉的孩子啊！但他们背负着沉重的物资，把腰弯得几乎与膝盖一样平，背脊上无穷无尽的汗水，把迷彩服浸泡得像从水里拎出来一样，下山的时候经太阳一晒，山风一吹，汗水结成一块块盐渍。一天中午，一名战士从坝底往坝顶转送物资，也不知道他顶着烈日上上下下几趟了，看见他时，他正扛着40多公斤的凿岩机爬上来，脸上的汗水沿下巴像河流一样往下淌。王长江马上跑过去，撩起他的迷彩服，只见他的右肩上几块巴掌大的皮肉已经被蹭得鲜血淋漓，刚刚为他清洗包扎了伤口，他又消失在搬运的队伍里。像这样的士兵，在这支工程部队里何止一个？他们每天都在感动所有的人。护士孙丽华在感动之余，竟情不自禁地为他们唱歌鼓劲……

经过七昼夜的奋战，工程部队官兵们几乎是用手“抠”出了一条大型的导流渠，保证了下游5万多名群众的生命财产安全。

6月15日，带着满身的疲惫，他们乘坐直升机返回驻地。一下飞机，他们与前来接机的战友们紧紧地相拥在一起，任泪水长流。

43. 与一块岩石较了一天劲

汪顺进是某工程团的二期士官，家在名山黄山脚下，一口皖南话，语音呢喃。可是当他与一群老兵围在一起给我讲老鹰岩上的故事时，给我的第一印象是，他是个内敛而沉稳的老兵，话不多，不主动表达什么，但对于问及的问题,却心中有数,说得有板有眼。

那天我说,你们就给我讲一个故事、一个场面、一个片断就行了。

汪顺进说,我有一天在一块石头上从早忙活到了晚,你对这样的故事感兴趣吗?

我说,可以。你就讲讲那块石头吧。

汪顺进说,第一天上到那堰塞湖的坝顶时,他是往上运送施工所需的物资,凿岩机、汽油什么的。上去以后,看到那场面,真是吓了一跳,因为以前还从没见过这样的场面,心里有点恐慌。一大片石头,都是从旁边山上塌下来的,那么多,个头儿又都那么大,这可怎么对付啊?关键是,原先以为会有挖掘机一类的大型机械,也像唐家山堰塞湖那样用直升机吊运过来,可是根本没有。听说这里的地形复杂,没法吊运。这样,就得全凭人力干了,跟蚂蚁啃骨头差不多。

郭中定团长说了,我们就是蚂蚁啃骨头,也得把这任务啃下来。

团长向大家解释了老鹰山堰塞湖的整个形势和面临的危险。湖里的蓄水量已经有500多万立方米,一旦溃坝,将直接威胁墩秀公路沿线几十个村镇和一些重要国防工厂的安全。下面不远的老虎嘴沿线,还有兄弟团队的官兵在那里抢修道路,也威胁到他们的安全。所以早一天解决掉这个隐患,是继唐家山堰塞湖之后防止次生灾害的当务之急。大家听了,情绪都十分高涨,决心很大,恨不能一天就能把导流渠拿下来。

但是挖导流渠的土石方量非常大。稍微小一点的石头,官兵就用肩扛人抬的方法弄到一边去,大石头就需要先爆破,炸碎了再搬开或是装筐运走。要爆破,得先打炮眼儿,所以原先干机械操作手的同志,都改做打炮眼儿的活儿了。用凿岩机打炮眼儿的时候,30多台凿岩机一起上,整个工地上烟尘飞扬,噪声刺耳,人和人面对面说话都得大声喊,嗓子都喊哑了,加上灰尘呛,到了晚上喉咙痛得不行。

6月9日上午,营长叫汪顺进和阮祥卫过去,说,这里有块大石头,就交你们俩了!给你们一天时间,能不能拿下来?汪顺进当时就想,多大个石头啊,得一天时间?没想到他走到跟前一看,还真是不小。那石头的大部分还埋在土里,光是露出来的表面就有一间帐篷那么大。而且坑坑洼洼,不好下手,是一种很容易卡钻杆的岩石。因为这块石头正好在要挖的导流渠中间的位置,规定在它的正面和几个侧面各打一些炮眼儿,把它上面炸掉一米到一米五的厚度,这样就能跟导流渠底部持平,并且有一个适度的斜面,正好可以当导流渠的一个坚实的基座。这就要求在哪个地方打眼儿、打多

深，都得有讲究。这不仅是个“啃骨头”硬活儿，还是个技术活儿。

汪顺进和阮祥卫绕着这石头转了转，先琢磨了一阵，看怎么下手才合适。开始打头几个眼儿时，钻杆卡了好几回。后来摸到这石头的脾性了，就越打越顺，精确度也比较好了。但跟着就又遇到别的困难。他们用的是内燃凿岩机，散热不好，是风冷式的，天一热就不好用。这大太阳底下，没多大一会儿温度就上来了，动力不足，时不时熄火。他们就另找来一台凿岩机，两台换着打。可是温度仍然下不来。这时他们就捡几根树枝支起个架子，再把自己的迷彩服搭在上面，那点阴凉不大，却正好够凿岩机躺在下面。就这样他们还是嫌温度下来得太慢，钻杆进到一定深度不再需要人把扶了，就腾出一个人来，把迷彩背心也脱了，当扇子为凿岩机降温。那天天气也实在太热了，两个士官光膀子晒在太阳底下，还得给躺在阴凉里的凿岩机扇风。

每打一个炮眼儿，还得来回换钻杆也是件很麻烦的事。先用粗钻杆打到 80 厘米左右的深度，再换细些的钻杆，打到 1.5 米深。换钻杆时，一不小心就烫着，汪顺进就被烫得皮都破了。还有一次快打到 1.5 米深时，他凑上去看，一下子把脸给烫了。

就这样，从上午 8 点多干到下午 3 点，赶在爆破组上来接班之前，总算把这块石头上该打的炮眼儿全打完了。汪顺进和阮祥卫数了一遍，一共是 84 个炮眼儿，就像个马蜂窝。这时才感觉到腰酸背痛，整个手臂麻得不行。

后来的爆破效果不错。第二天他们刚一上去，营长就说，你们干得很不错啊！要的是个斜面，正好就是。

汪顺进说唯一的遗憾是，他没能看到堰塞湖的积水从官兵开出的导流渠泄洪的场面，就像唐家山堰塞湖排险完工后那样。他真想看一眼那块打了那么多炮眼儿的大石头被水流漫过时的样子。

第9章 禹里在望

44. 道桥专家宋希安

那天下午在我住的帐篷里，宋希安不讲探墩秀路的危险，探擂禹路的漫长，却独独讲了探北川到禹里的艰辛。

宋希安的眼睛高度近视，一脸络腮胡黑白相间。因为长时间在震区，人晒得黑如农夫。只是那双镜片后边的眼睛，透着一个专家的理性和深沉。

那天傍晚，工程设计所的张昆峰副所长一直在打电话，催他赶快到擂禹路去。

我说，你得给我讲完故事再走，不然就得赔偿吓我的精神损失费。

宋希安笑了，说，好，有你这句话，我就可以搪塞张昆峰副所长了，我就说徐主任要采访我。

说罢，老宋拿过他的笔记本电脑，打开图片，一张一张地给我讲起了探擂禹路的事情。

63公里的擂鼓镇至禹里乡道路实在修不下去了。数天的强降雨将官兵一个月来辛苦修成的10公里道路从地图上抹去了。塌方、泥石流、堰塞湖……除此之外，里面还有30公里路需要新修。其中23公里为以前的乡村小道。地震造成百分之九十以上的路基毁坏，并且形成七个堰塞湖，最大的水深35米。还有大小滑坡300余处，土石方大概在2000万方以上。

这条路必须抢通，它关系着里面12个乡镇6万余名群众的生产生活，关系着整个北川的未来，是一条联通北川经济线的“大动脉”，是名副其实的“小康路”。如果修不通这条路，从北川到茂县就要绕行600公里。如今遇到困难，大家都在犹豫，要么重新再修，要么放弃老路探一条新路改道。

北川县交通局长拿了一张《绵阳市交通地图》说，另辟蹊径。他说，有一条北川任家坪通往禹里乡的旅游路线，是一条捷径。据当地群众介绍，大地震发生后，由于公路全毁，再也没人进去过。我们军地两家勘察，如果行，就改道走这里。

王治民副参谋长听了汇报，说，郭中定、宋希安，你们先走一趟，去看看，能否走得通。

6月25日拂晓，宋希安、冯利、王然江、高峰与郭中定团长、北川交通局长一起，叫了几个官兵，匆匆忙忙地上路了。

从任家坪往里进的一段路还勉强能爬。一到苦竹坝水电站，前面的路就突然断了。一座高山耸立眼前，这座山抬头望不到顶，悬崖峭壁。在半山腰上四五十米处隐约有一条公路，这可能就是震前的老路。要了解路况，必须攀爬上去。

郭中定团长身材瘦削，入伍前曾是个山里娃，从小练就了一副铁脚板。每次探路，他总是走在最前面。此时，站在崖底，他憋足一股劲，手抠住石壁，脚蹬在石缝上，第一个向上攀爬。宋希安虽然此时已年逾五旬，但是常年在国防工地施工和勘察，也让他练就了一双铁脚板，走起路来绝不逊于郭团长，他紧随其后。

可到了马庆昆就出现情况了。大个子战士马庆昆抬着一个小型摄像机，一路上为了录下路况，早就爬不动了。他把摄像机和照相机绑在身上，踩着石缝开始往上攀爬。爬到20米高时，他突然像壁虎一样趴在石壁上动弹不得了。上面是光滑的石壁，手无处抓握，一只脚踩着不足5厘米的石缝，另一只脚腾在空中，上上不得，下下不来。此时，只要意志力稍微放松，就会有坠崖的危险。

熊样，简直就是一个大笨熊猫。郭中定看了一眼说。他挥手叫身边的一个战士冯国想办法将马庆昆接应上来。

冯国急忙找来一根6米多长的木棒。他左手抠住石壁，右手将木棒伸给马庆昆，让他抓紧。

马庆昆抓住木棒，快速抬腿，借前拉力跃了上来。哎呀妈呀，两个战士都躺在地面上，大口地喘着粗气。

这条路就是原来的省级旅游专线。攀上山腰，踏着龟裂的路面，宋希安正准备画图。郭团长过来说，前面根本走不了。宋希安跑过去一看，路段果然被塌方湮没，人根本无法过去。

见约百余米深的山脚下有一个河滩，宋希安说，一定要滑下去。路线上显示，河滩前面就是唐家山，那里会有人接应咱们。

下午4点多钟，他们分阶段艰难地滑到山脚下来到河滩上。没走多久，前方的路又彻底阻断了。在距离唐家山堰塞湖大约700米处，一条约20米宽的河流拦住了他们的去路。这是从唐家山泄下来的洪流，湍急的河水翻腾咆哮着。战士们带的水全部喝光了，有的俯下身就去喝唐家山流下的水。

宋希安说，不能喝，这水里泡过尸体。

但是有的人已经顾不上这么多，只管喝了解渴。因为每个人的嗓子都在冒烟。

这时，对岸来了三位穿白褂子的年轻人，他们是唐家山派来的接应人员。站在湍急的河边，渡河无疑又是一个极大的冒险。大家都不吭声。

战士郭小朋绑紧救生衣，请命强渡过河。郭团长没有答话，从脚下搬起一块巨石扔向河中。巨石在浪花中翻滚，一下子被冲出好几米远。河水太急，危险性太大，几次趟到河里去尝试，都未能成功。对面接应的人员调用冲锋舟过来接他们，试了几次也过不来。

眼看天色渐晚，对面接应人员抛过来一根绳子，将三瓶矿泉水给他们滑过来，然后向他们挥了挥手，示意往回走，又双掌合在一起，嘱托他们返回的路上一定要多加保重。

宋希安当时对北川交通局局长说，这条路抢修不来了，滑坡体太多。以后还是修老的302国道吧。走那条路，你们将来既可以看北川地震博物馆，又可以看唐家山堰塞湖。

勘察小分队只能往回走了。

返回大山脚下的时候，已经是晚上7点了。

往唐家山大坝走，还有700米的山坡道；往回走，翻旧官山的大坡，还有1450米高。有的官兵已经累得走不动了，坐在河滩上不动。而手机无信号，电话打不通，没有人可以接应他们。

往上爬，我们别无退路。郭中定团长说。

天色有点晚了，工程设计所的三个专家宋希安、王然江和高峰一起往上爬。宋希安虽然年龄最大，却一直在前边走，高峰和王然江紧随其后。爬了100米，坡道越来越陡，到处是光光的，踩上去便滑下来，斜坡上的石头是脆的，双手一抓皆成了碎末。可是宋希安还是一点点地往上攀登。宋希安说，必须爬上山顶。待在山下，若是山体再次发生滑坡，那就插翅难飞了。

幸运的是8点15分，宋希安、王然江和高峰爬到了山顶。山顶有信号，可以报告张昆峰副所长了，请他们来北川县城接应。

而郭团长带着的官兵却遇上了麻烦。他让大家错开着上山，每人拉开距离 20 米，他走在最前面。山石林立，被雨水冲刷过后的泥石，脚踩在上面打滑，很难站住。每上前一步，都伸出前脚使劲蹭，将地面蹭出一个小窝窝后，才敢向上抬脚。飞石嗖嗖地从头顶上滑落，叫人心惊胆战。团长向后传话说，脚掌不能松劲，上坡不能停歇。天快黑了，若再遭遇余震，大家必定都会坠落山崖。

晚上 8 点，已是伸手不见五指。大家打着手电筒，继续艰难地向上爬行。一天仅吃了四根火腿肠，还一直在呕吐，并在险象环生中不停拍照、摄像的战士马庆昆，身子已十分虚弱。他趴在泥坡上说，我就在这儿了，实在爬不动了。你们先走吧。

快起来。郭团长说，一定要一起爬上去！拉住我的手，踩在我的脚背上，向上爬。黑夜中，郭团长伸出左手将马庆昆一把拉住，自己先踩稳，然后让马庆昆踩在他的脚背上，一步步向上爬行。一边爬着，马庆昆的眼泪掉了下来。

直到晚上 9 点多，他们终于到达山顶。

这个山顶被群山孤立着，山顶的平地不足 20 平米，四周被地震削成了绝壁，形成了 500 米高的悬崖，左边崖下就是北川县城。夜已漆黑如墨，加之崖高路滑，稍有不慎，就可能把性命搭上。于是郭团长决定就在山顶宿营。大伙打着手电，开始寻找柴火。忽然，战士郭小朋像发现新大陆一样，高声地叫起来，看，救灾帐篷！一定是空投的物资。几个人纷纷跑过去，赶紧用木棍将帐篷支起来，晚上宿营终于有地方了。

口干、舌燥、饥饿、疲乏，各种滋味交织在一起，一阵阵向他们袭来。山顶没水、没食物怎么能挨啊！大家又打着手电筒继续找寻，空投有帐篷，就一定会有食品。经过仔细搜寻，总算找到了一瓶矿泉水和半盒八宝粥，这就是大家的晚餐了。坐在火堆旁，大家相互推让着，谁也不肯先喝。最后，还是团长带了头，一瓶矿泉水，大家用瓶盖轮着喝，从山上捡来的半盒八宝粥，每人分一口。

这时，大部队的救援人员赶到了北川县城，在九道拐那地方停住了，灯光闪闪。山顶的官兵便用手电筒打着圆圈，相互传递信号。

看见山顶的手电光，保卫股长刘红锐背着一袋子水和食物，强行要爬上去。看见一道光亮正往山脚下走来，郭团长马上掏出手机，用仅有的一格电发出一条信息：不要爬上来，危险。我们平安，你们请返回吧！

宋希安、王然江、高峰等六个人又走了一个多小时，翻过一个山头，到了九道拐，与指挥部的田连江、杨会金和张昆峰副所长会合了。

而郭团长和他麾下的几个官兵，正留在北川的山头上过夜。

夜里。北川的天空，星星像鬼眼一样幽深。大家围坐在火堆旁，头并头、肩并肩相互依偎着，一直坐到了天明。

45. 走向禹里

我结识李湘的时候，他还是营长。

在大西北的一个国防施工点上，他接受过我的采访，人很精神，说话时带着浓浓的湘味。因了我 16 岁的当兵历史与湖南有缘，所以我对他便有一种天然的亲近感。

当工程兵的李湘与艺人李湘虽然同名同姓，风格却不一样。当兵的李湘豪迈壮烈，有湖南骡子的性格和倔强。

记得那次吃饭时，他很会劝酒，也很能喝，劝得我喝高了不说，就连那里的美景也未曾看上。

再次见到李湘时，是在北川擂鼓镇上。他已擢升为团参谋长，是擂禹路的现场指挥，住在了苏保小学。

北川的记忆，于他，不仅有入城救人的历史，还有打通禹里这条生命线的磨难与辉煌。

那天上午，团政治处周卫军副主任陪我去擂禹路采访。徐郎二度今又来，这回擂禹路，显然比我第一次见时的宽敞了。那天中午我在堰塞湖的太阳下晒了四个小时，采访了挖掘机操作手杨靖宇后回到苏保小学院子里，见李湘正在一棵大树下的竹床上睡午觉，挺香。不过我还是惊醒了他的好梦。

一见我，他说，作家，我一直有一个困惑。北川人说禹里是大禹的故乡，大禹是羌人。中央电视台也这么说。历史上不是大禹在浙江一带吗，怎么治水治到岷山山脉里来了？

我呵呵地笑了，说，你找对人了。

他说，此话怎讲？

我说，第一次到灾区采访听到北川大禹说后，我也纳闷，回到北京后，满世界地找书看。在台湾人类学者王明珂的大作《羌在汉藏之间》，我找到了答案。这是一部非常严肃的田野调查笔记，他的记载和立论非常有道理。王教授认为，大禹在北川是清朝以后才有此说，这也是少数民族的一种大中华认同感吧。

哦！李湘点了点头说，有道理。

还是讲一讲你在擂禹路上铭心刻骨的故事吧。

李湘将别在肩头上的对讲机别到床边上，坐在一棵大树下。阳光很热，天空中一丝风也没有。他说，我就给你讲讲你刚才走出来的这条峡谷吧。我看过你写的文章，你将睢水至高川说成是死亡谷，我们老工兵不喜欢听这个“死”字，大家都不愿这么叫，就叫成“惊魂谷”了。

说着，李湘又笑了起来。

我也笑了，说，有创意。

李湘讲起了一个团队与惊魂谷的故事。

5 月 18 日，他们接到修这条路的命令。

5 月 19 日，王副参谋长带领着探了第一次路。可是里面塌方比较大，堰塞湖比较多，探到第一个堰塞湖那里就走不动了，只好转回去。21 日装备过来后，就干开了。可是没想到这条路有这么难。当时对路况不是很熟悉，听老百姓说，这条路是茂县到北川的唯一通道。北川有 12 个乡镇 6.7 万人在里边，所以这条公路必须打通。以前这条线是从北川至禹里，再到茂县，唐家山堰塞湖那边淹了，路全部震垮，唯一的道路就没法修了。这条路修不通，人们就只能靠步行，翻山越岭。当地老百姓往往是从早上 4 点出门，一直走到下午 3 点钟。如今茂县到阿坝、松潘的路已经打通，之前，老百姓全部靠空投食物维持生活。但是从北川到禹里，如果从绵阳、江油、松潘、平武、阿坝那边绕行，全长 700 公里，车要走两天时间。

全团官兵从 5 月 21 日干到 6 月 16 日，打通了 11.5 公里。可是 16 日那天，天空开始降暴雨，一连下了三天三夜，将修好的道路全部冲毁。山体滑坡，河床抬高，路又都堵住了。

这中间，团里又组织了两次探路。第一次是团长带人走进去的，走了三天两夜，把全程走完。回来时不能走原路，绕道茂县、马尔康，走了 600 公里才回来。他们得出七个字：山高、坡陡、沟狭窄。山里堰塞湖多、塌方量大，初步报告塌方量在 2000 万平方米，大大小小的堰塞湖有 13 处，桥梁冲毁的有 4 处。以前这里只是乡村小道，供一些小型拖拉机、车辆通过，这次修擂禹路，等于是重新开一条道路。第二个方案是从北川县城老遗址进唐家山堰塞湖。经过勘察，虽然路短，但挖的土石方比较多，工作量很大，觉得行不通。回过头来又从这边修。

6 月 30 日，二炮抗震救灾指挥部在郭牛村重新搞了个誓师大会。郭中定团长从于副司令员手中接过了旗帜当众宣誓，新一轮攻坚战从此打响。

挖掘机挖掘的声音伴随着隆隆的炮声，又开始在峡谷回荡。

田坝村路段是一个极窄的峡谷。村民们说，左边的山叫门坎石，右边的山叫火沙坡，村里的老百姓都管这儿叫“死亡谷”。就是在地震发生前，乡亲们赶集通过这儿都得留点神。这里时常飞沙走石，一不小心就会砸伤行人。

眼前的“惊魂谷”再也看不到一点路基，到处是巨大山石。驻足抬头望去，左边的门坎石山垮塌大半，绝岩峭壁上的松散岩体，条条裂缝清晰可见；右边的火沙坡不时有流沙夹着飞石扑簌簌滑落。这是一块难啃的“硬骨头”。

突破这个路段，里面就是元新村，那里已经成为一座“孤岛”。暂住在擂鼓镇的数百名乡亲，就盼着道路抢通后返乡重建家园。

集合、编组、就位……三台挖掘机前后依次排列，五名警戒员手持红黄指挥旗，嘴里含着哨子各就各位。

作业刚开始，展开得并不顺畅。操作手驾驶着挖掘机在前面开道，后面机械加宽道路。依次排开 10 米，以备遇险撤离。

李湘站在一旁随时组织人员和装备紧急撤离。刚滑坡的门坎石山，变得更加狰狞，许多危石挂在绝壁上。李湘让官兵们不要急于清理石渣，先排险后施工。于是，一个五人的排险小分队，腰间系着安全绳，手里拽着长铁杆，在警戒人员的配合下，攀爬上山，从侧面将悬在上面的碎石一一排除。

战士杨勇、李伟主动请缨，徒步攀爬到顽石下，抬头向上望，顽石约 4 米高，向内侧斜成一个 120 度的角。经过现场勘察，爆破必须在顽石的中部进行，周围打四个炮眼儿才能炸掉顽石。杨勇架着风钻沿着顽石周围转了一圈说，巨石太滑，攀岩太滑，怎么打眼？

李伟眼睛一亮，顺手从地上捡起一根约 20 米的电缆绳激动地说，有了，悬挂在半空中实施钻爆作业。

14 点 15 分，突突突的风钻声在狭长的山谷中响起，在顽石的上端山体，一个 1.5 米深的炮眼儿完成了。李湘将钻杆牢牢地扎进山体的腹部。随即，杨勇、李伟将电缆作为保险绳系上腰间，顺着顽石滑至顽石中部。突突突……风钻声再次响起，钻头一寸寸向顽石的心脏钻进。作业约五分钟后，随着一阵阵急骤的雨声，流石窸窸窣窣地开始从山顶向下滑，迅即，现场组织警戒的安全员吹响哨子，李湘双手紧紧地拽紧电缆绳，唯恐坠下山谷，杨勇、李伟立即拉掉风钻开关闸，双手护住头部，将身子附在顽石上。嗖嗖嗖……大量块石从 300 米山顶如万箭齐发，从官兵们的耳畔穿过。

过了两分钟，作业再次继续，悬吊在顽石中部作业的两名战士腰间被电缆绳勒得隐隐作痛。约过了10分钟,手握风钻操纵杆的杨勇突然大吼一声,山顶有灰尘飞扬,又要掉石块!

果然,嗖嗖嗖……大量泥石又开始从山顶向下滑落。作业再次被迫中断。在两个小时的施工中,流沙坡每隔约10分钟就开始滑落泥石。

作业在艰难中进行,1小时、2小时、5小时……18点55分,巨石周围打好了约1米深的四个炮眼儿。李湘一声令下,点火!轰隆一声震天响,斜挂在流沙坡的巨石随即四分五裂。

这些事情老百姓看在眼里。有一天,苏保乡田坝村里的养猪大户何光寿到施工点找到李湘,说啥也要杀几头猪来慰问修路的官兵。

李湘一句“不行”还没说出口,何老汉的眼泪就下来了。他说,我是真心感激你们。你们就让我杀两头猪吧,战士们肚子里肯定缺油水了。

李湘说,不行老何,这是纪律,你的心意我们领了。

老何有点不高兴了,他说,要不是你们来修路,我那些猪还能活到现在?何老汉掐着指头说,抢通这条路,至少为他挽回了近百万元经济损失。

听到这里,李湘觉得肩上的担子重了。在前面,说不定还有好多个何老汉盼着我们尽快把这条“救命路”打通呢。

他们从天一亮开始,干到晚上8点半。有时候怕路程远,来回跑耽误时间,就自带干粮。前天部队刚搬过来,老百姓就给他们送来小烩菜、腊肉,还给了他们好多蔬菜,有豆角、洋葱,还有生姜等调料,都是老百姓自己种的,不收下就站着不走,让官兵们很感动。

这就是我们的人民,军人心中的上帝啊。

46. 小个子杨靖宇

杨靖宇是我的云南小老乡,但我不知道长得啥模样。是不是也像那个与他同名同姓的民族大英雄伟岸、铁骨铮铮,站立起来,便可以撑起一片天?

可惜,当时他坐在橘红色挖掘机的驾驶棚里,我看不清楚。

那天上午,他所在的工程团从北川县城撤出来后到了擂鼓镇,奉命打通北川的另一条生命通道——擂鼓镇至禹里的擂禹路。这是进入北川腹地的另一条生命之门,沿途有7万余乡亲须从这里出来,就再不用走令他们魂殇的北川县城了。

我第一次来到擂禹路是5月25日,部队刚进来不久,第一辆挖掘机就是由关西汉子李斌利指挥、杨靖宇驾驶。我坐车过了危桥，当时我采访的视角仍是苍生。在那座勉强能行车的桥头，恰好遇上了郭牛村三组的村民王兴荣，便站在旁边与他聊了起来。聊起了擂禹路，聊起了祖祖辈辈生活过的村庄。

我指着被几块巨石摧毁的人家问，这家死了多少人？

他说，凡在家的都没有跑出来。死了三口。

哦！我点点头，问，那在外边干活的逃过此劫了？

王兴荣说，唧个这样讲啊。然后回头指了指擂禹路里边说，那天有两对夫妻在外边干活。一对叫朱国英、马丽荣的夫妇在河谷割油菜籽，地震那一瞬间，山崩地裂，巨石如冰雹一样砸了下来，当场将这家女人马丽荣砸死了，男人朱国英被一个大石头压住了一条腿，“救命，救命啊”地大声叫，那声音惨绝人寰。村里还有一对叫李宝林、朱玲的夫妇，老公李宝林带几个民工在山上伐树，婆娘中午上山送饭。老公和民工吃完饭后，朱玲提着东西往下走，走着走着，地震发生了。天昏地暗，山崩地陷，从山巅上滚下来的一块巨石朝她身后砸来，结果砸倒了一棵树，挡住了石头，她被抛到树杈上，被树枝压着，咿哑咿哑地喊救命。

是谁将她救出来的？

我啊，我叫了几个赶场回来的人上去，用钢钎、砍刀撬开巨石，砍下树枝，将那个女人救出来了，可她的胳膊废掉了。

救人一命，胜造七级浮屠。

呵呵，这位解放军长官，那我造了两个七级浮屠了。

此话咋讲？

我救了那个女人后，从擂禹路里边逃出来的人对我说，峡谷里油菜籽地里还有一个人在喊救命呢。我听了后，叫上村里逃出来的几个人，冒着余震沿河而上，其实河道都被巨石埋了。我们最后循声找到了那个男人。撬开石头，将他扒了出来，可是他的腿已经砸成了肉饼，而他的老婆更惨，就压在巨石下边，露出半个身子，满脸是血，厉鬼一样，吓死人啦！

你也是英雄啊，一下子救了两个人。我感叹道。

啥子英雄嘛，一个平头百姓。乡里乡亲的，他们有难，换了谁都会冲上去的。

嗯。我又问道，你家里人有遭不测的吗？

苍天保佑，没有啊！地震的时候，我屋里只有83岁的老母亲正在灶房里做饭。山上泥石流下来了，将我家全埋了，我老娘居然跑了出来。我当时在地里割麦子，连忙跑过去，一看老娘还活着，心里一块石头才落地。

那都是你救两条命积的德啊。

是喽，不过真正积德的是你们二炮官兵啊。架桥修路，这才是积大德的事情啊。

谢谢！我指了指里边，在这里修路危险吗？

当然危险！遇有风吹草动，山头上就滚落石头，从几百米的高山上滚下来啊，真佩服你解放军了，胆子啷个大哟。

因为我们是军人。

我接过一个参谋递上来的安全帽戴在头上，与我们创作室油画家窦鸿一起，往正在修筑的擂禹路里走去。拐过一道弯，天啦！只见高处近千米的山巅崩落，泥石流将过去那条乡村道路和河床全都淹没，形成了一个小堰塞湖。而前边 500 米处，各有一台湖蓝色和橘色的挖掘机正在掘土搬石。我们朝推土机方向走出，不时要小跑着才敢通过塌方地段。

终于到了那台湖蓝色的挖掘机前，遇上了关西汉子李斌利，他拦住我们的去路，说，徐主任，你不能再走了，前边太危险，我昨天在那里差点被砸，好在石头下来时被挖掘机拦住了，离我不到一米，挖掘机都砸了一个坑。

谁在前边挖掘施工呢？我问。

李斌利说，杨靖宇。

就是昨天你说在北川县城断桥旁降坡道时，在危楼前施工的那位挖掘机操作手？

就是他。

重返灾区采访，创作室一下子组织了五位作家进去。报社申荷亮已在我们队伍之列，他先到。我处理完工作后，匆匆赶来，在安县一个工兵团帐篷里，我与工程技术总队副总工杨青、墩秀路总指挥刘建明相处数日。一天晚上，荷亮从那个老牌工程团采访回来，我问他有什么感动的故事，他突然说起了杨靖宇。他说，杨靖宇是你们云南人，与中华民族的大英雄杨靖宇同名同姓，我问他这个名字是谁给取的，是父母吗？

杨靖宇摇了摇头，原来这里还有一段故事呢。

杨靖宇说他原来的名字叫杨老钱，上小学的时候，老师说，杨老钱，这个名字多难听，钱还有老的少的吗？

老师这么一说，同学们哄堂大笑。

杨老钱脸霎时红到了脖子，说，是我爹给我取的呀。

你回去告诉你爹，老师说这个名字太难听了，老师要给你重取一个名字。

杨老钱说,好啊,老师是文化人,我想取一个有文化的名字。

叫杨靖宇吧。老师说,木易杨,托塔天王李靖的靖,宇宙的宇。

杨靖宇从此记住了自己的名字。

荷亮很好奇,问,你当时知道杨靖宇是谁吗?

杨靖宇说不知道,过了两年,学了小学课文才知道真正的杨靖宇是东北抗日联军司令——一个鼎鼎大名的民族大英雄。从那一刻起,与杨靖宇重名的他,突然觉得老师对自己寄予厚望,既然给他取了一个英雄之名,那么他也要努力成为一个新时代的英雄。

有意思！我听了荷亮的介绍后说。

荷亮说,可惜,杨靖宇那天太忙了,我站在挖掘机旁边与他说不了几句话就被人叫走了。

我去采访他。听了杨靖宇起名的故事后,我就决定采访这个屡次被人提及的挖掘机操作手。

那天下午,团政治处副主任陪我去擂禹路采访挖掘机手杨靖宇。

吉普车载着我们重返擂禹路。此时非彼时,5 月 25 日,我第一次来时修好的十几公里的擂禹路,因为连续几天暴雨,被泥石流湮没了。全团官兵再度宣誓,团长郭中定从第四责任区总指挥、二炮副司令员手里接过旗子,重新打响了修筑擂禹路的战斗。

车穿过一片茶园,到了蒋秀小学,因为有一台挖掘机横在路中间正在降坡,吉普车过不去,我们只好弃车步行。显然,这条路比第一次修筑时加宽了许多,可以两台车双向开了。尽管前方仍有滑坡体横亘其间,但是经过处理后比之以前安全多了。可是越往里走,山体仍然险象环生,我们不得不一路小跑匆匆通过。拐了一个弯,在一片坡处,横七竖八的夹石悬于头顶。那长长的片石便是一柄柄达摩克利斯之剑,悬于筑路官兵头上。我不知道他们是如何通过这个地段的,而一直挺身朝前,驾着挖掘机在前边掘进的,就是那个曾经想当英雄的杨靖宇。

拐过危险地带,前边便是塌方形成的堰塞湖了。湖那边,一台挖掘机的轰鸣声从远处传来。我从河谷底下翻越过巨石,爬上堰塞湖天然形成的堵塞坝上,只见一台橘红色的挖掘机正在扒石头,将河谷两边石头填于湖中,筑出一条路,从山脚下绕过堰塞河。一个指挥站在旁边帮他指挥,工程专家、摄像记者,还有团里的几个军官都站在左边的大塌方地段的石头上看这台挖掘机作业。

我费了九牛二虎之力，在巨石上一跳一跃终于走到他们身边。好险啊！仰首一看，上边仍然是如冰川一样流下来的巨石阵。倘遇余震，便会骤然滚下将站在下边的十几个人湮没。不过，安全哨布置得也很得当，两个士兵当安全员，背朝我们，一动不动在盯着我们头顶之上的石头。遇有滚动，会随时向我们报警。

我与那群人会合了，道桥专家宋希安站在那里，工程设计所的张副所长也蹲在那里。我翻越过去，与早已经成为老朋友的宋希安打招呼。我说，你什么时候过来的？这么强大的专家阵容放在这里啊！

老宋说，我是昨天下午过来的。这里是重中之重，得重点保障。

于是，我选了一块石头坐了下来，俯看湖边上杨靖宇在挖石头，一铲一铲地往湖里填塞。

那天上午，我在堰塞湖边站了四个小时，只为了采访杨靖宇。可是他下不来，因为无人可以替代这位技术娴熟的操作手驾驶挖掘机。

我有足够的耐心等。

只见杨靖宇驾驶的橘红色挖掘机将右侧倒塌山体上的巨石扒下来，填于堰塞湖中，渐渐垫出一条公路来。看他操纵挖掘机将一块块巨石挪动，抬起，扔于湖中，不啻一种艺术享受。那些犬牙交错、累卵般层层而上的滑坡体，处于一种悬于一线的平衡中，稍一不慎，就会破坏这种平衡，整个山体便会轰然而下，将挖掘机埋葬。可是杨靖宇将每块石头扒得都十分准确。纵是庞然大物，可是在他手里如囊中取物，不一会便被挖下来填入湖中。挖掘机在他手中，犹如一个小男孩玩的遥控汽车或变形金刚，机械臂可以任意旋转、升空、降低，其灵活程度，远胜于人的双手。

一个士兵，活能干到这般境界，便是鬼斧神工了。我惊叹道。

像这样的能工巧匠，在我们这支工程部队里比比皆是。张副所长在一旁附和道。

难怪他们能担重任，打通北川的生命通道。

不知不觉中，太阳像一个钟表盘，已经旋转到晌午。我看了看表，已经中午1点半了，我早已经饥肠辘辘，可是送饭的士兵仍然不见踪影。

悄然而等。到了2点钟，仍然不见送饭的人来。

我对政治处副主任说，肚子闹暴动了。上次来灾区，包里都带有巧克力，这回都轻装了。

副主任连忙打电话，一再催饭。

到了下午2点半，午饭才送上来，是由关西汉子李斌利带人抬上来的。

我说，李处长，饿死人了。人是铁，饭是钢，没有饭，人成不了钢啊。

李斌利连说，对不起啊。刚才孙乐政委带一班子人来摄像，都侍候他们了。不过，这里还是第一家送来的。

轰鸣的挖掘机熄火了。我看着杨靖宇拉开车门跃下车来。他是个小个子，皮肤黧黑，一张很云南的脸，嘴唇有点厚，噘着朝天，眼睛不大，却透着太阳般淳朴透明的光泽。

我说，杨靖宇啊，你先吃饭吧，干了一上午的活儿，肚子一定很饿了。

他操着云南口音的普通话说，习惯了。今天的午饭还是来得早的，有时候3点来钟吃上就算不错了。

哦？我有些惊讶。

菜盆里有四个菜，我选了有点辣的白菜炖粉条。可能真的是饿了，居然一口气吃了两碗饭。

用过中餐，我对杨靖宇说，我们下到你的挖掘机那里谈吧。

他说，好。

其实我的用意就是避人耳目。在众目睽睽之下，毕竟他不便于说自己。

沿着倒塌的乱石堆，我们下到了堰塞湖边。站在他的挖掘机的履带下，我问他，这次表彰给你报了几等功？

二等功。

低了，应该报一等功。

听我这么一说，杨靖宇一愣，说，首长，你为何这样讲？

你叫杨靖宇啊，我听说过你的故事了，就该成抗震抢险的英雄啊！

首长，我不想当英雄！

为什么啊？我听申记者说，你对他讲，从小学老师给你改名后，知道有一个同名同姓的杨靖宇起，你就立志做一个大英雄啊。

可是我就是不想当抗震救灾的英雄。

他很固执，第二次重复了这句话。

见我有些讶异，杨靖宇沉吟了片刻，脸色突然被一种怆然的神色所覆盖。他说，首长，到了灾区，我忘不了的一幕是5月15日那天，在打通北川县城的道上。当时我正驾驶挖掘机填路，突然看到一位六七十岁的老大爷，背着一个很高的背篓从我的挖掘机面前走过，背篓里坐着一个五六岁的小男孩，因为道很窄，我怕挖掘机将他们挤下去，连忙熄了火。老大爷可能是走不动了，在我的挖掘机前边找了一块石头就坐了下来。他抹了一把额头上的汗水仰头问我，解放军同志，有水吗？

有！我连忙将那天唯一的一瓶水攥在手里，跃身下车走上前去，拧开盖子，递给他。

娃儿，喝点！他将矿泉水朝后，递给坐在背篓里的小男孩。

那个男孩接过老大爷的水，咕噜咕噜地喝开了。水涌进了他的气管，一下子咳开了。

娃儿，慢点喝，慢点喝噻。

那小男孩喝过水后，眼睛渴望地看着——我永远也忘不了那饥饿的眼神——说，爷爷，我饿，我饿……

饿个球，再忍忍嘛，到了绵阳城，有的是你吃的。

看到这一幕，我的泪水顿时涌出来。我说，小朋友，等着，叔叔给你拿吃的。

杨靖宇转回身来，纵身一跃，进入挖掘机的驾驶棚，将自己那天抢修北川生命通道的午餐——一袋面包，全都给了那个孩子。只见他狼吞虎咽地吃了一会儿，才想起什么，递给他爷爷一个面包。

娃儿吃。那个老大爷没有要，说，娃儿吃饱了不饿。

大爷，你这是往哪里走？

绵阳。

投亲戚去？

哪还有亲戚？我刚才路过北川县城，有人说绵阳城有一个很大很大的灾民中心。我啥也没有，只有找政府喽。

家里损失大吗？

都倒了，所有的家当就剩得背篓里这壶酒、这块腊肉，还有这个娃儿啊。

杨靖宇试探着问，大爷，家里都好吗？

好啥？老婆子压死了。娃儿他爸、他妈也埋在山石里边了，就剩这个娃，是我那老婆娘护在怀里才躲过一劫。我将他们刨出来时，我那老婆子背上全是墙土横梁。老婆子死了，保住了我家这条根啊。

杨靖宇听说了这个故事，眼里噙满了泪水。

多谢啊！那个老大爷站起身来，背着高高的背篓，向杨靖宇深深地鞠了一躬，然后侧身走过挖掘机，朝着任家坪方向走去。

望着那远去的背影，杨靖宇泪下如珠。他觉得那渐行渐远的背影，就像他的父亲。如果家乡经历这样的劫难，自己的父亲也会遭遇这样的命运啊。

都是我们的父老乡亲，我不想从他们的苦难中捞英雄的资本，我不想当这个抗震英雄。

好一个感动人的故事，好一个不当英雄的杨靖宇啊。我不由得脱口而出。我又问道，听说你是云南人？

是呀，我是云南富源人。

那里盛产煤，出了不少有钱的煤老板。

首长怎么知道？

我也是云南人，昆明的。

哦？杨靖宇有点惊讶。

你今年多大了？

31岁。

结婚了吗？孩子多大？

我还没有对象呢。

哦，你是大龄青年了，是标准高还是在等谁啊？

都不是，找不到啊。曾经有一个女朋友，人家嫌我三年都见不上一次面，吹了。我现在还是光棍一条。

这么优秀的小伙子没有人爱？我找人帮你找。我在曲靖有不少战友。

谢谢首长。

家里有几口人？

五口。父母、两个弟弟。

弟弟中有读大学的吗？

有一个弟弟在读大学。都是我用津贴费供他上大学的。

说到这里，杨靖宇突然流泪了。是对弟弟的羡慕、责任，还是一种独在天涯的清苦？我也说不清楚。

那泪水是洒向北川的，也是洒向故乡的。

谁说英雄不落泪？

大部队凯旋了，杨靖宇还留在了禹里路上继续抢修，度过在灾区的一个中秋。眼看禹里在望，可是一场暴风雨又将辛辛苦苦抢修的公路冲毁了，40多名官兵被围，死里逃生。一百多天的心血付之山洪，只好重头再来。禹里在望，禹里难忘。

尾声
报告中南海

“八一”建军节刚过。

在四川灾区的抗震救灾部队渐次撤离了。望着远去的兵车，绵竹市汉旺镇红星凌法小学的师生和家长更惦记新一代最可爱的人，第二炮兵工程技术总队二团的官兵。他们的离去，只是一个时间问题。于是，老师让孩子们开展给自己最敬佩的英雄写一封信活动。

三年级一班女生刘丹刚上一年级时，车祸夺走了爸爸的生命，她与母亲相依为命。汶川大地震那一刻，母女俩已无家可归，她无学可上了。

当孩子们坐在凌法村的帐篷里发呆的时候，二炮司令员靖志远和政委彭小枫对工程技术总队要在绵竹市建设地震灾区第一座板房新村、板房乡镇卫生院和板房小学，给予高度的评价和肯定，要求部队在“六一”儿童节这天，给废墟上嬉戏的孩子们献上一份厚礼。

官兵们奋战三天三夜，一座将近1000平方米的红星凌法小学兀自而立，崛起在蓝天白云间，矗立在震后学校的废墟之上。

奇迹发生了，可是创造奇迹的解放军叔叔一批一批地悄然离去。

多么想留住可亲可敬的人，可是解放军叔叔终归要离去。该送给他们一件什么礼物呢？小刘丹思来想去，最终挥动手中铅笔，给敬爱的胡锦涛爷爷写封信吧。告诉他，一个奇迹、一个发生在汉旺镇凌法小学的奇迹，是由第二炮兵工程技术总队的官兵创造的。

于是，在一个满天星星的夜晚，在一个太阳伸出千只小手的上午，小刘丹摊开自己的作业本写下：

敬爱的胡爷爷：您好！

我是一名学生，我们要放假了。我今天怀着激动的心情想告诉您，胡爷爷，虽然经过“5·12”地震，我们仍然顺利地完成了今年的学习任务。

胡爷爷，您知道吗？我们能这么快地回到学校，全都是二炮的解放军叔叔们的功劳，他们听说我们的校园因为地震成了一片废墟，就立即决定捐建我们一所学校。

小刘丹的信刚刚落下第一段，他们学校的老师和家长竟然与她不谋而合，也给中央军委写来了一封致胡锦涛主席的信，这封信是由四年级一班的语文老师刘升，代表70名老师、家长起草的，第一段话是这样写的：

我们是来自重灾区绵竹汉旺镇的学生家长。“5·12”汶川大地震，汉旺所有的学校受到重创，有的塌了，有的成了危楼。学生只能回到家里，教育就此陷入停顿。看到自己的孩子每天坐在帐篷里发呆，与小伙伴们在废墟里穿行、嬉戏，听到他们在梦中喊着“我想读书”的呓语，作为父母的我们，只能相顾无言，泪流满面。而我们每天一方面要为重建家园四处奔波，一方面要照顾孩子。一天下来，心力交瘁，疲惫不堪，这样的日子什么时候才是个头？

5月26日上午，第二炮兵工程技术总队来到汉旺镇凌法小学实地考察。听说部队要来建学校，很多家长都来了。当着众多乡亲，他们掷地有声

第二炮兵你们辛苦了

向大家承诺，你们的孩子在“六一”儿童节那天就能到新学校读书了。听到这个消息，家长们奔走相告，孩子们欢呼雀跃，有的家庭甚至燃放了鞭炮，真像过年一样。

两封来自重灾区绵竹市汉旺镇凌法小学的信，先后飞到了党和国家最高领导人的桌子上，日理万机的胡锦涛主席阅读了这两封信，迅速作出了批示。当天中办将这两封信转给了军委办公厅。

军委首长作出了三条批示：一、将信存入军事博物院；二、以军办名义给他们回信；三、让二炮调查核实，报简要情况，《解放军报》和其他报纸要大力宣传。

故事发生的时候，我恰好在工程技术总队这支英雄之旅采访，跟踪调查了事件的始末。

靖志远司令员和彭小枫政委作出二炮援建绵竹灾区一村、一院、一校的决策后，5 月 24 日上午，二炮抗震救灾指挥部总指挥于际训中将、张西南少将、刘焕民少将亲临汉旺镇凌法小学旧址进行最后视察。陪同三位将军来的有工程技术总队长廖炳生和政委高海华。

站在凌法小学的废墟上，高海华政委简要介绍了这座小学的历史。它始建于 1938 年，最早是私塾，已经有 70 年的历史，是绵竹市的农村示范校。

于际训中将说，好啊，历史悠长，英才辈出。选这样的学校捐助建点，说明技术总队有眼光啊。

好！我代表司令政委，代表二炮抗震救灾指挥部，谢谢你们！

总指挥的车队返回安县第四责任区了。

回到绵竹市景观大道的帐篷区，廖炳生立即将副总队长贺锡安大校和二团团长张玉良召进帐篷，吩咐道，老贺，这场仗很难打啊，由你督战，张团长具体组织实施。然后他对二团团长张玉良说，玉良啊，我知道你们二团跟着高政委、刘宗宝副总队长刚从北川撤下来，部队极度疲惫。可是已经没有休息时间了，唯有发挥连续作战的作风，辛苦你们啦。

张玉良说，总队长放心，二团官兵决心破釜沉舟，背水一战。

第二天上午，贺锡安、张玉良带着 150 名官兵来到了凌法小学废墟。秦彬校长迎了上来，说欢迎，欢迎二炮的官兵来为我们办好事。

张玉良说，秦校长，废墟马上要清理，需要部队做什么？

请将废墟里的电脑、图书、课桌、教具和课本帮我们刨出来。

好！张玉良一挥手，说，部队分成四个组，成立党员突击队、团员突击队、后勤保障组、安全质量组。

这时余震不断，断垣残壁仍在晃动。安全观察哨定位之后，四个人一组，两位观察哨盯住四周，其余官兵相继进入废墟，开始从瓦砾之中将电脑和十几万册图书，还有挂在墙上的标语之类，一一刨出来。

当天下午，推土机将山头上的废墟推平。

傍晚时分，廖炳生和高海华政委指示二团在这片推平的废墟上，盖11栋平板房，其中9间教室，外加教师办公室、广播室、图书室和微机室，共980平方米。

第一根桩打下去了。官兵们连夜奋战，那一夜，50名官兵一夜未眠，直至曙色初露。当团长张玉良报告980平方米的水泥地板全部打完后，贺锡安看了看表，恰好指到28日凌晨5时。

太阳升起来了。早晨7点30分，另一批人又上来了。

5月29日，绵竹市忽然下起了大雨，可是凌法小学的工地却一刻也不能停。贺锡安副总队长、团长张玉良穿着雨衣与官兵们一起干。官兵们全都变成了泥人。

按照设计，一间平板房要开八道窗子。原来的板材没有现成的，只能靠官兵现场开窗，还要接水、接电。到了31日凌晨，那是最后一天的关键时刻。想着务必在“六一”儿童节这天落成开学，二炮靖志远司令员要来视察，于际训副司令员、张西南副主任也一并参加，于是，已经连续干了40多个小时的官兵尽管早已疲惫不堪，仍然加快了节奏。安装三连是二炮唯一受到总政表彰的抗震救灾先进基层党支部，连长熊飞一直带领官兵战斗在工地，连续战斗了55个小时没有睡觉。张团长问他怎么样，能不能挺得住。他笑着说，我们手中的活不能停下来。只要一停下来，官兵就睡着了。

听到这句话，张玉良的泪水涌了出来。

二期士官杨成勇家在都江堰。地震时，他家的财产毁于一震，父母和兄弟姐妹栖身在帐篷里。到了绵竹后，与家乡相距不过百余里地，但是他没有时间回家看看，而是进北川救人，到信用联社挖金库。撤至凌法小学的工地上，他一直负责架线，安装平板房里的电灯开关。看着一间间教室的灯亮了起来，他风趣地说，作为灾区人民的一个儿子，把凌法小学教室里的灯亮起来，就是燃起了希望。只要心中信念常在，希望之灯就会永不熄灭。我的家乡需要重建，但是建校育人是让更多的孩子有学上。一个孩子上学了，就等于两个家庭稳定了。我们援建的小学能容600名学生，就等于拯救了上千个家庭。

小刘丹每天都要来工地上看，看着学校的平板房在几个小时、十几个小时内，一间间地矗立起来。她在给胡锦涛爷爷的信中，写了二炮官兵是如何帮他们建学校的。她这样写道：

白天骄阳似火，他们顶着炎炎烈日，晚上星星和月亮陪伴着他们，熬了四天四夜，终于建好美丽、宽敞、明亮、舒适的板房学校。让我们在短短十天之内，又重新回到了学校读书，还和我们一起过了一个快乐的节日。

孩子的眼睛是清纯的，她用一颗纯净心灵记下了自己所看到的一切，告诉给胡爷爷。

而家长却用饱蘸真情和激情的笔触写道：

下午，张团长就带着部队来了。一到现场，官兵们顾不上旅途劳累，雷厉风行地忙碌开了。这一干就是四天四夜。渴了，喝一口矿泉水；饿了，吃一口干粮；困了，坐草地上打个盹。骄阳下，他们还在挥汗如雨；风雨中，他们的身影依然坚挺；黑夜中，那一株绿色，更加靓丽。望着官兵们那一双双熬得通红的眼睛，乡亲们看在眼里，疼在心里。送点热菜热汤吧，每一次都被微笑着拒绝，还说这是部队的纪律。帮着干点活吧，重活、脏活、危险的活，都被他们抢光了，轻松的活，才交给老百姓。在交谈中，我们才知道这支部队在北川连续奋战了七昼夜。那边任务一结束，就马不停蹄地赶到了绵竹，全力帮助灾区重建。听到这些情况，每个家长都感动得热泪盈眶，拉着官兵的手说不出话来。

凌法小学学生和家长期盼的节日来临了。

“六一”儿童节，本是属于天下孩子的。可是对于四川地震灾区的孩子和家长来说，今年废墟上的儿童节却是一个哀婉的日子。有失去双亲的孤儿，更多的则是失去爱子、爱女的家长，在泪水的浸泡中，他们迎来震后的第一个节日。

然而，对于凌法小学的孩子们来说，那天，劫难过去了，沉重的日子开始飞扬起欢乐的笑声。他们看着自己的小学校拔地而起了，不仅有图书馆、计算机室、广播室，还做了升旗台、器械室、篮球场和卫生间。

“六一”儿童节这天，举行红星凌法小学揭牌和开学仪式，来了许多将军。第二炮兵副司令员、第四责任区指挥长于际训中将，二炮副参谋长王治民少将、二炮政治部副主任张西南少将、二炮后勤部副部长刘焕民少将、二炮装备部副部长莫俊鹏少将，还有工程技术总队总队长廖炳生大校、政委高海华大校，他们伫立在升旗台前，一起出席了开学仪式。当五星红旗在震后新平房学校里冉冉升起时，所有的将士和孩子们，向国旗庄严敬礼！

第三天，中央军委委员、第二炮兵司令员靖志远上将来看望孩子们，给学生带来书包、铅笔盒、课本等崭新的学习用品，鼓励孩子们好好学习，长大了好报效祖国。当靖司令员走进教室，看到孩子们用崭新的铅笔，画出了一幅幅稚嫩纯真的画时，上将潸然泪下。

刘丹在信中激动地写道：

在“六一”儿童节那天，有许多好心的人来关心我们，二炮司令员靖爷爷也亲自来看望我们，给我们讲话，让我们好好学习，长大了报效祖国。他还给我们带来了节日的礼物，漂亮的书包、各式各样的文具、崭新的课本……

我们还和二炮的解放军叔叔共同联欢、做游戏，大家玩得可高兴了。

孩子们的笑靥，像一个个小太阳，驱走了家长心头的阴霾，他们也以同样激动的心情，给总书记写道：

今年的6月1日，对于我们的孩子来说，是一个终生难忘的日子，是他们最快乐的一个儿童节。红星凌法小学如期开学复课了。除了原校的300名学生，还有很多来自其他学校的孩子，共约600余名，重新走进了课堂。看到孩子背着崭新的书包，书包里装着精美的文具，坐在窗明几净、宽敞明亮的教室里，朗朗的读书声再度响起的那一刻，所有的家长都在心里默默地感谢二炮的官兵们。因为这一切，都是因为有了他们。二炮总部的首长们对孩子读书这件事，也非常重视。那天来了好多位将军，他们为孩子们主持了一个简单隆重、热烈的庆祝仪式，并来到孩子中间，和他们一起欢度儿童节。到了6月3日，又一个惊喜从孩子们口中传出，二炮司令员靖志远上将亲自来看望孩子们。孩子们说，靖爷爷非常和蔼可亲，走进教室，和孩子们亲切交谈。看到孩子们画的画，流下了深情的热泪。在操场上，靖爷爷顶着烈日讲话，鼓励孩子们要勤奋学习，报效祖国。我们心想，有靖司令员这样的将军，就一定能带出二炮这样的好兵。复课以来，二炮官兵们成了我们众多家庭、朋友饭桌上的主要话题。孩子们说：“解放军叔叔又到我们学校看我们来了。叔叔们工作其实很忙，但他们心里一直牵挂着我们，他们是抽空轮流过来的，他们和我们一起做游戏，给我们讲故事，为我们进行心理辅导，还教我们唱歌。”

是啊！我们也经常看到张团长和官兵们匆匆赶到学校，又匆匆离去。在我们接送孩子时，发现学校的面貌在一天天发生变化，变得更加美丽、更加温馨。家长们说，有二炮这样负责任的部队，孩子们的学校会变得比地震前更加美好。

国殇之后，劫尽余波。一个民族、一个家庭、一个孩子，由此有了敬畏之心、悲悯之心、感恩之心。敬畏天地生命，悲悯天下苍生，感恩相助之人。一个有敬畏、悲悯和感恩的民族，才是一个有希望的民族。一个国家在经历了一场国殇之后，能够将敬畏、悲悯和感恩的信念根植于孩子的心里，就会血脉相传，精神永远不死。

于是，小刘丹最后深情地写出了自己的希望，她这样写道：

如今过去一个月了，因为新校的建成，我们班又迎来了许多新同学。胡爷爷，您说“再大的困难，也难不倒英雄的中国人民”。是啊，再大的困难，也难不倒我们。这个月，在老师的精心教育下、在社会的关心下，我学到了许多知识，也从解放军叔叔身上学到了坚强、勇敢、不怕苦、不怕累的美好精神。我真想快快成长，当上工程师，建造最坚固的房子。到时胡爷爷，一定要请您来我家做客。对了，我们同学还让我给您带一幅画，他们让我告诉您，我们都爱您！

此致敬礼！

祝您工作开心！身体健康！

四川绵竹市汉旺镇红星凌法小学三年级学生刘丹

2008 年 6 月 30 日

孩子的纯真之心、感恩之语，确实令人怆然落泪。而家长们的感激之情也溢于言表，同样动情。他们写道：

怎么说呢，千言万语，表达不了我们的感激之情。二炮官兵为我们解决了后顾之忧，我们就能以饱满的热情，更加努力勤奋地劳动，全身心地投入到重建美好家园的行动中。温总理说“教育在继续，民族就有希望”。我们的孩子在读书，对于我们每一个家庭来说，生活就有了盼头。苦难的日子到头了，我们的好日子，从5月26日那天开始了。

我们红星凌法小学的1000名学生家长和600多个灾区的家庭，非常感谢二炮工程技术总队官兵为我们所做的一切，他们永远是乡亲们的贴心人，我们集体为他们请功，衷心希望你能接受我们的请求。

此致敬礼！

汉旺镇红星凌法小学学生家长

2008年6月26日

遍地英雄下北川，冰心玉壶在汉旺。信笺如羽，情重千山，报告北京、报告中南海、报告祖国。劫后土地和苍生又重新活过来了。

希望是解放军带来的，坚强是从废墟里长出来的。希望和坚强一旦活在了孩子们的心间，就会长成参天大树。

2008年9月22日4时06分完稿于北京南礼士路剑雨阁

（京）新登字083号

图书在版编目（CIP）数据

遍地英雄/徐剑著. —北京：中国青年出版社，2008

ISBN 978-7-5006-8465-7

Ⅰ.遍… Ⅱ.徐… Ⅲ.报告文学-中国-当代 Ⅳ.I25

中国版本图书馆CIP数据核字（2008）第150032号

责任编辑 金小凤

*

中国青年出版社 出版 发行

社址：北京东四12条21号 邮政编码：100708

网址：www. cyp. com. cn

编辑部电话：（010）84015592 营销中心电话：（010）84039659

三河市君旺印装厂印刷 新华书店经销

*

700×1000 1/16 14.75印张 2插页 240千字

2008年10月北京第1版 2008年10月河北第1次印刷

印数：1-8000册 定价：26.00 元

本图书如有印装质量问题，请凭购书发票与质检部联系调换

联系电话：（010）84047104